KB262320

천하제일의 경전 반야심경과
축소편역 대당서역기

천하제일의 경전 반야심경과
축소편역 대당서역기

류 정 훈 편저

도서출판 역락

| 추천의 글 |

근래에 아주 보기 드문 불교서적을 만나게 되어 참으로 반갑다. 마치 7년 가뭄에 단비를 만난 것 이상으로 흐뭇한 심정이다. 도대체 어떤 책이기에 그럴까?

다름 아닌 '천하제일의 경전 반야심경과 축소편역 대당서역기'가 바로 그 책이다.

물론 반야심경하면 불자가 아니라도 누구나 잘 알고 있는 경전이긴 하지만 그렇다고 그보다 더 유명한 대승경전이 수없이 많은데도 하필 반야심경을 천하제일 경전이라 하였을까 하는 의문을 제기하는 사람들도 있을 것이다. 그 해답은 산승(山僧)의 천사만언의 설명보다는 저자가 풀이한 그 관점을 현명한 독자들이 비판해 보기를 권하는 입장에서 이 추천의 글을 초하는 바라 하겠다.

불기 2550. 4.
설악산 신흥사 주지
무산 오현 합장

우리가 제일 많이 독송하는 경전이 반야심경(般若心經)이다(원문은 마하반야바라밀다심경 : 심경). 중국에서 반야심경을 처음 번역한 분은 4세기경 구마라습이며 뒤이어 7, 8종의 번역서가 나왔다. 그리고 우리가 독송하는 심경은 현장 삼장법사의 번역본이며 이 번역본이 나온 이후부터 널리 유포되어 불자가 아니라도 식자들 간에는 색즉시공(色卽是空) 공즉시색(空卽是色)이라는 한 구절쯤은 알고 있을 정도로 유명하다. 그러나 심경이 왜 그렇게 유명하며 유명해진 내력은 물론 심경을 제대로 배우지 않고는 그 참뜻을 알기가 매우 어려운 것이 사실이다.

불교에는 화엄경 · 법화경 · 미타경 · 유마경 등 대승경전이 수없이 많다. 그중에서도 비중이 가장 큰 대반야경 6백 권의 핵심이며 압권이라 불리는 심경(心經)이지만 글자수를 따지면 겨우 260자에 불과한 제일 간단하고 짧은 경전에 불과하다.

그러나 절집에서 조석예불 때나 불교행사 등 모든 대소의식을 시작과 마무리에는 꼭 심경독송이 들어있다. 그것은 그만큼 비중이 크고 절대적인 위력이 있음을 입증함이라 하겠다.

심경을 요약하면 우주를 형성하고 있는 기기미묘한 삼라만상이 생성 · 발전 · 변화하는 모든 물질 전체를 공(空)이라 했다. 그러나 이것은 단지 겉모습만을 지적한 것일 뿐, 사실은 그 본질자체는 영구불변함을 표현한 것이 색즉시공 공즉시색이다.

말하자면 우주를 형성하고 있는 모든 물질의 본질(실상)의 공함을 색즉시공이라 하고 그 공 가운데서도 그 본질(참모습) 자체는 영원불변하기 때문에 공즉시색이라 한 것이다. 하지만 만일 모든 물질의 속성의 공함만을 강조한다면 단공(但空)에 치우쳐 위대한 경전으로 높이 평가 받지 못할 것이다. 그런데 생・주・이・멸(生住異滅)을 되풀이하는 공 안에는 불생불멸(不生不滅)의 대진리가 내재함과 아울러 3세제불이 반야의 완성으로 능제일체고 진실불허(能除一切苦 眞實不虛)라 천명했기 때문에 심경(心經)을 천하제일(天下第一)의 경전이라 갈파하는 바이다.

유교에서 제1로 손꼽는 논어(論語), 도교의 도덕경(道德經), 그 외에 여러 성서(聖書)에 우주만유의 실체를 합리적으로 표현한 곳은 어디에도 없다.

오직 심경만이 그 진실을 도도히 밝혀놓았다. 때문에 누구를 막론하고 한번쯤 정독함으로서 나름의 우주관, 종교관, 인생관을 확립, 역사를 길이 빛낼 자취를 남길 것을 권하면서 이 추천사를 엮어본 바라 하겠다.

불기 2550년 전에 오신 부처님 탄신절에
남한산 사문 성법 분향 합장

　우리나라는 물론 인도, 중앙·동남아시아, 중국, 일본 등에서 가장 많이 독송하는 경전이 반야심경이다. 이 반야심경이 널리 독송되고 많이 알려지게 된 동기는 천4백여 년 전으로 소급되지만 그 사실을 알게 된 것은 영국 탐험가 스타인이 중국 돈황석굴에서 출토된 경전류를 도사 왕원록에게서 사간 것이 1906년이다. 그 돈황출토본 중에 들어있던 경전이 당범번대자음반야바라밀다심경(唐梵飜對字音般若波羅蜜多心經)이다.

　그 두루마리 서문에 다음과 같은 사실이 실려 있다. 현장이 익주공혜사(益州空惠寺)에 있을 때 인도에서 온 한 노승이 병으로 신음하고 있었다. 현장이 정성을 다하여 수일간 보살펴 주면서 장차 인도에 갈 생각으로 인도에 관한 여러 가지를 물었다. 그 노승은 현장이 험난하고 삭막한 고난을 무릅쓰고 인도로 경전을 구하러 갈 포부가 있음을 알고 현장에게 범본 반야심경을 가르쳐 주며, "이경을 독송하면 어떤 재난을 만나도 무사할 것이며 어떤 병도 걸리지 않을 것이다"라고 하자 현장은 그때부터 반야심경을 독송하기 시작했다. 현장은 천산산맥을 넘으면서 혹독한 추위와 굶주림으로 몇 사람의 인명을 잃었다. 또 끝도 없는 사막의 자갈과 모래바람에 길을 잃고 타고 가던 말은 물론 자신도 기갈과 두려움 속에서도 오직 3가지 목적 달성을 위해 "아제 아제 바라아제 바라승아제 모디 사바하"만을 중얼거릴 뿐이었다. 그때부터 현장 그의 삶은 오직 심경과 더불어 숨쉬고 심경과 하나가 된 동반자였기 때문에 사막에서 기적의 오아시스가 나타나 기사회생하여 3년여 만에 대망의 날란다사에 무사히 도착하게 됐을 때 이게 웬 일인가 중국 익주 공혜사에서 만났던 그 노승이 정문에 서 계시지 않은가? 이것은 틀림없이 허깨비라고 생각하면서도 현장은 하도 반가워 스님하고 합장하는 순간 빙그레 웃으면서 "이제야 오는가. 내가 관세음보살 일세." 하고 사라져 버렸다 한다.

이 같은 내용이 담긴 심경의 서문이 천 몇 백 년 만에 비로소 햇빛을 보게 된 것이다. 그 원문이 영국국립박물관에 보관되어 있다. 그런데 현장은 왜 죽음을 무릅쓰고 그 같이 험난한 천축(인도)행을 강행한 이유는 무엇이었을까? 그에게는 3가지 목표가 있었다.

1. 인도의 대덕들에게 경전 중에 의심나는 점을 묻고 배우는 것.
2. 중국에 없는 인도어(범어) 원전과 당시 유행하는 "유가사지론"을 배우고 가져올 것.
3. 부처님의 성지를 두루 참배할 것 등이었다.

현장이 천축을 향해 출발한 것은 629년(정관3) 가을 8월이었다. 현장이 3년여 만에 달란다사에 도착하여 정법장(正法藏)으로 존경받는 계현논사(戒賢論師)를 만나게 됐을 때 계현스님은 "어디서 온 누구냐"고 묻자 "지나국(支那國)에서 온 현장입니다. 스님에게서 유가사지론을 배우고자 왔습니다."고 대답하자, 스님은 갑자기 감격의 눈물을 흘리며 제자 각현(覺賢)을 부르더니 대중을 위해 3년 전 얘기를 해주라는 것이었다. 당시 계현스님은 106세, 생질인 각현스님은 74세의 고령이었다.

내용을 요약하면 스님은 20여 년 전부터 풍병(류마티스)에 걸려 병이 발작할 때 마다 수족의 통증을 참기가 매우 어려웠다. 마치 불로 지지거나 칼로 찌르는 것 같았다. 갑자기 발작했다가 멈추기를 반복하기를 17

년, 3년 전부터는 더 이상 참을 수 없어 자살하기 위해 단식을 시작했다.

그런데 단식을 하던 중 하룻밤에 3분의 천인이 나타났다. 그 3분은 문수·미륵·관세음보살이었다.

그분들은 스님에게 다가와 말씀하기를, "그대는 왜 소중한 몸을 버리려 하는가? '경'에는 몸의 고통이 있음을 설했으나 고통이 있다고 몸을 버리라고는 하지 않았다. 그대는 과거에 국왕일 때 많은 사람을 죽이고 괴롭힌 과보를 받는 중이다. 지금은 죄업을 반성하고 지성으로 참회해야 할 때다. 괴로움을 즐겁게 참고 힘껏 경론을 펴고 자기 자신의 죄업을 소멸해야 한다. 지금 그 몸이 싫다고 죽으면 그 고통은 영겁토록 없어지지 않을 것이다. 우리들은 그대가 헛되이 몸을 버리려고 함으로 그런 행위는 세상에 아무 이익이 되지 않음을 너에게 말해주려고 왔다. 그대는 내 말을 따라 유가사지론을 널리 현양하여 알지 못한 사람들에게 널리 보급토록 할 것 같으면 그대 몸은 편해질 것이다. 또 지나국에서 대법을 유통시킬 것을 원하여 그대에게 배우려는 사람이 오고 있다. 그 사람을 기다려 그것을 가르치는 것이 좋을 것이다."는 말에 계현스님은 "삼가 가르침에 따르겠노라"는 대답이 끝나자마자 3분의 모습은 감쪽같이 사라졌다.

그 후부터 스님의 병고는 거짓말 같이 치유되었다 한다. 이것으로 계현스님의 설명은 끝났다. 대중들은 희한한 일이라며 놀라워했다. 현장이 이곳까지 오는데 3년이 걸렸음으로 계현스님의 꿈과 일치했다.

그런 연유로 날란다사에 관자재보살과 미륵신앙이 크게 발전하게 됐다. 현장은 17년간 약 3만여 km 이상을 여행했으며 귀국 후 649년에 심경과 그 외 경전 74부 1,335권을 번역함으로 중국불교의 교학이 크게 발달하였고 한국과 일본 불교 역시 그 영향을 많이 받게 되었다.

　현장은 664년 2월 5일 한밤중 옥화궁에서 생을 마감했다. 그는 입적 직전까지 반야심경을 독송했고 도솔천에 태어나기를 원하면서 찬란한 금자탑을 세운 제2의 석존이라 하겠다.

불기 2550년 4월 15일

如如散人 柳聚薰

제3장

제4장

제 5 장

제 6 장

제 7 장

| 대당서역기 |

반야심경

序 章

경전 이름은 그 경전 내용

불교경전 전체를 8만대장경, 대장경, 일체경이라 부른다. 반야심경은 마하반야바라밀다심경을 줄인 것이고 더 줄인 것이 '심경'이다. 그리고 화엄경은 '대방광불화엄경', 법화경도 '묘법연화경'이 원 이름이다.

무슨 이유로 그같이 줄이고 줄여서 부르는가 하는 점이다. 8만대장경하면 1,511종에 6,805권이나 된다. 그것을 일일이 설명하자면 어찌 되겠는가? 그래서 일체경 또는 대장경으로 요약해 부르게 된 것이다. 그렇다고 아무런 기준이나 전후 분별없이 이름을 붙인 것은 하나도 없다. 어떤 경전이든 그 경전 이름은 그 경전 전체의 내용을 포괄적으로 함축하여 표현한 것이다.

예컨대 화엄경은 대방광불화엄경(大方廣佛華嚴經)을 줄인 것이다. 풀이하면 부처가 된 석존(釋尊)께서 깨달은 우주법계의 내용(실상)을 불과 7자로 단축하여 표현한 것이다. 즉 대방광은 우주법계의 실상(진리)은 온갖 것을 포함하여 한량없이 크므로 대(大)라 하고, 방(方)은 만 가지 묘법이 변치 않는 체성임을 말한 것이며, 광(廣)은 그

덕이 널리 우주에 관통하였음을 뜻한 것이다. 그런 연유로 화엄경이란 크고 방정하고 넓은 진리를 깨달은 부처를 꽃같이 장엄한 경전이란 뜻이다. 이같이 경전 이름의 뜻만 이해하게 되면 화엄경 80권의 대의를 쉽게 짐작하게 됨은 물론이다. 또 법화경(法華經) 역시 묘법연화경(妙法蓮華經)을 줄인 것임을 쉽게 알게 된다. 화엄경은 부처님인 불(佛)을 표현한 것이라면 법화경은 법(法)을 나타내고자 한 것이다.

그런데 이 법은 묘법, 즉 심심미묘(甚深微妙)한 우주의 진리로서 그 진리는 우리 인간들의 마음속에 묻혀 있으면서도 조금도 더러워지지 않기 때문에 그것을 연꽃에 비유한 것이다. 말하자면 연화(蓮花), 즉 연꽃은 깨끗한 고원에는 피지 않고 오히려 더러운 진흙 속에서 아름답게 피어나도 조금도 오염되지 않듯이 존엄하고 깊은 뜻(법)을 나타낸 것이 법화경이다. 그런 연유로 경전을 설할 때는 반드시 경전 제호(이름)부터 해석하는 것이 원칙이다.

그러면 경전 이름은 누가 지었나? 물론 부처님이 직접 지으신 것도 있으며 선지식들이 깊이 연구하여 그 경전에 부합한 경명(經名)을 붙인 것이다. 반야심경의 경우 부처님이 직접 말씀하신 것이 없으므로 삼장법사(三藏法師)들이 지었다고 할 수 있다. 때문에 반야심경은 경명이 똑같지 않고 첫머리에 마하·불설·보변·반야 등 제각기 다른 제호를 붙여 놓았다. 그렇다고 앞에서 언급한 대로 경전 내용과 부합하지 않는 것은 아니고 경전의 뜻에 알맞은 경전 이름을 지은 것이다.

경율론 삼장의 성립

부처님이 입멸하신 후 불법을 이어받은 마하 캇사파(마하가섭)는 혼자 이런 생각을 했다.

'수십 겁이 지나도 만나기 어려운 불법을 어떻게 하면 오래 유지시키고 교단의 통일을 도모할 수 있을까?'

부처님이 재세시에는 직접 질문하기도 하고 지시도 받고 확인할 수도 있었지만 부처님이 열반하여 계시지 않기 때문에 교법이 쉽게 일실할 염려가 있고 이론이 제기될 위험이 있었기 때문이다.

그때 떠오른 생각이 부처님의 가르침을 결집(편집)하는 것이었다. 그렇게 하면 부처님의 법이 오래 보존될 것이며 더 나아가 미래세의 중생들이 불법대로 수행하거나 세속에 살면서도 많은 이익을 얻어 행복하게 살 수 있을 것이라고 생각한 것이다. 일설에는 우파난다라는 비구가 "여래가 입멸하였으니 허물(파계)을 저질러도 꾸짖을 사람이 없을 것이니 지금부터는 안락하게 살자."며 즐거워 쑥덕거리는 소리를 듣게 되어 결심을 굳히게 되었다 한다.

장소는 마다가국 라자가하(왕사성) 교외에 있는 칠엽굴로 결정하였다. 마하 캇사파의 주재로 아라한의 경지에 도달한 500명의 비구들이 모였다. 먼저 '율'에 정통한 지계제일 우팔리가 그의 기억에 의해서 '율'을 암송하기로 하였다. 그 절차는 '계율'의 조목마다 언제 어디서 누구에 대한 규정이었는가를 설명하는 것이었다. 그러면 우팔리의 말이 옳다고 참석자 전원이 승인하는 형식이었다.

다음은 아난다가 지명되어 경을 암송하였다. 이것 역시 율의 경우와 마찬가지로 전원 일치로 채택하였다. 이런 절차로 '율'과 '경'

의 본문이 확정되어 참석자 전원의 이름으로 공인되어 전해지게 되었다. 이것이 역사적인 제1회 결집 회의였고 뒷날 율장과 경장의 원형이 되었다.

그러나 다른 이설도 있다. 즉 그 당시는 종교 풍습 상 스승의 성스러운 교법을 문자로 기록한다는 것은 스승에 대한 불경이며 예의가 아니었기 때문에 다만 합송하는 방법을 택했으며 또 인도에 문자가 처음 만들어진 것이 그 시기였던 탓도 있다는 것이다.

그러한 이유로 율과 경의 중요한 교설을 기억하기 쉽도록 간단한 시구인 게송으로 만들어 스승의 입에서 제자의 입으로 구송하고 구전했기 때문에 이에 대한 전문가가 필요하게 되었다. 즉 경전을 암기하는 사람인 경사(經師), 계율을 암기하고 지키며 수행하는 사람인 지율사(持律師), 교법을 설하고 가르치는 사람인 설법사(說法師)가 갖추어져 각 부분별로 계승되었다. 이 형식은 비단 불교뿐만 아니라 바라문의 성전인 브라마나(범서) 역시 그 같은 방법으로 몇 백 년 동안 정확히 전승되어 왔다. 이상이 이 설의 주요 내용이다.

제2회 결집은 부처님 입멸 후 100년경 계율에 이의가 생겨 야사(耶舍)가 주관하여 베살리에서 700명이 모여 율장을 편집하였다. 이 2차 결집은 계율의 문제로 이때 상좌부와 대중부로 분열하게 된다. 그 후 불교 역사상 부파불교시대가 전개된다.

제3회 결집은 불멸 후 200년경에 아소카 왕이 주재하여 수도인 파탈리푸트라(화씨성)에서 목갈리풋타 팃사(목건련제수)가 주관하여 1천 명의 비구가 모여 경·율·론 삼장 전부를 편집하였다. 그러니까 논장은 불멸 200년 후에 성립된 것이다.

제4회 결집은 A.D. 2세기경 카니시카 왕이 주관하고 파르슈바(협존자)와 바수미트라(세우)가 중심이 되어 캐시미르에 비구 500명이 모여 삼장에 해석을 가했다. 이것을 대비바사론이라 한다.

여기 최초 결집 당시의 일화가 있다.

결집에 참여할 수 있는 사람은 아라한(성자)의 경지에 도달한 사람으로 제한되었다. 그런데 제일 큰 역할을 하여야 할 아난다 존자는 오랫동안 부처님을 시봉하느라 그때까지 아라한과를 증득하지 못하여서 참가할 수 없게 되었다. 그때 아난다는 크게 분발하여 수일간 용맹정진 끝에 드디어 아라한과를 얻어 결집에 참가하여 경전을 암송하는 중대한 역할을 하였고 다문제일의 영예를 얻게 된다.

현재 우리나라 사찰에 봉안되어 있는 500명의 나한은 제1회 결집에 참가한 아라한들이다. 그래서 5백 나한이라 한다.

다른 경전에는 마하 캇사파가 수미산정에서 크게 외쳤다 한다.

"부처님의 제자들이여! 만일 마음으로 부처님을 생각한다면 반드시 그 은혜를 갚아야 한다. 그때까지 열반에 들지 말고 부처님의 가르침을 결집하는 데 힘써야 한다."

캇사파의 외침 소리를 듣고 여러 수행처에 있던 신통을 얻은 제자들이 모여 들었다. 캇사파가 말하였다.

"불법이 멸하려 한다. 부처님께서 오랫동안 노력하여 참된 법(진리)을 깨달아 그 법으로 우리들을 깨닫게 하였다. 그러나 부처님은 열반에 들었고 제자들도 부처님을 따라 열반하였다. 불법이 인멸할 위기에 처했다. 불법이 멸한다면 미래 중생들은 어떻게 할 것인가? 그들은 지혜의 눈을 잃고 어리석고 아둔하여 불행해질 것이다. 그러하니 우리들은 열반에 들지 말고 법장(法藏 : 경전)을 완성할 때까지 기다려야 할 것이다."

그때 캇사파는 아자타삿투 왕에게 매일 식사를 공급해 줄 것을 부탁하였다. 그것은 경장을 결집할 동안 탁발할 수가 없기 때문이었다. 그리하여 3개월의 하안거에 들어갔다. 처음 15일은 계를 설하였다.

캇사파는 선정에 들어 천안통으로 누가 아직까지 번뇌가 남아 있는가를 살폈다. 그 중 오직 아난다만이 아직 아라한과를 얻지 못한 상태였다. 캇사파는 선정에서 깨어나 아난다에게 말하였다.

"여기는 청정한 사람이 모여 성스러운 경장을 결집하는 곳이다. 그런데 너는 아직 번뇌를 버리지 못하고 있으니 추방할 수밖에 없다."

칠엽굴에서 쫓겨난 아난다는 부끄럽고 창피하여 슬피 울면서 스스로 생각하였다.

'내가 25년간이나 부처님을 시봉하였지만 오늘 같은 수모를 당한 일은 없다. 부처님은 훌륭한 분으로 나를 자비로 감싸주었다.'

그래서 캇사파에게 말했다.

"저는 충분한 능력이 있습니다. 지금 당장이라도 증득하려고 하면 할 수 있습니다. 다만 불법대로 일단 아라한이 된 자는 부처님의 시봉을 들 수 없기 때문에 그런 이유로 저는 남은 번뇌를 그대로 남겨 두었을 뿐입니다."

칠엽굴에서 쫓겨난 아난다는 모든 법을 깊이 사유하면서 아직 남아 있는 번뇌를 없애려고 노력하였다. 아난다는 지혜는 많았지만 선정의 힘이 부족하였기 때문에 그때까지 번뇌를 다 소멸하지 못하였던 것이다. 선정과 지혜가 동등해야만 속히 증득할 수 있는 법이다.

아난다는 그날 밤 야반이 지날 무렵 피로가 겹쳐 할 수 없이 잠시 쉬기로 하고 한 걸음 내려 누워 베개를 머리에 대는 순간 확연대오하게 되었다. 마치 전광석화같이 번쩍하면서 캄캄한 어둠 속에서 길을 발견한 것이다. 이로써 아난다는 3종의 지혜와 6종의 신통과 공해탈을 획득하여 아라한이 되었다.

아난다는 그 즉시 영취산 칠엽굴의 문을 두드렸다. 캇사파는 물었다.

"너는 누구냐?"

"네, 저는 아난다입니다."

"너는 무슨 일로 이곳에 왔느냐?"

"저는 오늘 밤에 번뇌를 다 끊고 도를 이루었습니다."

"문을 열 수는 없으니 이곳에 들어오려거든 열쇠 구멍으로 들어오너라."

"네, 알겠습니다."

말을 마친 후 신통력으로 문의 열쇠 구멍을 통하여 칠엽굴로 들어갔다. 아난은 캇사파를 위시하여 여러 비구들에게 절하고 참회하며 말하였다.

"캇사파여, 어쨌든 이제는 저를 질책하지 마십시오. 모든 것이 끝났습니다."

"나는 일부러 너를 속히 증득케 하기 위한 방편으로 그러하였으니 나를 섭섭히 생각하지 마라. 내 경우도 그렇지만 네 자신이 얻은 깨달음은 마치 손으로 저 허공에 그림을 그리는 것같이 물들거나 구겨지는 일이 없을 것이다. 아라한의 마음도 이와 같으며 일체 법에 집착할 것이 없다. 이제는 네 자리로 돌아가거라."

그때 교단의 비구들은 누가 경장을 결집할 것인지 의논이 분분하였다.

장로 아니룻다가 말했다.

"걱정하지 마십시오. 여기 아난이 있습니다. 아난은 항상 부처님 곁에서 경을 제일 많이 듣고 그것을 잘 기억하고 있어서 부처님께서 자주 감탄하고 칭찬하였습니다. 아난이 경장을 결집하는 데는 적격자입니다."

캇사파가 아난에게 말했다.

"부처님은 너에게 부촉하여 뒷일을 맡기셨다. 너는 반드시 불은에 보답해야 한다. 부처님은 어디에 계시면서 최초의 법을 설하셨는가? 부처님의 뛰어난 제자들은 경장을 지켜야 하는데 모두 입멸하였다. 오직 너 한 사람뿐이니 너는 반드시 부처님의 가르침에 따라 중생들을 위하여 부처님이 설하신 숭고한 경장을 결집해야 한다."

5가지는 번역하지 않는다(오종불번)

중국에서 반야심경(般若心經)을 처음 번역한 것은 402년 구마라습(343~413)이다 반야심경의 번역은 문헌상으로는 12종이지만 현재 9종만 남아있다. 그 외는 6종이 더 있으나 역자 이름은 알려져 있으나 경전은 어디에도 없다. 아쉬운 것은 원효의 심경소가 포함되어 있다는 점이다.

현장이 당태종의 칙명으로 한문 반야심경을 번역한 것은 648년이며 인도의 범본(산스크리트어 원전)을 한자음으로 옮기면서 그 뜻을 번역하지 않은 5가지가 있다. 이것을 오종불번이라 한다.

1. 비밀한 뜻이 있으면 번역하지 않는다.
2. 뜻이 여러 가지인 경우, 즉 마하(摩訶)는 다(多), 대(大), 승(勝) 과 같이 여러 뜻이 있을 때는 번역하지 않는다.
3. 인도에 없는 경우, 즉 염부수 붓다와 같이 중국에 없는 말은 번역하지 않는다.
4. 고풍, 즉 옛 습관을 지키기 위한 것, 즉 선나(禪那)를 약해서 선(禪)을 번역하면 정려(靜慮 : 禪定)가 된다. 그러나 처음부 터 선이라 했기 때문에 그대로 쓰고 번역하지 않는다.
5. 번역하지 않는 것이 이익되기 때문에 '반야'를 지혜라 번역하 면 깊은 존엄성이 가벼워질 염려가 있으므로 번역하지 않는다.

이 같은 원칙은 경전을 읽어보면 쉽게 이해할 수 있다.
현존 반야심경은 다음과 같다.

1. 구마라습 역, 402년
2. 현장삼장 조역, 648년
3. 원측찬, 613~696년
4. 의정 역, 635~713년
5. 법월 중역, 737년
6. 반야 이언 공역, 790년
7. 돈황발굴석실본 법성 역, 847년
8. 지혜륜 조역, 850년
9. 시호 조역, 982년
 • 참고 : 역과 조역(詔譯)
      이 중 조역은 왕명으로 번역한 것이다.

삼분과목과 여시아문의 유래

중국 불교의 개척자며 기초를 다진 도안(道安, 314~385)이 만든 3분과목, 즉 서분(序分 : 서론), 정종분(正宗分 : 본론), 유통분(流通分 : 결론)이 그것이다.

서분이란 어느 경전이든 첫머리에 기록한 대목으로서 법문을 시작하기 전의 상황을 설명한 것으로 여시아문 일시불 재사위국기수급고독원…. 이어서 청중의 숫자와 부처님이 취한 자세 등을 밝혀 놓았다. 여기까지가 서분(서론)이다.

정종분은 본론으로서 경전의 중심으로 여기서부터 부처님의 설법이 시작된다. 유통분은 결론으로서 청중들이 부처님의 설법을 듣고 기쁘게 받아들이며 받들어 모시겠다는 다짐으로 끝을 맺는다는 형식이다.

이 삼분과목 형식은 현재 논문작성의 중요 형식이 되었다.

경전에는 광본(廣本 : 대문), 약본(略本 : 소문) 두 가지가 있다. 앞에서 거론한 3분과목이 다 갖춰져 있으면 광본이고 본론인 정종분만 있는 것은 약본이라 한다.

약본의 대표적인 경전이 반야심경이다. 그런데 약본의 경우 설주(設主 : 경전을 설한 주인)가 누구인가 하는 점이다. 그럴 경우 광본을 참고하면 알 수 있다.

광본심경에 의하면 부처님이 선정에 들어계실 때에 2천5백여 청중 앞에서 관자재보살이 대고중(청중을 대표한 질문자)인 사리불존자의 질문에 대해 관세음보살이 설한 것이다.

관자재보살의 설법이 끝나자 선장에서 깨어난 부처님께서 "그와 같고 그와 같다. 참으로 훌륭하다. 관자재보살이 설한 것은 다른 보살들도 반드시 찬성할 것이다. 모든 사람들이 그와 같이 행해야 할 것이다."라고 증명한 것으로 되어 있다.

또 광본경견 첫머리에 여시아문으로 시작하는 것은 그럴만한 역사적인 전통이 내려오고 있다.

부처님께서 열반이 임박하자 많은 제자들이 모이기 시작했다. 그때 아나율존자가 아난에게 다가와 "존자께서는 장차 부처님의 법을 잘 간직하여 사람들에게 전해줘야 할 책임이 있으니 상심만 하고 있을 때가 아닙니다. 부처님께서 어떤 말씀이 있을지 모르니 마음을 진정하고 의문 나는 것 몇 가지라도 물어보시도록 하시지요." 그러자 아난은 아나율에게 무엇을 물어야 할지를 물었다.

아나율은 부처님께서 열반에 드신 후 우리들이 어떻게 수행해야 하며 누구를 스승으로 삼을 것이며 경전을 받드는 데 처음에 어떤 말을 넣어야 하는지 등을 여쭈어야 할 것이라 하였다.

아난은 아나율의 말대로 부처님께 다가가 질문하게 되었다.

그러자 부처님께서는 "내가 헤아릴 수 없는 오랜 기간을 설한 법장(法藏 : 경전은 수많은 진리를 갈무리해 있으므로 이렇게 일컫는다)의 첫머리에 여시아문이라 하여라. 왜냐하면 과거의 모든 부처님이 경전 첫머리에 모두 이렇게(如是我聞)할 것을 부촉하셨고 나뿐만 아니라 미래의 모든 부처님 역시 그렇게 부촉하실 것이기 때문이다."고 하셨다.

이런 이유로 광본경전에는 꼭 여시아문이라고 기록하게 되었다.

여시아문은 문여시라고도 하는데 이러한 법은 부처님이 말씀하셨으므로 그대로 믿고 의심하지 않는다는 뜻이다. 또 여시아문에는 6가지 법이 있다. 이 6가지가 합해져야 부처님의 설법이 성립하게 된다.

그것을 6성취(六成就)라 한다. 말하자면 모든 경전은 "이와 같이 내가 들었다 또는 내게 들려주셨다."는 말로 시작하여 "어느 때 어느 곳 누구와 함께 하셨다."는 것을 설명하는 것을 신성취 · 문성취 · 시성취 · 주성취 · 처성취 · 중성취라 한다.

이것이 바로 6하 원칙이다.

도안은 조실부모하고 12살 때 출가했다. 영리하고 총명했으나 생김새가 못난데다 얼굴이 검붉게 생겨 스승에게 귀염을 받지 못하고 밭일만 3년이나 했다. 스승에게서 받은 번의경과 성구광명경을 한번 훑어보고 줄줄이 외우는 것을 본 스승은 깜짝 놀라며 당시 유명한 불도징(佛圖澄, 232~348)에게 보냈다. 불도징은 후주 두 왕의 스승이었고 세수 117세, 제자 1만 여명에 사찰 창건수도 893개나 된다. 도안은 그의 수제자이다.

그런데 불도징의 제자가 1만여 명이라 한 것은 불도징의 요청으로 중국에서 처음으로 출가제도가 성립됨에 따라 많은 사람이 불도징 문하에 출가한 때문이라 한다.

진왕 부견(338~385)은 불교를 신봉하고 도안의 학덕을 사모하여 군대를 동원하여 이웃나라에서 모셔다가 중사에 주석케 했다. 부견왕은 372년 고구려에 불상과 경전을 보내 불교를 전해준 인물이다. 도안은 여러 경전을 비교하며 오류를 바로잡고 경전 번역자의 이름과 연대 등을 바로 잡았다. 또 경전의 삼분과목을 창설하고 승려

의 법규 승려의 속성(俗姓)대신 석가모니의 석(釋)씨 성을 따르게 했
다. 72세에 입적하였는데 그를 인수보살이라 불렀다. 중국 초기 불
교는 인도와 서역에서 온 외국 승려에 의해 개책 되었는데 비로소
도안에 의해 중국불교가 자리 잡게 되었다.

제 1 장

마하반야바라밀다심경(摩訶般若波羅密多心經)

이 10자의 명칭(제호)안에 어떤 신비한 뜻이 숨어있을까? 어떤 경전이든 그 안에는 여러 가지 내용이 담겨져 있다. 그러므로 그 내용을 쉽게 알리기 위해 가장 먼저 살피는 것이 경전의 이름이라 앞에서 언급하였다.

마하란 오종불번에서 언급했듯이 마하는 범어인 산스크리트어를 음사한 것이다. 산스크리트어는 약 3천 년 전부터 인도의 각 성서를 기록할 때 사용한 언어이다. 물론 팔리어도 있으나 팔리어는 남방에서 쓰던 속어인 까닭에 성서에는 쓰지 않았다.

마하를 번역하면 다(多), 대(大), 승(勝), 즉 많다, 크다, 수승하다는 뜻이 된다. 그러나 쓰는 곳의 선택이 어려워 자칫 본래의 깊은 뜻을 손상시킬 우려가 있기 때문에 번역하지 않도록 원칙을 세운 것이며 절대의 세계를 표현한 말이다. 비유하면 공기와 같이 아무리 큰 것도 그 안에 들어가고 아무리 작은 것 안에도 들어갈 수 있다.

아무리 큰 것보다 더 크고 아무리 작은 것 안에도 들어갈 수 있다는 것은 그 큰 것보다 더 크고, 그 작은 것보다 더 작다는 뜻이다. 그 크고 작은 것을 초월한 세계, 즉 어떠한 상대 개념이나 어떤 비교도 할 수 없기 때문에 어쩔 수 없이 소리 나는 대로 마하라 한 것이다.

'반야'란 원래 중국에는 없는 말인데 지금으로부터 천8백~9백여 년 전까지 중국에서 번역이 활발할 때 반야를 의역해서 지혜(智慧)라 했다.

지혜란 세간에서 흔히 쓰고 있는 지식과는 크게 다르다.

지혜란 오랜 수행에서 체득한 직관력을 말한다. 그러므로 원시불교는 물론 대승불교의 목표는 수행에 의한 최고의 지혜로서 지혜는 청정심이며 무염(無染) 무념(無念)의 경지에서 얻어지는 것이 지혜인 것이다.

말하자면 외부적 사물에 대한 애착이나 집착, 외부적 갈등, 즉 탐욕, 시기, 질투, 야망, 망상 등이 소멸된 청정한 상태에서만 이뤄지는 것이 지혜이다.

지혜의 완성은 성불(成佛)이지만 성불의 목적은 오직 자리(自利 : 자신만의 이익)의 완성이 아닌 이타(利他 : 자기를 희생하여 남을 이롭게 하는 것)의 자비행의 실천에 있다.

세존의 45년의 중생 구제행이 바로 지혜 완성의 실천이며 불교 수행의 최고 원리이다.

요즘 많이 회자되는 사회생활의 지혜와는 거리가 멀다 하겠다. 삶의 과정에서 배우고 익히고 체험하여 터득한 것은 지식이지 지혜는 아니다.

제2의 석가이며 8종조 조사(祖師)라 불리는 용수(龍樹, B.C. 2~3세기)는 그의 명저 대지도론에서 반야를 셋으로 분류했다.

실상반야, 관조반야, 문자반야와 사지(四智)로 분류하여 수행에 의한 깨달음에의 단계로 나타내고 있다. 사지를 요약하면,

- 성소작지 : 불과에 이르러 유류의 전5식을 바꾸어 얻은 지혜
- 묘관찰지 : 6식을 바꾸어 얻은 지혜. "묘"는 불가사의한 힘의 자재함을 말함
- 평등성지 : 7식을 바꾸어 얻은 무류지
- 대원경지 : 유류의 8식을 바꾸어 얻은 무류의 지혜. 이는 원만하고 분명한 지혜임으로 대원경지라 한다. 불과(佛果)에서 처음으로 얻은 지혜

5지(智)인 법계체성지는 9식을 굴러 얻은 지혜로서 6대 가운데 공대에 해당한다. 이는 밀교에서 말한 것이다. 특히 선종에서 이 반야의 교설을 종지로 삼아 깨달음을 추구하고 있다.

또 이 반야를 설한 경전이 대반야경(大般若經) 6백 권이 있다.

각권마다 반야의 공덕을 설하였는데 소위 능단반야바라다, 즉 금강분 또는 금강경은 제577권이고 반야심경은 이 6백 권의 진수라 하지만 6백 권 안에는 포함되어 있지 않고 그 숫자는 불과 260자에 지나지 않는다. 그러나 그 심오한 진리는 미혹 속에서 헤매는 중생들을 이고득락(離苦得樂)에의 지름길로 안내하는 지침서이다.

바라밀다(波羅密多)는 도피안(到彼岸), 즉 저 언덕에 건너가다, 또 완전하게 건너간 상태란 뜻으로 도(度)라고도 하고 지도(智度)라고도 한다.

또 도(度)는 건너가다, 구제하다의 뜻이 있다.

바라밀다를 재론하면 우리가 사는 괴로움의 세계를 차안(이 언덕)

이라 하고 괴로움이 없는 세계를 피안(안락한 세계)이라 하였다. 그러면 우리가 사는 차안은 왜 괴로움의 세계라 하는가?

생·로·병·사와 3재 8난의 재난이 반복되어 일어나기 때문에 괴로움의 세계라 하고 그 고통을 참고 살아야 함으로 인토(忍土), 인계(忍界), 감인토(堪忍土)라 한다.

싯달타태자의 출가 동기도 많은 괴로움 중에서 나고(생), 죽고(로), 병들고(병), 죽는(사) 4가지 고통의 원인을 해결하기 위함이었고 그 4가지 고통(사고)의 열쇠를 풀었기 때문에 부처(불)가 되었다.

이 4가지 고통을 재론하면 인간이 세상에 태어나기 이전부터 고통을 겪어야하고 성장하면서 각각의 질병에 시달려야 하는 괴로움을 수없이 거쳐야 한다. 또 늙는다는 것은 얼마나 큰 괴로움인가. 늙는 것은 죽음이 임박했다는 신호이기에 더 괴로움을 느낀다. 늙고 병드는 괴로움도 말할 수 없는데 급기야 죽는다는 것은 이 세상과 영원한 이별이라 생각만 해도 숨이 막힐 일이다. 죽기위해 안달하는 사람도 있지만 그러나 그들이 죽고자 함은 살기가 너무나 괴롭기 때문일 것이지만 죽는다고 그 고통이 없어짐이 아닌데도 그 도리를 모르기 때문에 자살 등 큰 잘못을 저지른다.

그래서 생로병사 4가지가 고통이라고 한 것이다.

하지만 그 4가지 고통 외에 또 4가지가 있다.

1. 애별이고 : 부모, 형제, 처자, 친척, 애인, 친구 등과 헤어지지 않으면 안 되는 괴로움이다.
2. 구불득고 : 재산을 바라고 벼슬을 구하고 출세하기를 갈망하지만 마음대로 구해지지 않는 괴로움이다.
3. 원증회고 : 원수나 만나기 싫은 사람을 만나야 하는 괴로움이다.

4. 오음성고 : 눈, 귀, 코, 입, 몸 등 5가지 감관에서 일어나는 각
  종의 욕망에 몸과 마음이 시달려야 하는 괴로움이다.

생로병사의 4가지와 이 넷을 합하여 8고라 하고 합해서 4고8고 (四苦八苦)라 한다.

이같이 많은 괴로움의 근원을 끊고 이 괴로움에서 탈출해서 어떤 환경, 어떤 경우에도 흔들리지 않고 안정된 삶을 산다는 것은 행복의 극치라 하겠다. 이를 위해 노력하고 수행하는 사람을 불교에서는 아라한, 나한 또는 보살이라 한다. 그렇게 되고자 하면 6바라밀의 수행을 거쳐야 한다.

6바라밀(六波羅蜜)

－ 보시(布施), 지계(持戒), 인욕(忍辱), 정진(精進), 선정(禪定), 지혜(智慧)

보시(布施) – 부처님이 설하신 5가지 보시공덕

보시(시주)하면 자식들이 부모를 우러러 보듯이 많은 사람들이 공경하고 사랑하게 된다. 그리고 남들보다 뛰어난 지혜를 얻게 되고, 살아생전에 번뇌를 끊게 될 것이며, 생을 마치고 천상에 태어나면 하늘의 존경을 받을 것이다. 다시 인간 세상에 태어나면 많은 사람들로부터 존경을 받게 될 것이라 하시었다. 그것은 물건을 아끼고 인색하여 남에게 주지 않고 탐내어 구하면서 만족을 모르는 마음, 즉 간탐심을 극복했기 때문이다.

보시하는 목적 몇 가지를 요약하면 지혜로운 사람이 보시함은

어떤 대가를 바라는 것도 아니고, 인천(人天)속에 태어나 즐거움을 받기 위함도 아니며, 착하다는 명성을 듣기 위함도 아니며, 남보다 낫기를 위함도 아니며, 많이 있기 때문도 아니다. 지혜로운 사람의 보시는 연민 때문이며 남을 안락하게 해 주고자 하기 때문이다. 또 모든 성인의 도(道)를 실천하기 위해서며, 온갖 번뇌를 물리치고자 함이며, 열반에 들어 생사를 여이기 위함이라 하였다. 보시에는 10가지 공덕이 있다.

1. 아끼고 인색한 마음을 항복 받는다.
2. 베푸는 마음이 계속하게 된다.
3. 재산에 대한 소유욕이 없어진다.
4. 부유한 집에 태어나게 된다.
5. 나는 곳마다 베풀고자 하는 마음이 여전하다.
6. 모든 사람들이 사랑하고 즐거워한다.
7. 대중과 함께 할지라도 불편하거나 두려워하지 않는다.
8. 훌륭한 이름이 널리 퍼진다.
9. 손발이 유연해진다. 보시를 하여 어려움 사람들을 건져줌으로 손발이 유연해지는 등 32상과 80종호의 원만 상호를 구족하게 된다.
10. 선지식을 여의지 않는다. 스스로 발심하여 보시를 행하고 항상 불·보살과 선지식에게서 법문을 듣기 때문에 불·보살과 선지식을 여의는 일이 없게 된다.

이것이 10가지 보시공덕이다.

그러나 아무것도 바라는 것 없이 어떤 상(相 : 보시했다는 생각)에도 집착하지 않고 꾸준히 보시행을 하면 자연적으로 얻게 되는 이익이 있다. 그러나 10가지 이익을 얻겠다고 보시한다면 얻겠다는 상(相)에 걸림으로 그러한 보시는 진정한 보시가 아니다. 아무런 바람 없이 무주상 보시를 함으로 이익이 저절로 성취된다고 하였다. 이것을 삼윤청정(三輪淸淨)이라 한다. 즉 보시하는 주체와 보시 받는 객체 보시하는 수단인 물질이 청정해야 한다.

더 부연하면 만일 경전의 가르침과 세속의 문전(文典)을 보시하면 박학(博學)한 큰 지혜를 과보로 받게 된다. 의약을 보시하면 편안하여 공포가 없게 된다. 밝은 등을 보시하면 눈이 항상 맑아진다. 음악을 보시하면 목소리가 아름다워진다. 침구를 보시하면 편안하고 즐겁게 자게 된다. 하인을 보시하면 시종이 항상 보호해준다. 좋은 밭을 보시하면 창고가 가득 차게 된다고 했다. 그 외에 아주 쉽게 보시하는 방법이 있다. 어떤 사람이 자신은 가난하여 보시할 재물이 없을 때 남이 보시하는 것을 보거나 알고 마음으로 칭찬하고 기뻐하고 좋아하면 그 과보는 보시하는 것과 복덕이 같다고 하였다. 누구라도 아상이 없으면 가장 좋고 쉬운 보시방법의 하나이다.

보시에 재시(財施), 법시(法施), 무외시(無畏施)의 3가지가 있다.

법시(法施)

부처님 10대 제자 중 설법제일 부루나 존자가 있다. 그는 설법뿐만 아니라 포교(법보시)에도 앞장섰다. 어느 날 존자는 "부처님이시여! 저는 지금부터 '슈로나'국에 가서 이 거룩한 부처님 법을 전하고자 합니다. 허락해 주십시오."라고 여쭈었다.

"그 일은 그리 쉬운 일이 아니다. 그 나라 사람들을 교화하기 위해서는 큰 용기와 큰 결심이 있어야 한다. 또 그대가 아무리 포교하려 하여도 그 사람들이 들어주지 않으면 어떻게 하겠느냐?”

“스승이시여, 저는 입으로 설법하기보다 먼저 몸으로 행하고 그들을 교화하겠습니다.”

“만일 그 행동을 보고 웃는 사람이 있으면 어떻게 하겠느냐?”

“예, 스승이시여, 만일 남에게 웃음을 받으면 꾸중을 받지 않은 것을 고맙게 생각하겠습니다.”

“그러면 만일 욕설을 퍼붓고 모욕을 준다면 어떻게 하겠느냐?”

“스승이시여, 그들은 욕할지는 모르나 막대기나 돌로 때리지는 않을 것입니다.”

“만일 그들이 돌이나 막대기로 친다면 어떻게 하겠느냐?”

“스승이시여, 그때는 칼로 베지 않는 것을 다행으로 생각하고 감사하겠습니다.”

“만일 칼로 달려든다면 어떻게 하겠느냐?”

“예, 그들이 칼을 들고 달려든다 해도 저를 죽이려고는 하지 않을 것입니다.”

“만일 죽을 만큼 큰 상처를 입힌다면 어떻게 하겠느냐?”

“예, 스승이시여, 그들이 나를 죽이려하면 저는 이렇게 말하겠습니다. 곧 부처님의 거룩한 가르치심을 펴기 위해 목숨을 버리는 것은 어떤 기쁨, 어떤 보배와도 바꿀 수 없는 것이다.”

“오오, 착하고 착하도다. 너는 참으로 인욕을 잘 배웠다. 그렇다면 슈로나 같은 그 흉악한 나라로 가도 충분히 그들을 잘 교화해 지도할 수 있을 것이다. 부루나여, 나는 네가 포교하러 가는 것을 허락한다. 너는 그 나라에 가서, 마음이 편치 않은 사람들을 편안하게 하고, 구제할 사람을 구제하고 아직 니르바아나에 들어가는 법을 모르는 사람들에게 그 법을 가르치도록 하라.”

부루나는 부처님의 말씀에 감동하고 큰 자비에 더욱 감동하여 크게 결심하게 되었다. 부처님이 염려하신 대로 슈루나는 인도에서도 가장 야만국이었다. 그러나 부루나의 끈질긴 설법과 인내 끝에 드디어 부처님 법을 따르는 훌륭한 나라로 만들었다 한다. 법보시의 위력은 그만큼 위대한 것이었다.

벽송·지엄의 대오

조선조 성종·연산군 무렵 극심한 배불정책으로 승려들은 강제로 쫓겨나 사찰은 텅 빈 무인지경이 되었다. 계룡산 와초암에서 중이 된 벽송지엄(碧松智儼, 1464~1534)은 사람의 눈을 피해 선지식을 찾아 나섰다. 당시 황악산 직지사 넘어 외진 골에 속복을 입고 속인 행세를 하며 정진 중인 벽계정심(碧溪淨心, 생몰 연대 미상)을 찾아가게 됐다. 벽계선사는 시봉 드는 한 보살과 함께 나무장사로 연명하여 때를 기다리고 있었다.

지엄은 스님 대신 하루는 나무하고 다음 날은 김천 3십리 장터에 나무를 팔아 일용 양식을 조달하여 봉양해야 했다. 그러구러 3년 세월이 지냈으나 스님은 단 한마디 선지(禪旨)를 말해주지 않는 것이었다. 이때나 저때나 스님의 한마디 가르침을 학수고대했으나 종무소식인지라 기다리다 지친 지엄을 결국 떠나기로 결심했다. 마침 스님이 안 계신 틈을 타 보살에게 하직 인사를 했다. 깜짝 놀란 보살은,

“아니, 갑자기 왜?”

“스님께서 선지 한마디 가르쳐 주지 않는데 어느 천년까지 기다

려야 합니까?”

“그래도 인사라도 드리고 가야지 않아?”

“인사고 뭐고, 이만 안녕히 계십시오.”

지엄은 빈 걸망을 지고 고개를 넘기 시작했다. 잠시 뒤 벽계선사가 돌아왔다.

“스님, 지엄이 갔습니다.”

“아니, 가긴 어딜 가?”

“아, 도(道)인지 선지인지 안 가르쳐 주니 누군들 배겨 내겠습니까?”

“허, 내가 안 가르쳐 줬나? 지가 몰랐지. 언제쯤 갔는고?”

“지금 막 고개를 넘었을 것입니다.”

선사는 지엄의 뒤를 쫓았다. 고개를 내려가는 지엄을 발견한 스님은 고개 위에서 “지엄아, 지엄아” 하고 두세 번 불러도 들은 척 않고 고개 아래로 내려가는 지엄에게 다시 “지엄아, 나 좀 보고 가거라.” 하고 소리치자 마지못해 돌아보는 지엄에게 “엣다, 내 법을 받아 가거라.”하며 주먹을 보이는 순간 활연대오 하였다. “아…….” 지엄은 다시 올라와 합장 예배드리며 감사의 눈물을 흘렸다. 3년간 무언설법으로 깨치게 해준 스승에게 보은하기 위해 3년을 더 시봉 살이를 했다 한다. 벽계선사에게 법을 이어 받은 후 세수 71세 법랍 43년 입적했다. 스님의 남긴 시 한수를 보자.

> “섬돌 앞 비오는데 꽃들은 웃고 난간 밖 바람 부니 솔이 우누나.
> 이 밖에 뭐 있기에 묘지(妙旨)를 찾는가. 이런 것 그 모두가 ‘원통’
> 이로세”

과거는 물론 현재도 많은 운수납자들이 한소식(깨달음)을 얻고자 목숨을 걸고 매달리는데 한마디 선지로 생사 관문을 뚫게 해 준다면 이 이상 영광된 법보시가 어디 있을까.

무외시(無畏施)

무외시 보시는 두려움 없이 편안하게 베푸는 것을 말한다. 그러므로 사람의 재난을 구하고 일체중생을 공포심에서 벗어나게 하는 것이며 사자·호랑이·원적·물불의 위급한 환경에서 구해주는 것을 무외시라 한다. 보문품에 백천만억 중생이 많은 죄를 짓고 고통을 받을 때 관세음보살을 일심으로 부르면 중생의 애원하는 소리를 듣고 곧 고통에서 해탈케 한다. 또 어떤 상인이 귀중품을 가지고 험한 산길을 갈 때 관세음보살의 명호를 부르면 악인이나 원적의 해침을 받지 않는다고 하였다.

이것이 불자들의 신심여하에 따라 불보살의 가피력을 입을 수 있는 수행의 척도라 할 수 있다. 그러나 나 개인을 떠나 국가나 사회단체나 개개인을 막론하고 불의의 큰 재난이나 환란이 닥쳤을 때는 나 개인의 안위를 무릅쓰고 앞장서서 무외시 행을 실천하는 모범을 보여야 진정한 불자라 할 수 있을 것이다.

계율은 어떻게 제정 되었나

최초의 불교 교단 성립은 마가다국 수도인 왕사성(王舍城)을 중심으로 이루어졌다. 녹야원에서 처음 5비구를 제도하고 가섭 3형제·

사리불·목건련·야사·마하가섭 등이 교단 성립의 주역들이다.

교단성립 초기에는 '부처님께 귀의 합니다' 또는 '부처님과 법과 승단의 삼보에 귀의 합니다'라고 간단한 표백(表白 : 드러나 밝히거나 말함)만으로 비구로 인정하게 됐다. 하지만 비구 숫자가 많아지면서 시끄러운 문제가 일어나기 시작했다. 비구로서의 자질과 수행자로의 예절조차 모르는 자가 있는가 하면 상호간에 화합이 원만하지 않아 병이나 어려운 일이 생겨도 못 본체하는 경우가 가끔 발생했다. 그래서 교단 내부에 사제(師弟 : 스승과 제자)관계를 제도화 하게 됐다.

비구는 자기의 스승이 될 화상(和尙)을 선택하여 그의 제자가 되는 것이다.

'화상'이란 범어(梵語) 우파다야를 한자화 한 것인데 바라문교에서는 '종교적인 교사(敎師)'를 가리킨 말이고 지나교에서는 '성전을 가르쳐주는 스승'이라는 뜻이다. 그러니까 '화상'이라는 말은 불교에서만 사용하는 용어가 아니라 다른 종교에서도 사용하던 용어를 불교에서 인용한 것이다. 화상과 제자는 세속의 부자간처럼 섬기고 아끼는 관계가 되어 수행자가 가정을 떠나 살아가는 데 반드시 필요한 관계라 할 수 있다. 부연하자면 비구가 특정한 인물을 화상으로 섬기는 것은 교수와 지도를 받는 것 외에도 비구를 교단의 일원으로 받아들일 때 그 보증인으로서 화상이 필요했던 것이다.

부처님이 인정한 인물을 삼귀의에 의해 입단시킨 것은 문제가 없으나 비구수가 늘어나 부처님의 눈이 직접 미치지 못하는 곳에서는 입단을 제도화해야 했다. 그래서 삼귀의를 대신해서 채택한 방법이 다름 아닌 구족계(具足戒)이다. 말하자면 비구가 교단의 일원으로 완전한 자격을 인정받기 위해 지켜야 할 계를 구족계라 한다. 즉 처음에는 삼귀의만으로 입단이 가능했으나 구족계는 후에 교단의 동의를 필요로 하게 된 것이다.

만일 어떤 사람이 비구가 되어 구족계를 받게 될 경우 교단의 집회에서 누가 그 뜻을 제안한다면 당사자와 그의 화상이 될 사람의 이름을 거명하여 교단의 동의를 구하고 '제안한다'는 말을 세 번 되풀이 하여 아무도 발언하는 사람이 없으면 교단에서 동의한 것으로 인정하게 된다. 교단의 다른 일에 대해서도 이같이 진행하게 되는데 반대의견이 없으면 찬성으로 인정하는 이점을 주목해야한다. 쓸데없는 행동과 불필요한 말은 하지 않아도 일을 처리할 수 있는 것이 불교 교단의 규칙으로 되어있다.

앞에서 언급한 화상은 첫째로 일상적인 종교생활의 지도자로서 필요했고, 둘째는 구족계를 받을 경우 직접적인 책임자로서도 필요했던 것이다. 그런데 화상이 다른 고장으로 갔거나, 환속하거나 죽거나 혹은 다른 종교로 개종할 경우, 화상을 대신하는 지도자 제도가 마련되었다. 그것이 아사리(阿闍梨)이다. 그리고 구족계가 제도로 확립되자 그에 따른 규정이 정해졌다.

구족계는 20살이 되어야만 했다. 20살 미만은 사미로서 출가만을 허락했다. 그리고 실질적인 문제로 재가신자와 출가 수행자와의 구별, 또 사미와 비구가 지키는 계율의 조항은 별도로 정해져 있다. 예를 들면 살생, 투도, 망어 등은 출가와 재가의 구별 없이 지켜야 할 조항이다. 그러나 재가신자에게는 성교(性交)는 허용되지만 일단 출가한 수행자에게는 절대 허용되지 않는다.

또 출가자 중에서도 사미는 10계(戒), 비구는 250계, 뒤에 비구니

348계가 정해졌다. 그러나 계율의 조항은 처음부터 몇 개라고 정해진 것은 아니다. 초기 제자들은 출가 수행자로서 마땅히 할일과 해서는 안 될 일을 구별해서 정했지만 출가자가 늘어나면서 탈선자가 나오게 되면서 엄격한 계율이 필요하게 된 것이다. 예로서 성교를 금한 조항은 처음부터 분명하게 정해져 있었던 것은 아니다.

어떤 비구가 구족계를 받은 뒤에 그전의 아내를 만나 성교를 하고서 수행처로 돌아왔다. "왜 늦었느냐?"는 질문에 그는 사실대로 대답했다. 일동은 부처님께 이 일을 알렸다. 부처님은 출가 수행자로서 '위법'이라고 말씀하시고 그 뒤부터 계로써 금하게 하였다. 살생·투도·망어 등도 실제로 사건이 발생한 것을 계기로 금지시킨 것이다. 이런 과정을 거쳐 사미 10계, 비구 250계 등이 성립하게 된 것이다.

불교 교단에서 석차(席次)를 정하는 방법이 있다. 그것은 구족계를 받은 시기의 선후로 상하(上下)를 정했다. 승계(僧階)와 직무(職務), 재능 등으로 신분의 차별은 전혀 없었고, 모든 비구는 똑같은 옷을 입고 똑같은 생활을 하도록 되어 있었다. 그래서 좌차(座次)가 문제될 경우에는 구족계를 먼저 받은 사람이 윗자리에 앉게 되었다. 이같은 과정을 거쳐서 수행자가 꼭 지켜야 할 덕목으로 계승되어 오고 있는 것이 계율이다.

다시 부연하면, 비구(比丘)란 걸사(乞士)·포마(怖魔)·파악(破惡)·제근(除饉)·근사남(勤事男)이라 번역했다. 원래는 바라문교에서 제4기의 편역수행자를 비구라 부른 것을 불교가 탄생하자 여러 종교에서 탁발하는 수행자를 비구라 했다. 불교에서는 계율이 확립되면서 출가 득도하여 걸식으로 생활하는 승려로, 250계의 구족계를 받은 남자를 비구라 부르게 됐다.

걸사라 함은 비구는 밥을 빌어 깨끗하게 생활하는 것이니 위로는 법(法)을 빌어 지혜의 목숨을 돕고, 아래로는 밥을 빌어 몸을 기른다는 뜻이다.

포마라 함은 비구는 마왕과 마구니들을 두렵게 한다는 뜻이다. 파악은 계·정·혜 3학을 닦아서 견사(見思) 이혹을 끊는다는 뜻이다. 제근은 계행이란 좋은 복전(福田)이 있어 능히 물자를 내어 인과의 흉년을 제한다는 뜻이고, 근사남이란 계율의 행을 노력하여 부지런하다는 뜻이다. 이점이 출가자와 재가자와의 다른 점이라 하겠다.

지계(持戒)

계(戒)는 교학적으로는 3학(學)과 6바라밀의 하나며, 불교도덕의 총칭이다. 계는 금제의 뜻으로 소극적으로는 방비지악, 적극적으로는 만선발생의 근본이 목적이다. 계에는 계법·계체·계행·계상의 4가지로 설명한다.

계는 대승계와 소승계로 구분하고, 대승계는 3귀계·3취정계·10중금계·48경계, 소승계는 5계·8계·10계 등과 재가계가 있다. 비구계는 250계·비구니 348계와 그 외에 10계인 사미계·사미니계 등이 있다. 교단이 성립되기 전 재가자에 대한 의식은 3귀의가 아닌 2귀의(二歸依), 즉 부처님과 부처님의 가르침에만 귀의한 것으로 되어 있다.

첫 재가신자는 타풋사와 바라카라는 형제인 상인이었다.

그들은 부처님을 찾아가 공손히 예배드린 후 머리 숙여 아뢰었다.

"부처님이시여! 저희들의 보리죽과 꿀을 받아 주십시오. 그러면 저희들은 즐거움과 안락함을 누릴 수 있을 것입니다."

"부처님이시여! 부처님과 법에 귀의합니다. 부처님이시여! 저희들을 신자로 받아 주십시오. 오늘부터 생명이 다할 때까지 귀의 하겠습니다."

이로써 두 형제는 부처님과 법이라는 의지처에 귀의하게 된 최초의 재가신자가 탄생하게 됐다.

그 후 형인 타풋사는 재가신자로 남아있었고, 동생인 바라카는 출가하여 비구가 되어 깨달음을 얻었다 한다.

계를 계율이라 하는데 이것은 계와 율을 합한 말이다. 계율이라 하면 인간 완성을 위해 수행생활의 규범을 말하며 일반적으로는 덕을 실현하기 위해 수행생활의 규칙이다. 또 일반적으로 계율이라 하지만 계와 율은 다르다. 계란 수행자가 자발적으로 몸가짐을 조심하고 불법을 저지르지 않겠다는 일종의 서약에 해당한다. 반면 율은 수행집단의 질서를 위한 벌칙을 말한다.

- 10계(十戒)
살생(殺生) : 산 생명을 죽이는 것.
투도(偸盜) : 남의 것을 훔치는 것.
사음(邪淫) : 부부이외에 사통하는 것.
망어(妄語) : 거짓말 하는 것.
기어(綺語) : 이리저리 발림 말 하는 것.
양설(兩舌) : 한 입으로 두말 하는 것.

악구(惡口) : 악한 말을 하는 것.
탐애(貪愛) : 탐심을 내는 것.
진애(瞋恚) : 화, 즉 성내는 것.
치암(痴暗) : 어리석어 분별을 못하는 것.

이 10가지를 1. 신(身 : 몸) 2. 구(口 : 입) 3. 의(意 : 뜻 즉 마음) 이것을
3업으로 나눈다.

1. 몸으로는 살생 · 투도 · 사음 3가지를,
2. 입으로는 망어 · 기어 · 양설 · 악구 등 4가지를,
3. 탐애 · 진애 · 치암은 뜻, 즉 마음으로 짓는 것 등 3가지를 말
   한다.

또 이 10가지를 착하게 지키면 10선이 되고, 악하게 하면 10악
이 된다. 여기에는 15가지 선생보(善生報)가 있다. 서로 유지키 위해
범계(犯戒 : 계를 범하는 것)하면 율에 의해 타율적 벌을 받는 규칙이
다. 그러나 계율은 출가자에게만 적용되는 법규이며, 재가자에게는
율은 적용되지 않고 계만이 주어진다.

그리고 계와 율은 두 가지 측면이 있다. 하나는 계는 개인이 이
행해야 할 준수사항인 반면 다른 하나인 율은 삼가야 할 금기사항
이다.

계율을 제정하게 된 동기는 교단이 커지고 수행자가 증가하게
되자 그중에는 더러 수행자로서의 자질이 부족한 자가 있어 교단
의 질서가 혼란해질 염려가 있게 됐다. 그러자 부처님께서는 그것
을 규제하기 위해 금기조항을 만드신 것이다. 그러니까 부처님이
미리 이러이러한 조항을 만드신 것이 아니라 그때그때 필요할 만

한 조항을 만들어 모아 놓은 것이 율장을 제정하게 된 동기이다.

그러면 계에는 예외규정은 없는가.

계에는 지범개차(持犯開遮)의 4가지 법칙이 있다. 즉 지(持)는 가지고 지키는 것, 범(犯)은 위반하는 것, 개(開)는 허락하는 것, 차(遮)는 금지하는 것이 그것이다. 스님의 경우 노약자나 병자 또는 부득이한 때를 감안한 편법이 있다.

또 하나는 육식을 허락하는 것으로 견문의(見聞疑)의 3가지와 4바라이와 8바라이 죄를 범하면 체탈도첩, 즉 산문출송(승단에서 추방하는 것) 하는 경우이다.

견문의란 자신을 위해 고기 잡는 것을 보지 않은 경우, 자신을 위해 잡았다는 소리를 듣지 않은 경우, 자신을 위해 잡았다는 의심이 나지 않은 경우이다. 또 사계법(捨戒法 : 계를 버리는 것)이었다. 사계법을 제정하게 된 동기는 부처님 당시 '난제'라는 비구가 있었다. 그는 성실하게 수행하는 비구였는데 하루는 수행 중 천녀의 유혹에 빠져 그것을 억제하지 못하고 죽은 말에게 시간을 범했다.

비구의 간음은 바라이 죄에 해당하며, 승단 추방죄이다. 더구나 사람 아닌 죽은 동물과의 시간은 있을 수 없는 중대범죄임은 말할 것도 없다. 난제는 깊이 반성하고 곧 부처님을 찾아뵙고 참회하였다. 부처님은 그를 불쌍히 여겨 비구 자격은 박탈하되 승단에 남아 수행케 하였다. 이것이 사계법을 제정한 원인이다. 말하자면 부득이 하여 계를 지킬 수 없을 경우 계를 버리고 흰 옷을 입고 계속 수행할 수 있는 편법이다.

계를 지키면 어떤 공덕이 있나 요약하면, 계를 지키면 어두운 곳에서 등불을 만난 것과 같고, 가난한 사람이 재물을 얻은 것 같으

며, 병자가 쾌차한 것 같고 갇혔던 사람이 풀려난 것 같으며, 타향
에서 방황하던 사람이 고향집에 돌아온 것 같다고 법망경 보살계
서문에 있다. 또 계행이 없으면 비루먹은 여우의 몸도 받지 못한다.
하물며 청정한 지혜의 열매를 바랄 수 있겠는가.

"계율 존중하기를 부처님 모시듯 하면 부처님이 항상 곁에 계시
는 것과 다를 바 없다."고 했다. 이어서 비구는 물론 재가자라도 계
를 잘 지키면 5가지 공덕이 있다.

1. 원하는 법을 성취한다.
2. 지키고 있는 재물이 날로 불어난다.
3. 가는 곳마다 여러 사람들의 칭찬과 존경을 받는다.
4. 이름이 널리 드러난다.
5. 죽은 뒤에 천상에 태어난다.

반대로 계율을 어기면,

1. 재물을 구해도 모아지지 않는다.
2. 재물을 모아도 다시 손해를 본다.
3. 가는 곳마다 존경을 받지 못한다.
4. 추한 이름과 악한 소리가 퍼진다.
5. 몸을 망치고 죽어서 악도에 떨어진다고 '선가귀감'에 실려 있다.

이와 같이 계율을 잘 지키면 선업과 복덕이 구족하여 뜻대로 이
뤄지지만, 반면 계율을 잘 지키지 않으면 모든 일이 이뤄지지 않고
하는 일마다 허물과 실패만 거듭하게 된다. 그러므로 수행자인 승
려는 물론 재가자인 신도들도 계율을 생명같이 존중하고 지계에

각별한 노력을 해야 할 것이다. 그런가 하면 남을 의식해서 위선적으로 계율을 지키는 척하는 사람도 있다.

여기서 꼭 알아야 할 것은 계를 지키는 사람은 계향(戒香), 즉 계의 향기가 풍긴다. 반대로 계율을 지키지 않는 사람에게서는 악취가 난다. 마치 향을 싼 보자기에서는 향내가 나고 생선을 싼 꾸러미에서는 비린내가 나는 것 같이 사람이나 물건마다 그가 풍기는 냄새가 있다는 것이 원칙이다.

신라 자장(慈藏)은 조실부모하고 세상이 싫어 처자를 버리고 원녕사를 창건하여 홀로 고골관(枯骨觀)을 닦았다.

얼마 후 선덕여왕이 정승을 삼고자 여러 번 불렀으나 가지 않자 목을 가져오라 하므로 "하루 밤 동안 계를 지니다 죽을지언정 계를 어기고(파계) 백년 살기를 원하지 않는다."고 단호히 거절했다.

이 말을 들은 여왕은 그의 철석같은 의지에 감복하였다. 636년에 당나라 청량산(오대산) 문수보살상 앞에서 기도를 드린 후 부처님 사리와 자금색 가사 1벌을 받아 가지고 643년 귀국하여 646년에 황룡사 9층 목탑과 통도사를 창건, 신라 처음으로 남산율종을 열어 개조가 되었다.

그는 대국통이며 율사(律師)로서 두고두고 추앙받는 대보살로 살아있다. 그러나 부득이하여 파계하는 경우는 사계법에서 설명했으나 격외의 예도 있다. 이 점이 불교의 특이한 점이며 다른 종교와 다른 점이기도 하다.

살생을 막고 자기반성으로 비를 내리게 한 은나라 탕왕(湯王)이 있다. 고대 중국에는 성군(聖君)으로 불리는 탕왕(B.C. 1401~1428)이 집권 중에 사상 유래 없는 7년간이나 심한 가뭄이 들었다. 그 이전부터 기우제(祈雨祭 : 하지가 지나도록 비가 오지 않을 때 비오기를 비는 제사) 지내는 풍습이 있었던지 기우제를 지내기로 했다. 그런데 기우제를 지내자면 '산사람'을 제물로 바쳐야 한다는 것이었다. 탕왕이 생각하기를, '기우제는 백성을 위한 것인데 그 때문에 죄 없는 백성을 죽여야 한다. 차라리 내가 제물이 되는 수밖에.'

탕왕은 정성껏 목욕재계하고 기우제에 임하여 문득 생각하기를 '혹시 이 가뭄이 나의 부덕함 탓이 아닌가?'하는 의문이 생겼다. 왕이 자문하기를 '혹 정치를 잘못한 것은 아닌가? 굶주린 백성이 나라를 원망하지나 않는가, 왕실이 너무 호화롭고 사치스럽지나 않는가? 여자들의 치맛바람이 설치지나 않는가, 정사가 문란하여 뇌물이 성하지나 않았는가?' 등 몇 가지를 곰곰이 살펴보며 의심이 생각났다. 그러면서 간절히 뉘우치고 마음으로 오열하면서 하늘에 깊이 사죄하며 시간 가는 줄 모를 정도로 거듭 자책하였다.

그러자 구름 한 점 없던 하늘에 세찬 비바람이 쏟아지기 시작하여 삽시간에 대지에 물이 가득 차게 됐다.

이로써 7년간의 큰 가뭄이 끝나고 탕왕의 태평성대를 구가하게 됐다는 기록이 전해온다. 중국에는 7년대한(七年大旱) 9년지수(九年之水), 즉 7년간 계속된 가뭄에 9년간 계속된 큰 홍수란 말이 생겼다.

살생은 비단 산 생명을 죽이는 것만이 살생이 아니다. 남의 가슴을 아프게 하거나 남의 몸에 상처를 주는 것도 살생에 해당된다는 사실을 알아야 한다.

파계한 원효와 부설거사

원효(元曉, 617~686)스님은 신라에 불교가 들어온 지 90년이 되는 해에 태어났다. 그의 성은 설(薛), 아명은 서당(誓幢), 또 신당(新幢)이며 29세에 황룡사에 출가하여 여러 곳을 다니며 교리를 연구하였고 글을 잘했으며 특히 변론에 능했다. 그렇다고 일정한 은사스님이 있는 것도 아니고 당시 괴승으로 유명한 대안, 혜공 스님과 교류가 깊었다.

스님은 의상과 당나라로 유학 가다가 무덤가에서 자다가 심한 갈증으로 물을 찾다가 무덤 옆에 있는 그릇에 담긴 물을 먹었더니 시원하기가 무엇하고도 비길 데가 없었다. 아침에 깨어 어젯밤 그 물이 생각나 찾아보니 이게 웬일인가! 다름 아닌 해골박에 고인 썩은 물이었다. 순간 오장이 뒤틀리고 메스꺼워 구토를 한 후 크게 깨달았다. "마음이 나면 여러 가지 법이 나고 마음이 없어지면 여러 가지 법이 없어진다 했으니, 마음이 없으면 해골뿐 아니라 무엇이 있으랴. 부처님 말씀에 삼계가 오직 마음뿐이라 하셨으니 어찌 나를 속이랴." 하고 의상과 작별하고 신라로 돌아왔다.

그 후 분황사에 주석하면서 여러 경전을 주석하고 통불교를 제창했다. 그때 당나라에서 '금강삼매경'이 들어왔다. 아무도 해설할 사람이 없었다. 왕명으로 궁중에 들어가 왕과 고승대덕 앞에서 거침없는 열변으로 '금강삼매경'을 설하면서 전날 백 개의 서까래(백고좌법회)를 고를 때는 끼지 못했는데 오늘은 한 개의 대들보가 되었다는 설법은 유명하다. 그러나 그의 행동은 예측하기 어려웠다.

'송고승전'에도 도무지 종잡을 수 없는 사람이라 하리만치 때로는 시정잡배와 어울려 술집과 창기집을 드나드는가 하면, '화엄경'을 근엄하게 설하다가도 절집에서 금지된 거문고를 뜯으며 노래하고 덩실덩실 춤추는가 하면, 산속에 들어가 선정삼매를 즐기기도 했다.

고려 대각국사 의천은 사대보살로 일컬어지는 '마명, 용수'라야 겨우 따라 잡을 원효 스님의 위대함을 세상 사람이 알아보지 못함을 안타까워했다. 그는 선교(禪敎)뿐 아니라 노장, 참서, 외서까지 모조리 섭렵했으니 그 흔적은 그가 쓴 독창적 표현으로 쉽게 알 수 있다.

'화엄경소'나 '기신론소' 등에 노장의 비유와 논법을 원용한 것은 노장사상이 불법안에 있음을 알려줌이라 하겠다. 특히 '해동소'로 불리는 '기신론소'는 당시 인도, 중국, 일본, 중앙아시아 여러 나라에서 교재로 쓰일 만큼 스님의 사상과 학문의 깊이가 담긴 명작이라 불리고 있다.

스님이 남긴 일화 중 척판암(擲板庵)에 얽힌 일화는 유명하다. 그 내용을 보면,

중국 담운사에 큰 가사불사가 있는데 증명법사가 수차례 파계하고 환속한 사람이었기에 때문에 제석천왕이 노발대발하여 법당에 벼락을 치려는 것을 알게 된 원효 스님은 조그만 널쪽에 해동원효 척판구중(海東元曉 擲板救衆)의 8자를 써서 공중으로 날려 보내자 그것이 금덩이로 둔갑해서 법당에 모였던 대중을 밖으로 유인하여 천여 명의 생명을 구했다. 그로 인해 몇 천 명의 중국 승려가 신라로 몰려와 원효 스님에게 직접 경전공부와 수행하여 천인이 모두

성인이 되었다. 그래서 그곳을 천성산(千聖山)이라 부른다. 그같이 신통묘용이 자재한 스님이 왜 파계했을까? 이 문제로 예부터 항간에 많이 회자(膾炙)되어 오고 있다.

하루는 저자거리를 누비며 덩실덩실 춤을 추면서 "누가 자루 없는 도끼를 빌려 주려는가? 내가 하늘을 받칠 기둥을 찍으리라."고 크게 외치며 돌아다녔다. 그때 마침 무열왕(武烈王)이 그 외침을 듣고 이는 귀부인을 얻어 훌륭한 아들을 낳겠다는 뜻이니 "나라에 큰 성현이 태어나면 그보다 더 이로움이 없으리라." 하고 신하에게 은밀히 원효를 유인해 요석궁으로 들게 했다. 그리하여 낳은 아들이 설총(薛聰)이며 신라 10대 성인 중의 한 사람으로 추앙받는 인물이 되었다. 스님은 이미 계율에 얽매이는 경지를 초월했기 때문에 오직 성인을 얻어 나라에 이바지하고자 했을 뿐이었다. 그리고 원효는 자신이 파계승이라 자처하고 속복을 입고 소성(小性)거사, 또는 복성(卜姓)거사라 불렀다. 복성의 점 복(卜)자 아래에 한 일자(一字)를 그으면 위 상자(上字)가 되고 위에다 한 일자(一字)를 그으면 아래 하자(下字)가 된다. 그 뜻은 인간이란 고정불변한 존재가 아니라 귀하게도, 천하게도 될 수 있음을 나타낸 동시에 자신은 불교의 중도사상의 실천자임을 몸소 보여주기 위한 방편으로, 헌 옷에 두룽박을 두드리며 무애가(無碍歌)를 부르면서 천촌만락 발길 닿는 곳은 어디든 찾아다니며 실의에 빠진 민초들에게 '나무타불'을 부르게 하여 그들에게 희망과 환희심을 일으키게 하였다. 그로인해 신라에 미타신앙을 심어준 선구자가 됐다. 파계승을 자처한 스님이 남긴 많은 저서 중 10문화쟁론(十門和諍論)에 불교 수행은 마음을 깨쳐 성불하는 것이 근본임을 밝히고자 절묘한 문장과 해박한 논증을 들어 소상하게 술회해 놓았다. 중국이나 우리 불교는 각파나 각 종파 사이에는 자기 종파의 우수성을 내세우다보니 진정한 불법을 훼본시키는 경향이 짙었다. 스님은 그 점을 우려해서 부처님이 8만 4천 법을 각기 달리 설하신 것은 중생의 근기(능력)에 따른 것으로서 마치 천만 갈래의 냇물이 한 바다로 들어가면 결국 한 맛(짠맛)이 되듯, 각파 각종에서 말하는 경이나 논이 다른 것 같지만, 실은 마음을 깨달아 통하면 그 근본취지가 똑같다고 했다. 그 영향으로 우리 불교는 선(참선)을 하면서 경을 보고 염불, 기도, 진언, 주력 등 모든 것을 다 할 수 있는 통불교가 되었다. 그러나 우리불교를 짬뽕 불교로 폄하하는 사람도 있으나 화쟁론의 취지를 파악하면 그 오해가 불식될 것이다.

홍미 있는 일은 원효와 사복(蛇福)과의 일화이다.

아비 없는 과부가 아이를 낳았는데 12살이 되어도 말도 못하고 일어나지도 못하였다. 하루는 그 어머니가 죽자 원효에게 "스님과 내가 옛날 경(經)을 싣고 다니던 암소가 죽었으니 함께 장사지내지 아니하려는가?" 원효가 허락하고 포살(布薩)하기를 나지 말라 죽는 것이 고통이요, 죽지 말라 나는 것이 고통이라 하니 사복은 "말이 너무 길다." 하고 "나는 것도 죽는 것도 고통이니라." 하였다. 둘이서 상여를 메고 활산리 동쪽 기슭에 이르러 원효가 지혜 호랑이를 지혜 숲속에 장사 지냄이 그 아니 마땅하랴! 사복이 게송을 짓되 "옛날 석가모니가 사라수 아래 열반하셨다. 지금도 그와 같은 이 있어 연화장 세계에 들려하네." 하고 띠풀을 뽑으니 그 속에 7보로 장엄한 누각이 있어 인간세계가 아니었다. 사복이 송장을 메고 그

속으로 들어가니 땅이 오므라졌다는 삼국유사의 기록이 있다. 이것은 윤회사상을 보여 준 생생한 표본이라 할 수 있다.

예부터 거사하면 인도의 유마거사, 중국의 방거사, 신라의 부설거사를 꼽는다. 신라의 부설(浮雪)스님은 일찍 출가하여 여법하게 수행하다가 두 도반과 지리산 천왕봉 아래에 토굴을 짓고 10여 년간 정진하다가 도반과 같이 오대산으로 가던 도중 비 때문에 김제 구무원(仇無怨)의 집에 머물게 되었다. 불교신자인 구씨에게는 묘화(妙花)라는 딸이 있었다.

여러 날 스님의 법문을 듣던 묘화는 "스님과 부부 연을 맺지 못하면 죽음뿐이라."는 굳은 의지에 이것도 전생의 업연이라 생각한 스님은 어쩔 수 없이 도반과 헤어지게 되었다. 묘화와 가정을 꾸미고 살면서 아들 등운과 딸 월명 자매를 낳았다.

스님은 거사(居士)라 자처하고 지내다가 갑자기 풍병 환자라 속이고 후원에 토굴을 만든 후 정진하기를 수년, 오대산으로 떠났던 두 도반은 애욕의 포로가 된 부설거사를 제도하기 위해 10년 만에 김제 두릉을 찾아왔다. 그간의 회포를 나눈 후 부설은 세 개의 자루 달린 병에 물을 담아서 공부의 척도를 삼기로 했다. 먼저 두 스님이 차례로 막대기로 물병을 치는 순간 물병은 깨져 땅으로 떨어져 박살나고 말았다. 다음 부설거사가 막대기로 힘차게 물병을 치는 순간 천지가 진동하는 소리가 나면서 물병이 깨졌다.

그런데 이게 웬 일인가? 세상에 이런 신기한 일이 또 있을까? 물병은 박살났으나 병모양의 물이 대롱대롱 매달려 있지 않은가. 이 광경에 망연자실한 두 스님은 무릎을 꿇을 수밖에. 부설거사의 게송에, "도라는 것은 승려의 검은 옷과 속인의 하얀 옷에 있지 아니

하며, 도라는 것은 번화한 거리와 초야에 있는 것도 아니다. 모든 부처님 뜻은 중생을 이롭게 제도화하는데 있도다.”라고 하였다.

그 후 부설거사는 정진하다가 입적했다. 묘화부인은 ‘부설원’을 만들어 중생교화에 보살행을 하다가 110세에 좌탈입망 하였다. 두 남매는 등운암, 월명암을 세워 정진 끝에 대오하였다. 월명암은 천하절경으로 변산 8경 중 제4 월명무애, 제5 서해낙조로 유명하다. 이곳에는 예부터 사성팔현(四聖八賢)이 출현한다는 전설이 전해오는 성지로서, 부설거사 가족 네 분이 사성(四聖)으로 추앙받고 있다. 월명암 법당 뒤에 네 성인을 기리기 위해 사성선원(四聖禪院)이 마련됐고 그 위에 사리탑이 안치돼있다. 부설거사의 삶은 소승적 파계가 아닌 만물을 포용하는 중생제도를 표방한 대승불교사상을 실천한 성인이라 하겠다.

인욕(忍辱)

인욕은 욕됨을 참는 것, 온갖 모욕과 박해와 번뇌를 참고 원한심을 일으키지 않는 것을 말한다. 또 모든 폭력과 멸시를 참고 마음을 편안하게 가지고 침착한 모습으로 질투나 진심(성내는 마음)을 내지 않는 것을 말한다.

그러므로 인욕이란 꼭 실천해야 할 중요한 덕목의 하나다.

옛적에 세존이 인욕선인이 되어 수행하고 있을 때 그 나라에 극악무도한 가리왕이라는 임금이 있었다. 그는 수도하는 인욕선인을 괴롭히기 위하여 팔과 다리 심지어 코와 귀까지 잘랐다. 그러나 인욕선인은 안색하나 변하지 않았고 그를 원망하거나 성내는 마음조차 내지 않았다. 그것은 과거 5백 년 동안 아상, 인상, 중생상, 수자상이 없었기 때문이었다.

그 인욕행이 오랜 세월동안 축척되었기 때문에 가리왕에게 인욕바라밀을 설할 수 있었던 것이라 한다.

만일 그에게 아, 인, 중생, 수자의 4상이 있었다면 그를 비난하고 원망했을 것이며 그로 인해 대도(성불)를 성취하지 못했을 것이다.

또 중국 한나라 고조 때 한신이란 젊은이가 있었다. 그곳에 한 패거리의 불량배가 있었는데 그들에게 큰 수모를 당한 일이 있었다. 즉 그들의 양 다리 밑을 기어나가는 모욕을 참고 인내했던 것이다. 만일 그렇지 않았다면 어쩌면 뒷날의 한신은 없었을 것이다. 그 같은 멸시를 이겨낸 그는 뒷날 장군이 되었고 유방을 도와 천하통일의 대업을 이루게 한 공으로 초왕에 봉하게 되었다.

그 원인은 젊은 시절 한 번의 수모를 참아낸 덕으로 유명하다.

어느 때 부처님은 비구들에게 설법하시기를, 옛날 고사라국 왕에게는 한 태자가 있었다. 이웃나라는 강국이기 때문에 고사라국을 침범해 왔다. 왕은 생각하기를 우리나라는 국토도 적도 무기도 없는 처지라 싸운다면 결국 백성만 잃을 것이니 차라리 그가 하는 대로 맡겨 두는 것이 낫겠다는 생각으로 태자를 데리고 숲 속으로 도망친 후 수행자로 변장하고 옆 나라로 빠져나갔다. 고사라국을 약탈한 왕은 마음이 편치 못했다. 왜냐하면 나라는 빼앗으나 왕과 태자를 죽이지 못해 안달이었다. 생각 끝에 고사라국왕의 목을 가져오면 큰 상을 주겠다는 명을 내렸다. 그 뒤 왕은 잡히고 말았다. 그러나 태자는 다행하게 몸을 피해 도망가던 중 부왕을 만나게 되었다. 부왕은 태자를 위로하며 "참아야 한다. 참아야 한다. 그것이 효도라 할 수 있다. 원한의 인과를 맺어서는 안 된다."고 당부하는 것이었다. 그 뒤 몇 해의 세월이 흘렀으나 달아난 태자 때문에 이만 저만 고민이 아니었다. 혹시 복수하러 오지 않을까 하는 생각에 전 전긍긍했다. 천신만고 끝에 도망친 태자는 유명한 악사가 되어 왕 궁으로 들어가게 됐고 왕의 신임을 받는 시자(侍者)가 됐다. 왕은 그에게 자기를 호위하라라며 무기까지 주었다. 그러던 어느 날 왕은 사냥을 갔다가 길을 잃고 오직 2 사람만 남게 되었다. 피로를 느낀 왕은 시자에게 잠시 쉬자며 시자의 무릎을 베고 누워 잠이 들었다. 그때 태자는 갑자기 칼을 쥐었다. "이 왕은 아주 극악무도한 악질 이다. 죄 없는 내 부모를 죽이고 백성과 나라를 빼앗고 나를 고생 시킨 왕이 아닌가? 지금 당장 죽여 부모의 원한을 갚아야겠다. 기 회는 이때다."라고 생각하고 서서히 칼집에서 칼을 뺐다. 그 순간 태자의 뇌리에 스쳐가는 부왕의 소리가 들렸다. "참아야 한다. 참 는 것이 효자라 할 수 있다."라는 아버지 유훈이 떠올랐다. 태자는 도로 칼집에 칼을 꽂았다. 그 때 왕은 깜짝 놀란 표정으로 벌떡 일 어나 앉으며,

"시자야 내가 지금 잠들었을 때 이웃나라 그 태자가 칼을 빼어 들고 내 목을 치려고 달려들었다. 그래서 놀라 일어났다. 누가 오 지 않았느냐?"

"왕이시여, 안심하십시오. 그 태자가 바로 여기 있는 이사람 입 니다."

"아니 무엇?"

깜짝 놀란 왕은 외마디 소리를 지르며 후닥닥 뛰어 일어나 뒷걸 음치며 공포에 떨고 있었다. 이미 칼은 시자의 손에 있지 않은가. 자기로서는 속수무책 죽음 직전의 상태였다. 그때 태자는,

"왕이시여! 두려워 마십시오. 왕이 잠들어 있을 때, 저는 왕의 목을 베려고 칼을 뽑았습니다. 그러나 그때 저의 아버지의 유훈이 떠올라 칼을 도로 꽂았습니다. 그러니 안심하십시오."

"아하, 그래, 그대 아버지가 무슨 말씀을 남겼는가?"

"네, 참아야 한다. 참아야 한다. 그래야 효자라 할 수 있다."

"…그리고는?"

"원수의 인과를 맺어서는 안 된다고 하셨습니다. 내가 만일 왕을 죽였다면 왕의 신하들은 반드시 나를 죽일 것입니다. 그렇게 되면 어떻게 되겠습니까? 내가 왕을 용서하고 또 왕이 나를 용서하고 서로 참으면 원한은 그것으로 끊어질 것입니다. 그래야 나는 아버지의 소원대로 효자가 될 수 있을 것입니다."

"아! 그렇다 나는 죄 많고 어리석은 사람이다. 나는 성자를 죽이고 부인까지 죽인 살인자며 나라와 백성까지 탈취한 나찰 같은 존재라 만 번 죽어 마땅하다. 그러나 나를 불쌍히 생각하고 용서해다오. 깊이 뉘우치고 사죄하노라." 하고 왕과 태자는 서로 손을 부여잡고 용서와 화해의 눈물을 흘리며 궁으로 돌아왔다. 그 후 왕은 늙어 왕위를 시자인 태자에게 물려주었다. 태자는 왕이 되어 옛나라와 함께 백성들을 아끼고 잘 다스려 나라가 번성하고 존경받는 국왕으로 빛나는 업적을 남겼다. "비구들이여, 우리가 영원한 평화를 바라는 것은 우리 모두의 서원이다. 너희들도 태자와 같이 인내와 사랑으로 교단과 도반의 화합과 감합을 영원히 유지하기에 힘써야 할 것이다."라고 당부하시었다. 그로인해 비구들 간의 불화가 없어지고 협력이 공고해졌다 한다.

정진에 대한 부처님의 말씀

정진(精進)

부처님이 다음과 같이 말씀하셨다.

"나는 헤아릴 수 없는 여러 겁(劫) 동안 정진(精進)을 거듭하였다. 어느 때는 산속에서 지계·인욕·선정을 닦으면서 음식을 절식(節食)하기 위해 하루에 일식(一食)만으로 지낸 적이 많았다. 그때 내 몸은 마치 고목처럼 앙상하여 가죽과 갈비뼈만 남은 적도 있었다. 또 노천에서 밤을 지샜기에 마치 물속에서 금방 나온 물짐승처럼 보이기도 하였다. 그러나 나태하지 않고 노력하면서 지혜를 구하였다. 더욱이 머리와 눈과 골수와 뇌와 사지 등을 생명 있는 자에게 보시하여 그들의 원을 이루어 주기도 하였다.

또 여러 겁 동안 다양한 책을 읽고 외우고 사색하였으며 어려운 문제를 묻고 토론하면서 일체법에 대하여 지혜로써 좋고, 나쁘고, 크고, 작고, 허(虛)하고, 실(實)한 것을 분별코자 하였다. 그러는 동안에 비난을 듣고 모욕을 당하기도 했으며 심지어는 칼이나 몽둥이 등으로 위협당하는 일도 여러 차례 있었으나 조금도 흔들림 없이 참고 견디었다. 그러면서 많은 부처님께 공양하였다. 그 공덕으로 6바라밀이 몸에 갖춰지기를 원하였지만 아무것도 얻은 것이 없었다.

그러던 중 다행스럽게도 연등불(燃燈佛 : 과거세에 석가에게 성불할 것을 예언한 부처님)에게 연꽃 다섯 송이를 공양하게 되었다. 또 부처님이 지나는 진흙탕 길에 머리를 깔아 드린 보시행을 실천하였더니 즉시 무생법인(無生法忍 : 불생불멸의 진리를 깨달아 평안한 경지)을 얻게 되어 곧 6바라밀(보시·지계·인욕·정진·선정·지혜)을 완성하게 되었다.

그때 공중에 솟아올라 한 게송으로 연등불의 공덕을 찬탄하였더니 동·서·남·북·상하·사유·사방에서 많은 부처님이 출현하였다. 그때에야 비로소 참답게 정진한 공덕으로 6바라밀이 갖춰진 몸을 얻게 되었다.

정진은 평등한 것이라 마음의 평등을 얻을 수 있었고 마음이 평등하기 때문에 일체법이 평등함을 깨닫게 되었다."

정진은 성불하려고 노력하는 보살의 수행 방법 중의 하나다. 즉 게을리 하지 않고 항상 용맹하고 순일무잡하게 수행하는 것을 말한다.

불교에서는 사리양면(事理兩面)의 정진이 있다. 사(事)의 정진은 일심으로 노력하여 모든 악이 발생하지 않게 하면서 선(善)이 발생하게 하는 것이고, 이(理)의 정진은 인간의 위상을 위해 수행자의 최고 이상인 깨달음을 위해 일심불란하게 노력함을 말한다. 또 학생이나 학자들이 자신의 연구 분야에 열중하여 전력투구하는 것도 그에 해당한다. 마치 처마 끝 낙숫물도 오래 떨어지면 돌을 뚫는다는 속담과 같이 심혈을 기울어 노력하지 않으면 대업을 이룰 수가 없다.

신라 진감(眞鑑, 774~850)은 중국 동남산 만인봉에 올라가 토굴을 짓고 나무열매만 먹고 3년을 정진했다 한다. 또 금강산 어느 암자에 한 스님이 출가한지 10여 년이 지나도 수마(잠)를 이기지 못해 고심 끝에 방 양쪽 벽에 못을 치고 가는 철사를 매달아 양손바닥을

뚫어 철사를 관통시킨 채 합장하고 앉아 움직이면 피를 흘리며 정진했다 한다. 또 턱 밑에 뾰족한 송곳을 세워놓고 졸면 송곳에 찔려 피도 피지만 아픔에 시달리며 정진했다 한다.

선방에서 해재 무렵이면 7일7야를 자지 않고 용맹정진 하는 예는 다반사라 한다.

근자에 유명한 판사 출신인 효봉(曉峰, 1888~1966)선사는 금강산 신계사에서 당시 고승인 석두(石頭)화상에게 늦깎이로 출가했다. 때문에 대중들과 시간을 맞춰 공부해서는 안 될 것 같아 스승과 대중들의 양해를 얻어 밤낮 24시간 용맹정진에 들어갔다. 밥 먹고 해우소 가는 시간 외에는 장좌불와로 일관하여 화두 참구에 몰두했다. 때문에 절구통 수좌라는 별명을 얻게 됐다.

한번 가부좌를 틀고 앉으면 그에게는 시간이 멈춘 상태로 정진하다보니 엉덩이가 짓물러 피고름이 방석에 엉겨 자리에서 일어나면 방석이 엉덩이에 붙어 떨어지지 않을 정도였다 한다. 그래도 한 소식(깨달음)이 없자 스승에게 고하고 큰 절 뒤편에다 한 칸짜리 토굴을 짓고 출입구조차 막아버리고 하루 한 끼만 먹고 때로는 2, 3일에 한 끼만 먹고 정진하기를 1년 반여 만에 드디어 대오했다는 일화는 유명하다.

또 중국 선종 삼조 승찬(僧璨, ?~606)의 법을 9년 만에 이어받은 4조 도신(道信, 580~651)은 해탈한 후에도 조실이나 방장 직위도 마다하고 피나는 정진을 계속 했다. 그는 죽기를 작정하고 눕지 않겠다는 서원을 세웠다.

그는 서원대로 장장 60년 동안 단 한 번도 누워 본 적이 없이 장좌불와로 일관했다고 전등록에 기록되어 있다.

선정(禪定)

선정은 선나(禪那)의 줄임말로 정(定), 정려(靜慮), 기악(棄惡), 사유수(思惟修)라 번역하며 세간의 여러 가지 속박을 끊고 진정한 이치를 사유하고 생각을 고요히 하여 산란치 않게 하는 것이다.

마음을 한 곳에 모아 선악을 생각지 않고 시비에도 무관하며 유무 또한 간섭하지 않고 마음을 편안히 하여 어떠한 상태에도 동요하지 않는 자유자재한 경지에 도달하는 것을 선이라 한다.

이 선정은 좌선(坐禪)이라 한다. 좌선은 인도에서 예부터 전해오는 수행방법으로서 석존도 마지막으로 선정에 의해 성불하게 된 것이다.

그래서 불교에서는 최고의 수행법이 선정이며 수행의 기초를 다지는 것으로 중요시 한다.

주의해야 할 것은 좌선이 아무리 최상선의 도리라 해도 옳은 선지식에게서 법도대로 수행해야지 외도선(外道禪)을 진짜로 오인하고 수행한다면 자신이나 모든 사람에게 큰 죄를 범하게 한다.

참고할 것은 선정을 닦으면 어떤 이점이 있을까? 먼저 두 가지 득실(得失)이 있다. 하나는 복혜(福慧 : 복과 지혜)를 얻게 되고, 다음은 나를 괴롭히던 번뇌(무명의 씨앗)를 잃게 된다. 얼마나 큰 이득인가. 그러나 그런 이치를 모르는 중생이란 인연을 따라 윤회하는 업생(業生)이기 때문에 4고8고에 몸부림쳐야 한다. 그 괴로움을 벗어나려면 선정을 통해 내 안에 있는 참나(眞我 : 眞如)를 찾으면 영겁토록 안락의 경지에 안주할 수 있다. 그것이 바로 선정을 닦는 이유이다.

지혜(智慧)

반야(般若)는 지혜를 의역한 말이다.

지혜는 6바라밀 중 마지막으로서 보시, 지계, 인욕, 정진, 선정 등을 수행하는 과정에서 생기는 직관력으로 안식처인 피안(彼岸)에 도달하자면 없어서는 안 되는 뗏목이나 배와 같은 역할을 하는 가장 귀중한 덕목이다.

부처님의 마지막 말씀에 "지혜 있으면 탐착(탐내는 것)하지 말고 항상 스스로를 살펴 잃지 않게 하라. 이것이 곧 내 가르침에서 능히 해탈을 얻는 것"이라 하였다. 이 해탈은 모든 속박과 괴로움을 벗어나 피안에 이르게 되고 이것이 깨침(대오)의 경지이다. 이 경지에 도달하려면 6바라밀을 수습해야 하고 그 총지휘자격인 총수가 바로 지혜이며 지혜의 완성이 바로 성불인 것이다.

지혜에는 문혜(聞慧), 사혜(思慧), 수혜(修慧)가 있다.

1. 문혜는 보고 듣고서 얻는 지혜,
2. 사혜는 사유하고 고찰해서 얻는 지혜,
3. 수혜는 고찰을 마치고 입정(入定) 한 뒤에 수득(修得)하는 지혜 등 3가지가 있다.

또 6바라밀을 셋으로 나누기도 한다.

1. 세간바라밀 : 신통을 얻어 천상에 나기 위하여 닦는 6도행(六度行),
2. 출세간바라밀 : 2승이 열반에 들기 위하여 닦는 6도행,

   3. 출세간상상바라밀 : 보살이 중생을 제도하기 위하여 닦는 6
      도행 등이다.

심경(心經)

심경 두 자는 범어를 음사한 마하반야바라밀다의 8자와는 달리
한자인 마음 심(心)자와 글 경(經)자를 썼다.

고대 인도에는 불교 이전 바라문의 성서인 우바니샤드(한역 오의
서 : 깊은 뜻이 담긴 책)에는 심장으로 기록되어 있다.

심장은 자아(自我)가 깃들어 있는 곳으로서 자아의 중심인 심장,
즉 마음이라 생각했다. 그러니까 심장은 우주아(宇宙我)와 동질이라
고 본 것이다.

불교에서는 마음을 심·의·식(心意識)과 4심(四心), 또 6·8·9식
(六八九識)으로 나누기도 한다. 그러므로 불교는 마음 닦는 종교이
다. 수행자는 오직 마음을 닦는 수행으로 마음의 무지를 벗어나는
것이 깨달음이요, 견성성불(見性成佛)이다.

불교에서 가장 발달한 것이 유식(唯識)과 유식사상이며 우주를 형
성한 모든 것은 마음의 변현(變現)이라 했고 이를 일러 일체유심조
(一切唯心造)라 한다. 또 마음 밖에는 한 법도 없다고 하였다. 이것이
대승불교의 근본사상을 이루고 있다.

한자의 경자는 원래 직물의 세로실을 의미한 것이 변하여 관천
(길게 꿰뚫어 있는 것) 섭지(오래 보존해 두는 것), 즉 영원히 변하지 않
는다는 뜻에서 성인이 설한 만세에 통하는 서책을 말하게 되었다.
그와 유사한 뜻이 중국의 경자다.

그래서 한자인 심(心)과 경(經)자를 합해서 심경(心經)이라 한 것이

다. 그러니까 범어의 8자와 한자 2자를 합한 표현 방법을 범한겸거(梵漢兼擧)라 한다.

왜 제명에 대해 장광설을 늘어 놓느냐하면 이미 설명한 대로 그 명칭은 내용전체를 몇 마디로 다 나타내어 놓았기 때문이다.

어느 경전이든 모두 인간의 괴로움을 없애고 안락한 경지에 이르게 하기 위한 뜻으로 만든 것이다. 더구나 심경은 인간 누구에게나 인생행로의 지침서며 올바른 삶을 영위하고자하는 인간들의 정신적 삶을 풍요롭게 해주기 위한 불멸의 성서인 셈이다.

신라 무열왕의 8대 손인 무염선사(無染禪師, 801~888)는 822년에 당나라로 건너가 남산 지상사(至相寺)와 불광사에서 법을 묻고 마곡 보철(麻谷寶徹)에게서 법인(法印)을 받았다. 오랫동안 정진 후 제방 대덕을 참문하면서 그의 명성이 널리 알려져 동방대보살(東方大菩薩)이라 부르게 됐다.

845년(문성왕 7년)에 귀국하여 성주산문(聖住山門)의 개조가 되었고, 88세에 입적하기까지 많은 문도를 양성했다. 그 중에 구정이란 제자가 있다.

구정의 출가 동기는 어느 날 큰 영마루를 넘게 되었는데 한 스님이 두 팔을 크게 벌리고 선 채 오랫동안 미동도 하지 않고 서 있는지라, 이상하게 생각한 구정이 스님에게 다가가 왜 이렇게 계시냐고 묻자,

"내 겨드랑이에 이란 놈이 피 공양을 맛있게 하고 있다. 만일 내가 움직이면 그놈들이 불편해 할까봐 이러고 서 있다."는 대답에 감동하여 그 길로 스님을 따라가게 됐다.

절문을 들어선 스님은 한켠에 있는 녹슨 큰 가마솥을 가리키며 그 솥을 걸으라는 것이었다. 아무 영문도 모르는 그는 스님이 시키는 대로 솥을 다 걸어 놓자, 아차 이곳이 아니라 저 곳에 다시 걸으라는 것이다. 두말없이 옮겨 걸어 놓은 것을 본 스님은 버럭 화를 내시면서 눈알이 비뚤어졌느냐고 호통 치면서 다시 걸으라는 것이었다.

그러나 한 마디 대꾸나 불평하는 일 없이 땀을 뻘뻘 흘리면서 걸고 다시 걸기를 무려 9번 되풀어 걸을 뒤에야 참으로 애썼다며 제자로 삼고 솥을 9번 걸었다는 뜻으로 아홉 구자(九字)에 솥 정자(鼎字)를 넣어 구정(九鼎)이라는 법명을 주었다.

그런데 구정은 원래 미천한 태생이라 글이란 한 자도 모르는 무식꾼이었다. 하지만 심지는 굳고 부지런하고 성실했다.

구정은 어느 날 스님에게,

"어느 것이 부처입니까?"

"즉심이 불이니라(卽心是佛)."

워낙 무식하고 고지식한 구정은 '즉심이 부처'라는 스승의 말씀을 음이 비슷한 '짚신이 부처'라는 말로 알아듣고 말았다.

"짚신이 부처? 짚신이 부처? 짚신이 부처?"

좀 이상한 생각이 들었으나 부처님 같이 존경하는 스승이 허튼 말씀을 하실 리가 없다며 그대로 믿었다.

하지만 부처가 뭐냐고 물었는데 왜 짚신이 부처라고 하셨을고? 어째서 짚신이 부처라는 말인고?

그날부터 짚신을 머리에 정중히 이고 다니며 가나오나 앉으나 서나 잠시도 잊지 않고 "짚신이 왜 부처인고? 왜 부처인고?"하는 생각만을 하게 됐다.

그러던 어느 날 산에 가서 나무를 한 짐 한 다음 두 손으로 짚신을 움켜쥐고, "짚신아, 어째서 네가 부처냐? 짚신아, 짚신아, 어째서 네가 부처냐?"고 다잡아 묻다가 그만 삼매(三昧)에 들게 됐다.

시간 가는 줄도, 섰는지 앉았는지도 모르는 채 삼매 속에서 사뭇, "짚신아, 짚신아, 어째서 네가 부처냐?"고 소리소리 지르다가 움켜쥐고 있던 짚신 날이 뚝하고 끊어지는 순간 크게 깨닫게 됐다.

여기서 꼭 짚고 넘어가야 할 요점이 있다.

불교를 왜 대도무문(大道無門)이라 하는가?

대도는 불법을 말한다. 불법을 설하는 진리는 특정한 형식이나 특별한 문(門)이 없다. 불법에 대한 믿음과 배우려는 의지만 확고하면 언제나, 어디서나, 어떠한 방법에 의해서건 도(道)에 들어갈 수 있다. 그래서 대도무문이라 한다. 이것이 불교의 진수이다.

제 2 장

관자재보살 행심반야바라밀다시 조견오온개공도일체고액
(觀自在菩薩 行深般若波羅蜜多時 照見五蘊皆空度一切苦厄)

반야심경(般若心經)하면 관자재보살이 선설자(說主)라는 것은 누구나 안다. 그러나 현장보다 2세기전의 구마라습(344~413)은 관세음 또는 관음이라 번역하였다. 그것은 당시 인도에서 중국으로 각기 다른 범본(인도경전)이 들어와 여러 사람이 번역하는 과정에서 달리 번역했지만 본뜻에는 큰 차이가 없다.

관자재의 관은 선정에 들어 지혜로서 모든 경계를 자세히 식별한다는 뜻이다. 자재는 자유자재와 같이 무슨 일이든 불가능한 것이 없다는 뜻이다. 그러니까 관자재보살은 관세음이나 관음보살을 말하는 것으로 세상의 모든 소리를 다 들을 수 있는 이근원통(耳根圓通)을 성취했기 때문에 모든 중생의 마음의 절규, 육체의 고통, 심지어 모든 소원이나 바람이 있어서 그 명호를 부르면 그 음성을 관하여 그들의 고뇌와 희망을 이루어 주는 자비가 원만한 대보살로 알려져 있다.

우리가 세상을 보는 눈에는 견(見), 관(觀), 시(視), 찰(察)의 4가지가 있다.

견은 육체의 눈인 육안, 관은 마음의 눈인 심안을 말한다. 그리고 관찰은 마음의 눈으로 모든 사물을 빠짐없이 살펴본다는 뜻이다. 시는 주위를 두루 잘 보는 것 또 불교에서는 관조(觀照), 즉 지혜로써 사리를 비추어 보고 밝게 아는 것을 가장 중요시한다.

다시 말하자면 중생의 눈은 육안임으로 모든 현상을 정확하게 보지 못하기 때문에 미망에 빠져 고뇌에 시달리게 된다. 반면 보살의 눈은 심안이기 때문에 육도윤회 중생의 모든 괴로움을 꿰뚫어 보고 자비의 원력으로 중생 모두를 청량지에 이르기를 원하는 것이 보살들의 본원이라 한다.

보살은 보리살타(菩提薩埵)의 줄인 말로 보리의 보와 살타의 살을 따서 보살이라 하였고, 두 가지 뜻이 있는데 하나는 깨달은 사람, 다음은 깨달음을 구하여 수행하는 사람을 이른다.

또 살타는 유정, 중생, 대사, 고사, 개사 등으로 쓰였다. 심지어 관음대사라고도 했다.

그러면 개오하기 위해 수행하는 덕목은 어떤 것이 있는가?

먼저 발심하여 불문에 들어왔으면 4가지 대서원을 세우고 6바라밀을 적극적으로 실천해야 한다.

그 목적은 상구보리 하와중생(위로는 보리(깨달음)를 추구하고 아래로는 일체중생을 교화하기 위함이다)으로, 상구보리는 자리며 하화중생은 이타이다. 말하자면 출가하여 불제자가 되었으면 계율을 지키고 삼장을 수습한 후 심혈을 기울여 수행 정진하여 무상대도(無上大道)를 이루는 것을 자리의 완성이며 아울러 삼선도(아수라, 인, 천)는 물론 삼악도(지옥, 아귀, 축생)의 중생을 구제하는 것은 이타행이다.

사대서원(四大誓願)

중생무변서원도 중생을 다 건지오리다.
번뇌무진서원단 번뇌를 다 끊으오리다.
법문무량서원학 불법을 다 배우오리다.
불도무상서원성 불도를 다 이루오리다.

이것은 찬불가를 만들기 위해 요약한 것이며,

1. 중생무변서원도
2. 번뇌무진서원단
3. 법문무량서원학
4. 불도무상서원성

즉,

1. 고해 중생들의 수가 한없이 많아도 다 제도하려는 소원.
2. 번뇌가 한없이 많아도 다 끊으려는 소원.
3. 법문이 한량없이 많아도 다 배우려는 소원.
4. 무상보리를 다 이루려는 소원.

서원이란 결단코 목적을 이루고자 맹서함을 말한다.

불·보살에게는 반드시 총서원과 별서원이 있다. 총서원인 4홍서원은 불·보살이 다 일으키는 원이고, 별서원은 아미타불의 48원, 약사여래의 12원과 같이 한 부처님에게 국한한 것이 별서원이다.

행심반야바라밀다시(行深般若波羅蜜多時)

행(行)은 조작(造作)의 뜻으로 일체의 유위법을 말한다. 연을 따라 모여 일어나고 만들어진다는 뜻으로 생멸변화하는 물심의 현상을 나타낸 것이다. 행의 예를 들면, 행원(行願) : 이상의 희망을 달성하기 위한 수행, 교행(敎行) : 부처님의 가르침에 대한 실행, 명행족(明行足) : 부처님이 지혜와 함께 행의 체험자임을 나타내는 것(부처님의 명호), 육도만행(六道萬行) : 번뇌를 대치하는 것 등이 있다.

이 행은 번뇌가 많음에 따라서 그 수도 많으므로 만행이라 한다. 이 외에도 안락행, 난행, 고행, 행위, 수행 등 그 수가 몇 십 가지나 된다. 그 중 이 행은 수행에 해당된다. 수행의 수(修)는 거듭거듭 몇 번이고 반복 실행한다는 뜻이다. 다시 말하면 관자재보살이 반야바라밀다를 여러 생을 통해 수없이 철저히 수행했음을 뜻한다.

행심반야

행심반야의 행은 수행의 줄임말이다. 불법 수행의 행에서 유래한 말로 넓게는 선(善)을 닦고 좁게는 선정을 닦는 것, 수는 반복하여 덕을 실현하는 것, 여기서 알아 둘 것은 앞의 예와 같이 한자의 행(行)자는 같지만 용처에 따라 다르다는 점이다.

12인연의 행, 제행무상의 행, 지목행족의 행 등 여러 가지 다른 뜻으로 쓰인다. 행의 도달점은 뒤에서 말하는 조견(照見)이 목표라 할 수 있다.

그런데 행심반야의 반야를 왜 심(深)이라 하였는가? 그것은 수행자가 보리(깨달음)를 얻는 정도(과정)가 같지 않고 중생으로서의 습기의 유무에 따라 깊고 얕은 차이가 있기 때문이다. 또 화엄경에도 차이를 52위로 나누어 놓았다. 그리고 생사가 없고 자타가 없는 해탈을 얻었다 해도 그 해탈에 집착하여 대비심으로 중생을 제도할 대보리심을 일으키지 않으면 그것은 궁극의 반야가 아니므로 성불할 수 없기 때문에 깊은 반야가 아닌 얕은 반야에 불과한 것이다.

그러니까 법의 실다운 이치에 계합한 최상의 지혜를 심반야라 하는 것이며 수행해 가는 도중이 아니라 마지막 경지가 구경열반이며 심반야의 완성이기 때문에 심심미묘(甚深微妙)하다고 표현하였다.

그리고 반야바라밀다시의 시(時)는 두 가지 뜻이 있다. 하나는 궁극적 생사를 초월하여 진리의 법인에 들어선 수행자가 심반야바라밀다에 들어섰을 때와 다음 하나는 수행자인 관자재보살이 다겁생에 수행을 거듭한 것이 원인이 되며 드디어 깨달음의 경지에 도달하게 된 것은 수행의 결과(시)인 것이다 그러니까 때와 결과의 두 뜻이 있다.

조견(照見)의 '조'는 태양이 천지를 비춰 어둠을 남김없이 한다는 뜻이며 '견'은 눈으로 본다는 뜻이지만 조견의 경우에는 모든 것을 완전히 꿰뚫어 본다, 마음으로 터득하다, 돌이켜 본다 등 여러 가지 풀이가 있으나 심경의 조견은 중요한 뜻이 내포해 있다. 왜냐하면 다음의 오온개공(五蘊皆空)은 심경의 중심사상인 공(空)의 원리가 설명되어 있기 때문이다. 더욱이 심경의 전문은 조견오온개공을 설명한 것이라 해도 큰 지나침이 없을 것이라고 할 수 있을 만치 중요한 구절이다.

오온개공, 승조의 열반송(승조의 후신인 혜공)

오온개공

오는 5가지, 온은 모인다는 뜻이다. 무릇 생멸하고 변화하는 것을 종류별로 나누어 5종으로 구별한 것으로 '움직이고 있는 상태'란 뜻도 포함되어 있다. 그런가하면 적집, 온장, 온축이라 번역했다. 그리고 온(蘊) 대신 음(陰)이라 번역한 것은 구마라습이다. 허나 그 뜻은 같다.

오온은 색온(色蘊), 수온(受蘊), 상온(想蘊), 행온(行蘊), 식온(識蘊)의 5가지를 말한다. 이것을 줄여서 색·수·상·행·식이라 한다.

오온을 재론하면,

1. 색온 : 스스로 변하고 다른 것을 장애하는 물체
2. 수온 : 괴롭고(苦) 즐겁고(樂) 괴롭지도 즐겁지도 않은 것(不苦不樂)
3. 상온 : 외계의 사물을 마음에 받아들여 그것을 상상해보는 마음작용
4. 행온 : 인연으로 생겨나서 시간적으로 변천하는 것
5. 식온 : 의식하고 분별하는 것

그러면 우리 육체는 무엇으로 구성되어 있나? 우리의 육체 역시 물질일 수밖에 없다. 음식이라는 물질을 먹어서 피와 살, 뼈를 만들고 신경, 세포 등도 물질에 불과하다. 불교에서는 이것을 지수화풍(地水火風)의 4대(四大)라 한다.

곧 흙의 성분, 물의 성분, 불의 성분, 공기의 성분으로 인식하였다.

따라서 색에 대해 수상행식을 더함으로서 생명체의 실상을 파악하게 되었다. 그러니까 물질적인 존재는 모두가 색이며 수상행식은 물질에 대한 정신적인 작용, 즉 감정, 지각, 의지, 의식 등은 모양이나 형체가 없지만 작용하는 것이므로 4가지로 나누었다.

그렇지만 그 정신 작용 중 식(識)이 중심이기 때문에 그것을 심장이라 하고 그것에 대한 다른 것, 즉 수상행의 3가지는 의식(정신)상의 작용이기 때문에 이것을 심소(心所)라 한다.

어떻든 간에 우리들의 주관적·정신적 등 4종류로 나눈 것이다. 따라서 오온이란 형체가 있는 것과 형체가 없는 것, 즉 유형의 물질과 무형의 정신 등 2가지가 모인 것으로서 색(色)과 마음(心), 그러니까 색심이법(色心二法)인 셈이다. 이 경우 법(法)이란 존재라는 뜻이다. 그렇기 때문에 물질 중심의 유물론이나 정신 중심의 유심론이나 이것은 치우친 편견으로 불교에서는 용납되지 않고 주관과 객관 일체가 오온의 화합에서 이뤄진 것이라 보는 것이 불교의 근본 사상이다. 한마디로 말해 물심일여(物心一如), 또 색심불이(色心不二) 사상이 가장 정확한 인생관이며 세계관이라 할 수 있다.

그렇기 때문에 오온의 정확한 파악 여부가 불교에 있어서의 중요한 관건이다. 그 이유는 오온으로서 모든 존재를 설명하는 동시에 12인연법, 18계, 4제, 75법, 100법 등 여러 종류로 규범을 파악할 수 있고 오온의 범주 속에 일체법의 원리를 파악할 수 있다.

개공의 공(空)은 원전에는 '공이란 원래 아무 것도 없다'는 뜻으로 되어 있다. 그런데 불교에서 적극적으로 확대 해석하고 다시 깊이 파고들어 '이 세상 모든 것은 그 자신이 본래부터 갖추어져 있는 실체(實體 : 진실한 본체)가 없다'고 해석한다. 우주 삼라만상은 하나도 변하지 않고 영원히 존재하는 것은 없다는 말이다.

인간의 경우 단 1개의 수정란은 세포분열을 하면서 2·4·8, 3일이면 8개의 세포가 16, 16은 32로 배수 증가하여 성장하면서 60여조 개로 불어난다. 그와 같이 우리 육체는 0.1초도 가만히 정지되어 있지 않고 변화에 변화를 거듭하다가 마침내 한 순간에 종언을 고하고 어디론가 사라지고 만다. 그러니까 본래 변하지 않는 실체라고 하는 존재는 없다. 심지어 우주의 경우도 팽창과 수축을 반복하고 있다. 때문에 그 안에 수용되어 있는 삼라만상 모든 존재가 생성과 소멸을 거듭하면서 계계승승 이어져 가고 있다는 것이 원칙이다.

천체 물리학 이론에 의하면 은하계에 있는 모든 별들이 진화 과정에서 중력의 붕괴를 거치면서 일어나는 현상으로 생기는 것이 블랙홀(우주 공간에 떠 있다는 검은 구멍)이라 한다. 그와 같이 우주의 팽창 수축과 별의 진화, 중력의 붕괴 등 어떤 물질이든 어떤 생명체든 끝없이 운동을 반복하면서 변화를 거듭하고 그 모양이 부서져 본 모습과 형체가 없어지고 만다.

이러한 현상을 불교에서는 공이라 하고 그러므로 개공(皆空)이라 한다.

부연하면 참으로 어려운 설명이지만 이것이 삼라만상이 자연적으로 이루어진 현상이며 이 같은 과정을 반복하는 것이 부인할 수 없는 현상 세계의 모습이며 바로 움직일 수 없는 우주 법칙인 것이다.

그러면 이런 물질 현상이 어떻게 이뤄지게 되었나 하면 본래의 근본이 되는 어떤 인(因)이 다른 현상 관계로 연(緣)을 만나게 되는데, 이것을 불교에서는 인연(因緣)이라 하고 매우 중요시 한다.

우리가 사는 지구에는 해마다 봄이 오면 개나리, 진달래 등 수많은 꽃들이 지천으로 만발한다. 그러나 며칠이면 다 시들어 버리고 겨울이면 헐벗은 나무에서는 꽃도 열매도 없다. 그런가 하면 다시 봄이 오면 자취를 감췄던 꽃들이 시샘하면서 또 피어난다. 그와 같이 세세연년 반복하다 고목이 되면 꽃도 열매도 아주 볼 수 없게 된다. 그러면 그 나무들은 어디서 왔으며 꽃은 왜 피었을까?

이것은 누구나 한번쯤 생각해 보았던 의문일 수 있다. 하지만 그 미지수의 수수께끼를 푼다는 것은 쉬운 일이 아니다. 결국 현대 과학에서 해결한 동시에 생물학에서 어느 정도 설명이 가능하다 할까? 하지만 원자 이전의 나무와 꽃의 정체와 죽은 나무와 꽃의 정체에 대한 설명은 불가능한 문제다. 아무리 발달한 첨단 과학에서도 아직 그 단서를 찾아내지 못한 상태다.

미국에서 최근에 발사한 '딥 임팩트'가 혜성에 출동하는데 성공함으로 '지구 생명체의 기원'을 알아 낼 수 있는 가능성이 있다고 한다. 참으로 엄청난 성과이긴 하나 그렇다고 모든 물질의 기원까지 밝힐 수 있을지는 미지수로 남을 수밖에 없다. 그렇다면 어찌해야 하느냐는 의문은 여전하다 할까?

그러나 알고 보면 불교의 공사상과 윤회 사상에서 체달할 수 있는 장점이 있다. 여기서 재론하면 인간은 인연 화합에 의한 업생이므로 결국 자신 자체가 실체가 아닌 가짜, 즉 공하다는 사실을 확실히 파악하고 인정해야 한다. 이것을 인공(人空), 아공(我空), 또 생공(生空)이라 한다.

초기 소승불교에서는 인공만 깨쳐도 보살이라고 생각했다. 그러나 대승불교에서는 인공뿐 아니라 법공(法空 : 현상)도 또한 공하다는 사실을 알아야 한다고 주장했다. 즉 인공인 동시 법공(法空), 필경공(畢竟空)이어야 진짜 깨친 것으로 인정하게 되었다.

따라서 인공, 또 아공이란 오온이 화합하여 이뤄진 몸(자신)을 마치 실아인 듯이 생각하는 아집을 공하다고 생각하는 것인데 법공은 법무아와 같은 개인 존재의 모든 구성 요소가 실체성을 가지고 있음을 부정하는 것 또 대상을 실체시하여 그것에 집착하지 않는 것이다.

승조의 열반송(승조의 후신인 혜공)

구마라습의 3천 제자 중 사철(四哲 : 네사람의 철학자)의 한 사람인 승조(僧肇, 384~413)는 18세 때 출가 스승의 역경 사업을 도왔다. 당시 후진왕(요진)의 노염을 사게 되어 사형 직전 7일간의 말미를 얻어서 옥중에서 쓴 조론(肇論)이 유명하다. 그의 3권의 저서는 혜원(여산, 335~417)이 극찬한 명저로 전해 오고 있다.

그가 남긴 임종계는,

사대원무주 四大元無主
오음본래공 五陰本來空
장두임백인 將頭臨白刃
유사참춘풍 猶似斬春風

지수화풍은 원래 주인이 없음이요
색수상행식은 본래 텅 비어 있음이라
머리를 흰 칼날 앞에 내미니
마치 봄바람 베는 것 같도다

이 계송에서 보듯이 사대도 주인이 없고 오온 또한 공하다는 이 치를 깨쳤다면 무엇을 두려워하고 연연할 것인가. 드디어 본 고향으로 돌아가듯 죽음 앞에서도 초연한 모습이 바로 수행자의 본모습이다. 이것이 인공법공을 체득함이며 수행의 목표며 해탈의 경지에 이르는 보살이라 부른다. 그렇다고 수행이 다 끝난 것은 아니다. 백척간두 진일보의 오후 수행인 보림(保任)이 필요한 것이다. 그러므로 절대 경지인 필경공의 경지에 도달하게 되고 비로소 진공묘유가 공의 진짜 모습임을 깨닫게 됨으로 비로소 학(學) 무학(無學)의 지위를 뛰어넘어 얻은 경지인 진과(眞過)에 이르게 된다. 일연선사의 삼국유사에 영일에 있는 오어사(吾魚寺)는 원래 항사사, 또 부개사라 했다. 그곳에 신이한 도력을 보이는 혜공(惠空)이 주석하고 있었다. 술을 좋아한 혜공은 매양 미친 듯 술에 취하면 삼태기를 짊어지고 거리를 헤매며 노래하고 춤을 추므로 부궤화당이라고도 했다.

혜공은 절 우물 속에 들어가면 몇 달씩 나오지 않다가 나올 때는 청의동자가 먼저 솟아오른 다음 혜공이 나오는데 옷이 물에 조금도 젖지 않았다 한다.

원효는 경·소를 짓다가 의심나면 혜공에게 가서 물었다. 그렇다고 불교에 대한 지도를 받기 위해서만 아니었다. 두 사람은 산과 계곡을 신선같이 소요하여 농담과 담소를 즐겼다.

하루는 계곡에서 고기와 가재를 잡아먹고 돌 위에 똥을 누었는데, 혜공이 똥을 가리키며 희롱하길, "너는 똥을 누고 나는 고기는 누었다."하여 오어사(吾魚寺)라는 이름이 생겼다. 원효의 스승 겸 도반인 혜공이 임종할 때 공중에 높이 떠서 입적했는데 사리가 부지기수로 쏟아졌다. 그는 일찍이 승조가 쓴 조론(肇論)을 보고 "이것은 내가 옛적에 지은 것이라.”고 했으니 자신이 스스로 구마라습의 제자인 승조의 후신임을 알린 것이다.(삼국유사 권4)

도일체고액(度一切苦厄)

도일체고액이란 이 한 구절은 산스크리트어의 원전에는 없다. 중국에서 처음으로 번역한 구마라습이 이 5자를 삽입한 것이다. 그것이 뒤에 현장 삼장이 번역한 심경에도 그대로 번역하게 되었다.

그 증거가 나머지 5가지의 번역본 중 2곳에만 있고 3곳에는 없다. 또 티베트어 심경에도 찾아 볼 수 없는 것을 볼 때 나습(羅什)과 현장(玄奘)이 번역하면서 의도적으로 삽입한 것이 분명한 것 같다.

도(度)는 세간과 출세간의 양면으로 쓴다. 세속에서는 법도, 제도, 천체의 속도를 기준으로 삼아 따르게 한다. 각도·온도·습도·경·위·연도·가다·떠나다·통과하다 등이며 구당서에는 중이 되다, 출가하다, 계를 받다, 세속을 초월하여 생사고해를 넘어 열반에 이르게 하다, 그 외에 생사를 초월하고 번뇌를 해탈하는 것을 도탈(度脫)이라 하였다.

현장은 그와 같이 다양하게 활동함을 십분 감안하여 그대로 ‘도일체고액’ 5자를 삽입한 것으로 볼 수 있다. 또 ‘일체고액’의 고(苦)는 액(厄), 즉 재난이기 때문에 고액(苦厄)이라 한다. 고에는 고고(苦苦), 괴고(壞苦), 행고(行苦) 이 3가지가 있다.

고고는 누리고 싶지 않고 좋아하지 않는 것들이 몸과 마음을 다 그치는 데서 오는 괴로움, 괴고는 누리고 싶고 좋아하는 것들이 사라져 없어지는 데서 오는 괴로움, 행고는 영원토록 있었으면 하는 것들이 변하여 없어지는 데서 오는 괴로움 등이다. 4고8고(四苦八苦)라 하는데 그 고액으로부터 중생을 구제하기 위해 관자재보살이 6바라밀을 수행한 결과 이룩한 것이 지혜의 완성이며 도피안(到彼岸)인 것이다.

다시 도에는 자리·이타의 두 뜻이 있다.

자리는 자기 자신의 성불이며 이타는 중생구제이다. 중생구제는 부처의 가르침대로 삼라만상의 이합집산과 생성유전이 다름 아닌 공의 원리임을 일깨워 깨달음의 경지에 이르도록 선도 역할을 하는 것이 '도일체고액'인 것이다.

그 실천자가 바로 관자재보살, 즉 관음대성이라고 하겠다.

사리자(舍利子)

사리불의 본 이름은 우바제사이다. 우바는 쫓아간다, 제사는 별 이름이다. 그러나 세상 사람들은 사리불이라 부르고 경전에도 사리불, 사리자, 사리불 존자로 기록되어 있다.

당시 마갈다국 왕사성에 마타라라는 바라문 논의사가 있었는데 그의 이론이 뛰어나 빈비사라 왕이 그에게 성 밖에 있는 땅을 주었다. 그의 부인이 딸을 낳았는데 그 눈이 흡사 '사리'라는 새의 눈과 같이 생겼기 때문에 이름을 사리라 하게 되었다. 사리라는 새는 추로라 번역하는 일종의 물새인데 눈매가 곱고 아름답기로 이름난 새였다. 그리고 남인도 제사라는 바라문의 있었는데 왕명으로 마타라와 토론을 하여 제사가 승리하게 되었다. 그러자 마타라에게 주었던 땅을 제사가 돌려받게 되었다. 그때 마타라가 딸 사리를 제사에게 시집보냈다. 얼마 후 사리가 아들을 낳았는데 그 아들이 바로 우바제사이다. 그래서 사람들은 사리가 낳은 아들이라 해서 아들자 자(子字)를 써서 사리자라 부르게 되었다.

그런 연유로 우바제사란 본명을 아는 사람은 없고 모두 사리자라는 이름을 부르게 된 것이다.

사리자는 아버지에게서 학문과 기예를 익혀 16세에는 아버지 못 지않게 논의(論議 : 법문의 이치를 문답·분별하는 것)를 아주 잘 하게 되어 아버지 제자들이 다 그를 따르게 되었다.

그에게는 목건련(목연)이란 친한 친구가 있었다. 그들은 세상의 무상함을 느끼고 한 바라문의 외도에게 입문하여 7일7야만에 그 교지(敎旨)를 통하여 250명 제자 중 상수가 되었다.

그러나 그 외도의 가르침이란 그들에게는 별 것이 아니었다. 그는 목건련과 맹서하기를 "만일 누구든 묘법을 먼저 얻으면 반드시 가르쳐 줘 함께 깨치도록 하자."고 하였다.

하루는 사리자가 거리를 나갔는데 거동과 위의가 단정한 수행자를 만나게 되었다. 첫 눈에 경외심을 느낀 사리불은 그에게 다가가 "그대의 스승은 누구며 무엇을 가르치는가?"라고 물었다.

"저는 아설시(阿說示 또는 마승 : 첫 5비구 중 1사람. 마지막으로 아라한이 된 사람)라 하는데 아직 어리고 도를 배운지 얼마 되지 않는데 어찌 여래의 묘법을 말할 수 있겠는가. 그러나 아는 데로 말하겠소."

"일체 모든 법의 근본은 인연 따라 생겨 날뿐 주체가 없네. 이 이치를 깨우치면 참된 실상의 진리를 얻으리."

사리불은 이 계송을 듣고 현상계 일체의 모든 법은 이런 것이라 고집할 만한 불변의 법이 없다는 내용을 듣고 환희심을 일으켰다. 이 계송을 법신계, 또는 인연계라 한다. 사리불은 목건련에게 그 사실을 알리고 스승이 죽었기 때문에 그의 제자 250인과 함께 부처님께 귀의하게 되었다.

사리불은 부처님께 귀의한 지 불과 보름 만에 '아라한과'를 증득하였으니 그의 근기가 얼마나 뛰어났으며 또 그는 전전생부터 얼마나 많은 수행을 쌓았는지를 알 수 있다.

경에 말하길 10대 제자 중 지혜가 무궁하여 모든 의심을 해결하는데는 이른바 '사리불'이 바로 그이다라고 했으며, 또 다른 경에는 '사리불 존자'와 '목건련 존자'를 부처님의 많은 제자 중 가장 뛰어나다고 하였다.

그는 외도 학문에 능통했기 때문에 외도들을 설득하여 부처님께 귀의시키는데 가장 많은 공헌을 했으며 초기 교단을 확립하는데 가장 많은 공헌을 한 분이라 하겠다. 그러나 두 분은 부처님께서 3개월 후에 열반하시겠다는 예언을 듣고 '우리가 감히 부처님의 열반하시는 것을 어찌 감당할 수 있겠는가?' 하고 부처님의 허락을 얻어 먼저 열반에 들었다 한다. 부처님 제자 중 두 분이 제일 먼저 사수행(捨壽行 : 오래 살 수 있는데 생명을 단축하는 것)을 실천했다. 부처님도 원래 1백세가 정명인데 80세로 입멸하시었다 한다.

색불이공(色不異空)

색은 모양 있는 모든 물질을 뜻한다. 즉 형상 있는 모든 것은 부서지고 변화하여 유전하는 것을 말한다.

중국에서는 색을 변괴(變壞), 질애(質碍)라 했다.

여기에서는 광협 두 뜻이 있는데, 좁은 뜻으로 쓰일 때는 단순히 시각의 대상으로만 쓰이지만 넓은 뜻으로 쓰일 때는 물질 전체의 총칭으로 쓰인다.

변괴의 변은 부서지는 것, 변하여 유형물의 그 모양이 변하는 것, 괴는 다른 물질에 저항할 수 없고 드디어 형체를 변하는 것을 말한다.

질애는 한 물질이 다른 물질의 한 공간을 같은 시간에 점령할 수 없는 것으로 이것은 현대 물리학의 원칙과 일치한다. 그러니까 이 유전 변화하는 것에 그치지 않고 모든 물질적 현상을 색(色)이라 한다.

시간적으로 찰나도 쉬지 않고 변화하여 성주괴공(成住壞空)을 되풀이 하는 것이며 공간적으로는 자기가 존재하는 공간을 다른 물질이 점령하는 것을 불가능하게 하는 것이 질애다.

이 물질은 육안으로 볼 수 있도록 나타내 보이는 성질이 있는데 마음과 공에 상대하여 존재하는 것으로 보이고 안 보이는 일체를 색이라 한다. 보이는 성질만을 색의 뜻으로 정의한다면 그것은 다만 안근의 대경, 곧 시각 대상으로만 파악되는 좁은 의미의 색이다. 또 색(色)에는 5근, 5경, 무표색 등 11종으로 나누고 드러나게 볼 수 있는 색체인 현색(顯色)은 청·황·적·백·구름·연기·티끌·안개·그림자·햇빛·밝음·어두움의 12종이 있다. 이중 청·황·적·백의 4종은 본색, 다른 8종은 이 4색의 차별, 또 눈으로 보고 몸으로 느끼어 인식하는 물질에 장·단·방·원·고·하·정·부정의 8종이 있다. 이것은 형색(形色)이다. 그러나 이것 역시 물질(색)이므로 성주괴공의 범주를 벗어나는 것은 하나도 없다.

열반경에는 색은 무상한 것이니 이 색을 멸해 버림으로 말미암아 해탈상주의 색을 얻는다. "수상행식도 또한 그러하다."고 했다.

색인 물질에는 4가지 요소인 지수화풍 4대가 환(幻 : 없다가 갑자기 나타나는 일종의 영상)이라고 보았으며 또 여러 가지 인연이 모여 생겼기 때문에 자성이 없고 이름만 있는 것에 비유한다. 또 화(化)와

거의 같은 뜻이 있으므로 환화(幻化), 꿈과 비슷하므로 환몽(幻夢), 무에서 유를 나타내어 사람을 현혹시키는 법을 환술(幻術), 그 술법을 행하는 사람을 환사(幻師, 또 幻術師)라고도 부른다. 그러므로 색(물질)은 실체가 없으니 공과 다르지 않다는 뜻에서 색불이공이라 한다.

청산은 흰 구름 피어나니
녹수 따라 더불어 가네
삼라만상 사시로 변하니
나고 죽음 또한 그러하네

– 서산대사 계송

공을 말하기 전에 인연(因緣)이 무엇인가를 밝히고자 한다. 우리는 예부터 인연이란 말을 서슴없이 써왔다. 특히 불교에서는 인연을 아는 것은 불교를 아는 것이라고까지 한다. 왜 그럴까?

그것은 부처님께서는 '인연의 원리', '연기의 진리'를 체득함으로서 그때까지 어느 누구도 관심을 갖지 않은 '만물은 인연에서 생한다'는 평범한 진리를 발견하였고 그로인해 성불하게 된 것이다. 그렇다고 인연의 창조자는 아니다. 다만 인연의 발견자인 것이다. 그러므로 인연법을 설하셨고 그것이 바로 불교인 것이다. 그러나 부처님은 불법을 믿으라고 하지 않으셨고 다만 인연법을 믿으라고 하셨다.

그렇다면 이 인연법은 무엇인가? 인연은 인연생기(因緣生起)를 줄인 말이다.

인연은 인과 연과 과의 관계를 말한 것이며 연기(緣起)라고도 한다. 즉 '인'은 '원인'을 말함이며 결과에 대한 직접적인 힘이다. '연'

은 인(원인)을 도와 결과를 나타내는 간접의 힘인 셈이다. 예를 들면 한 톨의 '벼'가 있다고 하자. 이 경우 '벼'는 원인이 된다. 가령 벼를 뒤주 안에 넣어 두기만 하면 몇 백 년이 지나도 싹이 트지 않으므로 어떤 결과도 발생하지 않는다. 한 톨의 벼를 논에 심고 물과 태양과 비료와 노력하는 연(보조역할)의 힘을 보탬으로서 가을에 수확을 거두게 된다. 이것이 바로 인연과의 관계이다. 그러니까 꽃이 피고 열매를 맺는 결과는 반드시 인과 연과의 화합에 의해 이뤄지는 것이다. 그래서 옷깃만 스쳐도 삼생의 인연이라 한다. 또 오늘은 어제가 있기 때문이지 어제 없는 오늘은 없는 것과 마찬가지로 오늘 하루는 어제를 등에 업고 내일을 잉태한 오늘인 셈이다. 만일 오온의 화합이 없었다면 어찌 인간이 존재할 수 있었을 것이며 인연에 의해서만 언제까지고 인간이 존재하게 될 것이다. 이것이 공의 진리며 원리로서 화엄경, 심밀경, 능가경, 승만경, 기신론, 유가론, 유식론, 구사론 등에 언급되어 있다.

공불이색(空不異色)

공은 실체가 없는 것, 부풀어 올라 속이 텅 빈 것, 종국적 절대 완전한 진리 등으로 해석하였다. 공이란 단어에는 여러 갈래의 뜻과 이해하기 어려운 점이 함축되어 있다. 그래서 서양류의 허무, 수학의 제로 등으로 해석하기도 했다 그럴 것이 불교가 중국에 들어온 초기에는 합당한 단어가 없었기 때문에 노자 『도덕경』에서 무자를 차용해서 쓰다 보니 혼란이 생겼다. 그 결과로 불교용어로 공이란 단어를 인용하여 쓰게 됐다.

원시 불교 때부터 쓰고자한 생각이지만 대승불교의 반야계통의 근본이 되었다. 크게 구별해서 인공(人空), 법공(法空)으로 나누고 인공은 생공(生空), 아공(我空)이라고 한다. 인공은 자기 안의 실체로서의 자아가 없다는 입장이고, 법공은 존재하는 모든 것은 인연에 의해 생긴 것이기 때문에 실체로서의 자아가 없다는 입장이다.

따라서 공이란 고정불변한 실체가 없다는 것을 인과관계의 측면에서 보면 연기와 같다고 본다. 그러나 공을 아무것도 존재하지 않는 허무적인 것으로 잘못 이해하는 것을 공병(空病)이라 한다. 그것은 용수(龍樹)의 공사상을 지나치게 허무주의적으로 흐른 탓에 후기 불교에서 그를 주목하기 위해 나타난 것이 유식 사상이다. 유식(唯識)이란 삼라만상은 심식(心識 : 마음) 밖에 실존(實存)하는 것이 아니어서 다만 심식뿐이라고 하는 사상이며 더 나아가 화엄경에서는 일체유심조(一切唯心造)라 하였다. 일체유심조의 유심(唯心)은 우주의 종국적 실재는 마음뿐으로서 바깥세계의 사물은 마음이 변현 즉 변화하여 나타남이라는 뜻이다. 성실론에서는 오온 중에 자아가 존재하지 않는 것을 공이라 했다. 또 지의(智顗)와 길장(吉藏)은 소승에서 설하는 공은 존재를 분석하여 공이라 관하기 때문에 석공관(析空觀)이라 한 반면, 대승에서는 존재하는 그것을 공의 이법을 관하기 때문에 체공관(體空觀)이라 한다. 또 소승에서는 공만을 보고 공 아닌 것은 보지 않기 때문에 단공(單空)이라 하며 대승에서는 모든 존재를 공으로 보면서도 공 아닌 것까지 보기 때문에 부단공(不單空), 즉 중도공(中道空)이라 하였다.

공을 현대적 관점에서 설명한다면 모든 물적 현상은 현재 나타나 있는 시점에서 볼 때는 분명 존재하는 것이 틀림없는 사실이지만 그것은 우리의 오관에 접촉했을 때만의 현상에 불과하다. 시간의 흐름에 따라 모든 것은 변해가는 것이 천리이다. 구름은 작은 물의 입자가 모여 잠시도 멈춤 없이 변해서 비가 되어 땅에 떨어져 마침내 바다로 들어간다. 쌀이나 곡물 역시 사람 입을 통해 본 모습이 없어짐과 같이 지상뿐만 아니라 우주에 떠 있는 모든 것도 잠시도 일정한 실체를 유지하는 것은 아무것도 없다. 이것이 공의 현상으로 현대과학에서도 부정하지 못하는 진리이다. 물의 예를 한 번 더 들면, 물은 액체지만 열을 받아 증발하면 수증기라는 기체가 된다. 그것이 모이면 작은 입체가 되고 구름, 비가 된다. 그것이 얼면 눈, 우박 등 고체가 되고 얼음도 마찬가지다. 그 물도 수소분자 2가지와 산소분자 1가지가 화합한 것이며 그 수소, 산소도 원자가 모여서 된 것으로 원자는 항상 활동하고 또 변화하고 있음을 생각할 때 물이란 물질의 진짜 자성이 없음을 알 수 있다.

그러므로 공 역시 자성이나 실체가 없음은 너무나 자명한 사실이라 하겠다. 그러기 때문에 공불이색(空不異色)이라 한 것이다. 그리고 불이(不異)란 공과 색이 명칭은 달리 불리지만 본질에 있어서는 다르지 않다, 다른 것이 아니다, 특별하거나 뛰어나지 않다는 뜻이다.

이것으로 색불이공 공불이색은 공과 색이 일치한 대승불교의 완전한 공관(空觀)이 성립된 것이라 할 수 있다.

여기서 누구나 제기할 수 있는 의문점이 있다. 그것이 무엇인가 하면 색불이공(色不異空)의 도리를 이해할 수는 있으나 공불이색(空不異色), 즉 공이 물질인 색과 다르지 않다고 했으니 공에서 어떻게 색, 즉 물질이 나오느냐 하는 점이다.

이 점을 설명하자면 먼저 공이란 '물질이 없다'는 말이 아니라 모든 물질은 항상 변화를 되풀이하기 때문에 그 형태는 반드시 부서진다는 뜻이다. 그러니까 본래 모습(실체)을 언제까지고 변하지 않고 유지할 수 없는 것을 공이라 하는 것이지 물질이 아주 없어지거나 없어져 버린다는 것이 아니다. 이 점은 물리, 화학 등 과학의 원칙인 물질 불멸의 법칙을 부정하는 것이 아니라는 점을 강조하고자 한다.

한마디로 말하면 우주라는 대공간, 즉 공에서 지구, 태양, 인간, 산하대지, 동식물 등 무수한 물질이 생성되고 소멸을 반복하고 있음이 엄연한 현실이 아닌가. 다시 말하자면 모든 식물은 여러 가지 원소의 결합체로서 뿌리에서 여러 원소와 물을 흡수하여 줄기를 통해 잎으로 공급한다. 또 잎은 공기 중에 있는 탄산가스를 흡수하여 뿌리에서 올라온 수분과 합하고 태양빛을 받아서 동화작용을 거쳐 탄수화물과 지방, 단백질 등을 만들어 낸다.

이 같은 물질은 어떠한 첨단과학이나 인간의 힘으로는 만들 수 없고 오직 대자연의 힘만이 그런 불가사의한 생성작용을 이뤄내고 있다. 이것을 진공묘유(眞空妙有)라 한다.

불교에서는 공에서 색인 물질을 생성함이라 하고 과학에서는 원자가 물체의 최후 구성 요소라 하였다. 그러나 원자를 구성하는 전자가 있음이 밝혀졌고 최근에는 아무리 강한 물체라도 허공같이 맘대로 통과하는 중성자를 이용한 살상무기까지 등장하기에 이르렀다. 그뿐 아니라 양전자, 중성자, 음성자 하는 원소들의 차원에서 관찰할 때는 인간의 육안으로는 공기조차 통할 수 없는 철벽같이 뭉쳐졌다는 예상과는 달리 물질을 구성하는 원소와 원소 사이 전자와 전자 사이에는 상당한 공간이 벌어져 있다. 만일 전자를 더 분석하고 끝까지 추적해 가면 결국 어떠한 물체의 조직도 없다는 것이다. 그러니까 산이나 물이나 나무나 돌이나 무엇이든 그 근본 구성체인 전자의 조직은 말 그대로 공간 투성이라는 것이다.

이와 같은 원리를 훤히 꿰뚫어 알고 있었기 때문에 일찍이 물질의 본성이나 자성이 공했음을 갈파한 분이 붓다이시고 그 위대함에 경의를 표한다 하겠다.

색즉시공(色卽是空)

앞에서 색과 공, 공과 색이 다르지 않다, 다른 것이 아니다라고 설명하였는데 이번에는 불이(不異) 대신 즉(卽) 또는 즉시로 바꾸어 설하고 있다.

얼핏 생각하면 이해하기 어려운 점이 있겠으나 중생이란 언제나 이기적 입장에서 자기 나름의 착각이나 착시현상을 일으켜 진정한 부처님의 가르침을 왜곡할 염려가 있어 불이(不異)보다 더 세밀하고 빈틈없이 정확한 단어인 '즉(卽)'으로 보충한 것이다. 그러면 즉이란 어떤 뜻인가? '즉'이란 하나가 되는 것, 다른 해석을 용납하지 않는 것, 말하자면 색과 공이 완전히 하나임을 확실하게 파악해야 하기 때문에 그러기 위해서 여기에다 즉자(卽字)를 써서 색즉시공이라 한 것이다.

즉에는 3가지 뜻이 있다.

1. 이물상합(二物相合) "즉" 하나가 아닌 둘을 하나로 합일한 것.
2. 배면상번(背面相翻) "즉" 주먹의 경우 손등과 손바닥은 보기
   에는 다른 것 같지만 알고 보면 하나의 손인 것.
3. 당체전시(當體全是) "즉" 떫은 감이 그대로 단감이 되는 것과
   만 갈래 파도가 바로 물 자체인 것.

즉시(卽時)란 이런 일 저런 일에 있어서 평등하여 둘이 아님을 나
타내는 뜻으로서 주어와 술어를 결합한 말이다.

그러므로 색즉시공 공즉시색은 자연법칙이며 진리인 것이다.

공의 부연 설명으로 옛날 중국 당나라 정관연간(627~649)에 있었
던 일이다.

수도인 장안에서 촉나라 성도로 가는 대로를 만들기 위해 수천
명의 인부가 동원되어 산허리를 개척하고 돌무더기를 파헤쳐나가
는 중이었다.

하루는 험악한 산비탈 옆을 파나가는데 한 무리의 석수들이 큰
바위 하나를 깨게 되었다. 그런데 바위 안에서 이상한 물체가 나왔
다. 석수들은 높이 넉자 남짓한 둥근 물체를 발견했는데 그것은 단
단한 돌이 아니라 반짝반짝 윤이 나는 뿔 같은 것이었다. 석수들은
호기심이 생겨 이리저리 두드려 보고 살펴봐도 알 길이 없어 일단
톱으로 썰어 보기로 하고 채 3분의 1도 썰기 전에 평하는 소리가
나면서 안에서 한사람이 나오는 것이었다. 참으로 기이하고 신기한
광경에 모든 사람들이 기절초풍하여 넋 놓고 바라만 볼뿐이었다.
잠시 후 살펴보니 반짝반짝하고 단단한 껍질인 뿔은 그 사람의 손
톱과 발톱이 자라 몸을 감쌌고 머리는 수십 자나 길어 있었다. 한

동안 정좌하고 말없이 주위를 살펴보던 괴상한 사람은 자신을 에워싼 사람들을 주욱 훑어 본 다음 다시 평하는 소리와 함께 뽀얀 안개 속으로 사라지고 말았다. 뒤에 밝혀진 사실이지만 그 사람은 7불 중 한분인 가섭불, 당시 한 비구였다. 토굴에서 오랫동안 혼자 선수행을 하다가 그만 무기정(無記定)에 빠졌던 것이다.

무기정은 무기공이라고도 하는데 이 무기공은 공이지만 깜깜한 공으로서 마치 달 없는 캄캄한 그믐밤 같아서 아무것도 모르는 칠흑 같은 공을 말한다. 그래서 참선하는 수행인이 가장 주의해야 할 무서운 함정이기 때문에 수시로 밝은 명안종사를 찾아가 지도를 받는 이유도 거기에 있다.

자칫 잘못하여 샛길로 빠지면 10년 공부가 나무아미타불이 된다. 그뿐인가. 외도에 빠지면 영영 정법을 만날 기회를 잃게 된다. 물론 무기공도 오랜 세월동안 몰입하다 보면 6신통 중 5신통이 열리는 수가 있다 한다. 그러나 그것은 삿된 외도이기 때문에 옳은 수행인은 취할 바가 아니라 하겠다.

앞에서 언급한 그가 무기정에 들어 있는 동안 이 사바세계는 몇 번이나 상전벽해의 대환란을 겪었고 그 동안 자신의 손발톱이 자라나 만들어진 굴속에 갇혀 오랜 세월을 지냈던 것이다. 그는 무기정 덕분으로 5신통을 얻었기 때문에 갖은 조화를 부리면서 '도인' 행세를 하여 그 소문이 자자하게 퍼져나가게 되었다.

이 소문을 전해들은 황제는 도인과 국사로 모시는 스님과 실력 대결을 하게 했다.

먼저 스님은 자신의 마을을 파도 위에 놓고,

"지금 내 마을이 어디에 있느냐?"

"네, 스님의 마을은 방금 일어난 파도 위에 있습니다."

"이번에는 내 마을이 어디에 있느냐?"

그가 답하기를,

"네, 스님께서는 수미산 제석궁에 있습니다."

여하튼 둘째 문제까지는 잘 맞추었다.

"그러면 한번만 더 물어보자. 이번에는 내 마을이 어드메에 있는고?"

쉽게 생각한 그는 이곳저곳을 추적하여 지상은 물론 욕계 6천과 색계 18천을 모조리 뒤졌으나 행방이 묘연하여 찾을 길이 없었다. 진땀을 흘리면서 시간가는 줄 모르고 찾고 찾았으나 도리가 없는지라 할 수 없이 스님 앞에 무릎을 꿇고 말하기를,

"소승이 용렬한 재주를 믿고 큰스님의 마음을 살피려는 우를 범했으니 용서해 주십시오."

"그러면 네 정체를 밝혀라"

"네, 소승은 가섭불의 제자였습니다."

"그 같은 네가 어찌 무기정에 빠져 오랫동안 허송세월 했단 말이냐? 무기정이란 수행인이 경계해야 할 가장 두려운 함정의 하나이니라. 그것을 모르고 참 어리석구나."

스님은 불쌍히 여겨 그에게 '활구법문'을 설하여 크게 깨치게 해 주었다 한다.

다시 되풀이 하면 대승불교의 이상은 공이다. 공의 목표는 허망한 견해를 깨트리는데 있다. 그러니까 이 공은 유에 대해는 단공이 아니고 우리가 원래부터 생각하는 것과 같은 상대적인 공을 다시 공한 절대 부정의 공이 일체의 공까지도 철저하게 공했다는 것을

필경공(畢境空)이라 함으로 그 공을 철두철미하게 체득해야만 구극의 경지에 도달하게 된다.

그래야만 성문·연각 등 이승에 머물지 않고 조사위나 불위를 성취하게 된다. 그것이 구경각(究竟覺)이라 한다.

이 경지까지 가는데는 '색불이공 공불이색 색즉시공 공즉시색'에 함축되어 있는 심오하고 심심미묘한 진의를 속히 파악해야 한다.

바루 하나로 천집 밥 비러먹고
외로운 몸 만리에 노니는데
눈 밝은 스승 만나기 어려우니
흰 구름에게 길이나 물어볼까나

공즉시색(空卽是色)

이 구절은 앞의 색즉시공을 뒤바꿔 설명한 것이다. 만일 공에 치우치면 심경의 참뜻에 빗나갈 염려가 있기 때문이다. 불교는 중도 사상이 근본임으로 색 또는 공 하나에 집착하게 되면 올바른 공관(空觀)의 성립이 무위로 돌아간다.

어느 마을에 두 아들을 둔 노파가 살고 있었다.

노파가 두 아들 때문에 매일 울고 산다는 말을 들은 스님이 노파에게 왜 매일 우느냐고 묻자, 노파는 큰 아들은 짚신 장사, 작은 아들은 우산 장사를 하기 때문이라며, 비가 오면 짚신 장사 아들이 걱정이고, 햇볕이 나면 우산 장사 아들 걱정 때문에 매일 운다는 것이다. 스님은 노파에게 비오는 날은 우산을 많이 파는 작은 아들을, 햇볕 나는 날에는 짚신을 많이 팔 큰 아들 생각만 하면 매일이 즐겁고 좋은 날이 된다고 가르쳐 주었다. 노파는 그날부터 스님의 가르침대로 날씨 따라 두 아들을 번갈아 생각하다보니 하루하루를 좋고 즐겁게 살았다 한다.

이 설화를 요약하면 해는 항상 동쪽에서 떠서 서쪽으로 기우는 것은 당연한 이치다. 이것을 좋은 날이네, 나쁜 날이네 하는 것은 우리가 흔히 하는 말이다. 비가 오면 날씨가 나쁘다 하고, 비가 그치면 날씨가 좋다고 한다. 그러나 우주가 인간만을 위해 있는 것이 아니다. 우주본체서 본다면 소나기도, 태풍도, 가뭄도, 홍수도 모두가 자연의 한 현상일 뿐 거기에는 선도 악도 없다. 그런데도 인간들은 자신들의 생각에 따라 선악을 분별하여 시시비비를 논한다. 그러나 우주의 대진리를 파악한 사람(도인)에게는 매일 매일이 그대로 참된 좋은 날이다. 그래서 운문선사가 일일시호일(日日是好日)이라 했다.

옛날 묘향산에 안경만수자라는 승객이 있었다. 그는 여름이면 그곳에 있는 만세루에서 걸망하나만 옆에 놓고 잠도 자고 앉아 있다가 공양 때가 되면 바릿대 하나만 들고 대중처로 들어가 바릿대를 들여놓고 하는데 만일 밥을 주면 먹고 안주면 그대로 굶는 것이었다. 겨울이면 어느 암자에서든 겨울을 나고 봄이면 여전히 그렇게 지내면서 누구와도 대화도 없고 때로는 혼자 웃기도 하고 멍하니 앉아 있는 것이 일과였다. 사람들은 그를 일러 실성했다거나 돈 사람 취급을 했다.

하루는 묘향산에 있는 봉은사에 와서 잘 아는 강사스님에게 말하기를,

"스님 제가 지금 이 방안에서 문을 열지 않고 밖으로 나가지만 바늘구멍만한 흔적도 남기지 않을 수 있습니다."

"그게 참말인가?"

"참말이고 말고요."

"그럼 내가 한 번 시험해 보겠네." 하고 수자를 만세루 아래에 있는 종각으로 데려갔다.

"그러면 저 범종 속으로 들어갔다 나올 수 있겠는가?"

"그야 쉬운 문제지요."

대중을 동원해서 범종 속에 들어간 수자를 감시케 하고 종을 땅에 내려놓았다. 그 순간 종안에서 소리가 났다.

"스님, 들어왔으니 나가도 됩니까?"

나오라고 대답하자마자 여러 사람이 겹겹으로 에워싸고 있는 뒤쪽에서 손뼉을 치면서 가가대소하고 있었다.

이야말로 신출귀몰한 놀라운 일이었고 신통자재한 행동이었다. 그 누구도 놀라지 않을 수 없는 신비의 극치라고 찬탄하면서 모두 합장하고 큰 절을 올리는 진풍경이 벌어졌다. 이에 강사스님은 한 술 더 떠서,

"수자께서는 이제 큰 도를 이뤘으니 아무것도 구애받지 말고 술과 고기도 먹고 계집질을 하여도 무방합니다." 하고 인가를 하였다.

수자는 강사스님의 말을 믿고 그날부터 술과 고기를 먹고 여자와 같이 잠도 잤다. 처음엔 술을 먹어도 취하지 않고 아무렇지도 않았으나 한 달 두 달이 지나면서 정신이 흐려지기 시작하더니 밖

을 나가려고 하면 벽에 부딪히거나 이마가 깨지고 피가 나는 것이었다. 이럴 수가, 하고 뉘우쳤지만 때는 이미 늦었다. 그간의 수행력으로 물질의 틈새로 맘대로 오갈 수 있었으나 궁극의 경지에 도달하기 위한 보임(保任)을 하지 않고 강사의 말만 믿고 파계를 자행함으로 그간의 수행은 무위로 돌아갔던 것이다.

그 책임은 강사스님에 있다. 경전 어느 구절에도 아무렇게나 행동해도 된다는 구절은 한곳도 없다. 경을 잘못 공부한 죄로 큰 도인이 될 수자만 망쳐놓은 꼴이 되었다고나 할까?

앞에서 수자의 행동에서 보았듯이 사람의 몸이나 범종은 틀림없는 물체지만 사실은 허공과 같이 텅 빈 것임을 입증해 준 것이라면 강사의 행위는 경전의 뜻이나 불교 근본 원리를 잘못 배웠거나 잘못 알고 후학을 잘못 인도하여 한 사람의 수행자를 망쳐 놓았으니 그의 허물이 크다 하겠으며 그 업보는 길이 면하기 어려울 것이라 하겠다.

수상행식 역부여시(受想行識 亦復如是)

오온은 색수상행식의 5가지며 '색'은 물질계를, 수상행식은 정신계로 나눈 것임을 앞에서 언급하였으나 다시 '색'은 물질이기 때문에 실체가 없는 공임을 안다면 수상행식인 인간 정신작용 역시 '공'과 같다는 점을 확실히 하기 위해 '역부여시', 즉 '또다시 그와 같다'고 재차 강조한 것이다.

부연하면 '수'한 자에는 수불이공 공불이수 수즉시공 공즉시수의 16자를 생략한 뜻이 있고 또 '상'한 자에도 상불이공 공불이상 상즉시공 공즉시상의 뜻이 있으며 '행'한 자에도 행불이공 공불이행 행즉시공 공즉시행이 있으며 '식'한 자에도 식불이공 공불이식 식즉시공 공즉시식을 합한 64자를 줄여서 '수상행식 역부여시' 8자로 마무리한 것은 참으로 뛰어난 역경승들의 혜안이 엿보인 점이라 하겠다.

만일 260자에 불과한 '심경'에 8자 대신 64자의 장황한 설명을 붙였다면 화사첨족의 꼴이 되어 '심경'의 심심미묘한 도리를 훼손시킬 것이 분명하다 하겠다. 여기서 강조하고자 함은 색수상행식의 오온인 '색'의 물질현상과 정신현상마저 '공'했다는 사실을 철저히 깨닫는다면 우주만상에 대한 인식과 육도윤회하는 원인이 집착심 때문임을 쉽게 간파할 수 있다는 점이다.

앞에서 든 수(受)는 눈으로 보고 귀로 듣는 등 객관적 감수 기능을 말하며 수에서 보고 듣는 것에서 이해득실과 시시비비와 선과 악을 분별하여 자기와의 이해관계를 따져 이것이 좋다, 나쁘다는 생각을 일으키는 것이 상(想)이다. 그와 같은 감수 작용과 생각을 통해서 행동에 옮기는 것을 행(行)이라 한다. 그 행에는 반드시 결과를 거두게 되면 그것이 업식(습관)이며 이것을 식(識)이라 한다. 다시 말하면 수는 고락(苦樂) 불고불락(不苦不樂)을 느끼는 마음작용, 상은 외계의 사물을 마음에 받아들여 그것을 상상하는 마음작용, 행은 인연으로 생겨나 시간적으로 변천하는 작용, 식은 알아차리고 분별하는 작용을 말한다.

그리고 눈(시각), 귀(청각), 코(후각), 혀(미각), 피부(촉각) 등을 불교에서는 전오식(前五識) 또는 제1의식이라 한다. 이것이 시비선악을 가리고 할 일 안할 일을 결정하는 정신 작용인 것이다. 따라서 우리의 의지 작용이 포함된 말하자면 '마음'인 동시에 '상'이라고 한다. 그리고 뚜렷한 대상이 고정된 것이 아니고 시간과 장소에 따라 시시로 변한다. 그러므로 의식적으로나 무의식적으로 몸과 생각에 영향을 주고 행동하는 힘을 가지게 되는데 이것이 제7식이며 '행'인 것이다.

그리고 5관을 통해 객관현상을 느끼고 받아들이는 '수'와 의지는 빠지고 분석하는 6식의 사고활동(상)을 거쳐 드디어 행동(행)으로 옮겨져 그 선악시비의 경중의 결과와 같은 우리들의 마음속에 영겁토록 간직되어 우리를 지배하는 잠재력으로서의 업식을 8식이라 하고 오온 가운데 마지막 '식'이 된다.

그러니까 '수상행식 역부여시'라 한 것은 앞의 5식, 6식, 7식, 8식까지를 통틀어 모두가 실체 없는 공이라는 점을 강조한 것이 된다.

—— ◦ 제 4 장 ◦ ——

사리자 시제법공상 불생불멸 불구부정 부증불감
(舍利子 是諸法空相 不生不滅 不垢不淨 不增不減)

시제법공상이란 모든 법은 인연 따라 생긴 것이므로 어느 것이
나 일정불변한 자성(自性)이 없음을 말한다. 그리고 제법의 '법'에는
두 뜻이 있다. 하나는 우주만물을 관리하는 이법, 즉 진리, 다른 하
나는 그 이법에 따라 지탱하고 유지되어 가는 삼라만상으로 나무
나 동물과 사람도 다름 아닌 그 법에 속한다. 그러므로 물질 정신
의 일체 만유 모두가 이 뜻을 가졌으므로 일체제법 또는 만법이라
하고 불교에서는 분류하여 75법 100법이라 한다. 대개는 제 6식인
의식(意識)의 대상을 말한다. 그 대상 중에 '공'의 색깔과 모양을 말
하자면 무엇이라 할까? '허공'(공)은 일정한 빛깔이나 모양 형체도
없다. 네모진 방은 사각형이 되고 둥근 항아리 속은 둥근 것같이
매일같이 일으키는 희로애락의 느낌은 사람의 마음에서 의식하지
만 모든 사람이 체험하는 그 마음이라는 것의 근본을 찾아보면 희
로애락을 일으켰던 그 마음은 어디에도 찾을 수가 없다. 모든 존재
는 그와 같다. 산이 높고 내가 깊다 해도 몇 천 몇 억년 지나면 산

도 내도 없어진다. 이것을 불교에서는 '생'한 것은 반드시 '멸'한다고 한다.

그런가하면 '생'함도 없고 '멸'함도 없다는 의미이기도 하다. 왜냐하면 생멸하는 모든 것 중에서도 오직 불멸의 본체가 있다. 그것은 불성(佛性)을 말함이다. 불성인 본성은 미오(迷悟)나 어떤 경우에도 변하지 않는다. 그러나 불멸의 불성은 이 세상 어디에도 나타나지 않는다. 생하지 않으면 멸할 것이 없다 이것이 불생불멸(不生不滅)의 인과법(因果法)이다.

어떤 노승이 제자들에게 유언하기를 죽은 후 유골(사리)을 수습하거나 추모행사(49재) 등을 엄금했다. 한 제자가 이유를 묻자 "나는 죽지 않기 때문"이라 했다. 참으로 이해하기 어려운 유언이었다. 그러나 불가에서는 흔히 있는 일이다. 이것이 바로 불생불멸인 것이다. 60~70년간 산 것은 가짜인 가아(假我)이며 그 안에 존재한 불성은 죽고 삶이 없다. 이것이 공사상의 천명이다.

그렇다고 현실적인 모든 존재현상을 전부 부정할 수만은 없는 것이 현실이므로 큰 의문이 아닐 수 없다. 이런 경우 과학과 철학으로 해결할 수 없기 때문에 종교가 필요한 것이다. 그렇다고 신의 창조설로는 역시 미궁에 빠질 수밖에 없다. 그것은 전생이 없는 현재와 미래설만 있기 때문이다.

마치 어제가 없는 오늘과 내일만 있다는 논리가 성립될 수 없음은 자명한 사실이다.

반면 불교에서는 만물이 생성유전하는 과정을 성주괴공 4가지로 표현하였다. 즉,

1. 성(成) : 만물이 생성하는 것.
2. 주(住) : 머무는 것, 우리 인간이 볼때 모든 형상이 그대로 존
   재해 있는 것.
3. 괴(壞) : 그러나 모든 것은 영원하지 않고 점차 변하여 부서지
   는 것.
4. 공(空) : 모든 현상이 인간의 감각에서 없어지는 것.

이 4가지 중 '괴'와 '공'의 상태를 멸(滅)이라 한다. 이 성주괴공
설이 발전하여 세계가 구성되면서부터 무너져 없어지는 시간을 4
기로 나눈 사겁설(四劫說)이 됐다.

1. 성겁(成劫)은 세계가 처음 생기는 기간(기세간(器世間) : 산하,
   대지, 초목 등)과 중생세간(衆生世間 : 생물이 사는 세계)이
   성립하는 시기를 20소겁(小劫)으로 나눈다.
2. 주겁(住劫)은 생긴 것이 존속하는 시기 위 두 세간을 안온하
   게 계속하는 시기를 20소겁으로 나눈다.
3. 괴겁(壞劫)은 차차로 파괴되는 시기 중생세간이 먼저 파괴되
   고 이어서 기세간이 파괴되어 없어지는 시기를 20소겁으로
   나눈다.
4. 공겁(空劫 : 공막기)은 모든 것이 파괴되어 완전히 없어진 시
   기를 20소겁으로 나눈다.

이 4기가 무한히 순환을 되풀이 한다. 이 각 기간을 20중겁이라
하고 80중겁을 1대겁(大劫)이라 한다. 또 괴겁시기에 세계를 모두
불로 태워 없애는데 이 불을 겁화(劫火)라고 한다. 참고로 1겁은 약
43억년2천년이라는 설이 있다
이같이 성주괴공의 도리에 따라 마치 다람쥐 쳇바퀴 돌 듯 윤회

하는 중생들은 어떤 과정을 겪어 생사를 되풀이 하는가 하는 점이 누구나 큰 관심사이고 큰 수수께끼다.

그 의문의 고리를 풀기 위한 것이 철학이며 종교라 하겠다.

앞에서 언급한 불성은 세상 어디에도 나타나지 않는다고 하였으나 그것은 중생의 눈으로 보았을 때의 비유일 뿐 우리의 상상력조차 미치지 못하는 어느 곳이라도 불성은 존재 한다. 비록 미물인 개미나 모기 나비에게도 우리와 똑같은 불성이 깃들어져 있다.

이 학설은 불교에서만의 주장이지만 그 증거를 어디에서도 찾아볼 수 있고 점차 과학의 세계에서도 인정하고 있다.

만일 불성이 없다면 우리에게는 불멸도 윤회도 없는 단 1회용 소모품에 불과한 가련한 존재일 수밖에 없다고 하겠다. 그러나 우리는 분명 영원히 윤회하는 주체가 있는 존재라는 사실을 수 없이 찾아볼 수 있다.

선종 제3조 승찬(僧璨, ?~606)은 출가 후 유명한 신심명이라는 불후의 명작을 남겨 오늘날까지 많은 학인들의 교과서로 각광을 받고 있다. 신심명에 대한 이설도 있다. 당 현종은 감지·경지라는 시호를 내렸다.

승찬 대사는 임종에 이르러 제자들에게 이르기를 "나는 원래 사라왕여래로서 이 사바세계에 인연이 있어 3번 다녀갈 것이다. 첫번째는 천축국에 출현하여 제17대조였던 승가난제존자였고 2번째가 지금의 이 몸이며 다음은 조주 땅에 출현할 것이니라."고 했다.

그런 연유에서인지 그가 가신 170여년 후 조주 땅에 태어나 남전 보원(南泉 普願, 748~834)의 제자가 되어 불법을 홍왕케 하고 진제 대사라는 시호까지 받고 뒤에 태어난 도반을 위해 100세가 정명인데 120세까지 산 조주종심(趙州從諗, 778~897)선사가 바로 승찬 대사의 후신이라 하였다.

그는 제자들에게 승찬 대사의 신심명을 자주 가르치면서 그의 행적을 꿰뚫어 보듯 자세하게 들려주었다는 기록이 있다.

이것이 바로 불성이 있다는 증거라 하겠다. 그러면 윤회하는 주체는 무엇이며 그 과정은 어떠한가? 가장 궁금하고 의문점으로 회자되는 중요한 대목이라 하겠다.

윤회하는 주체는 다름 아닌 업(業)이다.

업이란 인간이 하는 행위 또는 작용을 말한다. 업의 본래 뜻은 단지 행위만을 말한 것인데 인과 관계와 결합하면서 전전생에서부터 이어져 오는 일종의 세력을 업이라 한 것이다. 그러니까 한 번의 행위는 반드시 선악과 고락의 과보를 가져오는 것으로서 여기에서 윤회사상이 생기게 되었다. 업은 전생에서 금생, 금생에서 내생으로 끝없이 이어지는 연속력을 보유한 것으로 알려졌다.

업에는 신구의(身口意) 3업과 사업(思業), 사이업(思已業)으로 나눈다. 사업은 뜻으로 활동하는 정신 내부의 의업을 말하고 사이업은 한번 뜻을 결정한 후에 외부에 표현하는 신구의 3업을 말한다.

또한 공업(共業 : 공동으로 짓는 업, 즉 사회적으로 넓혀지는 업), 불공업(不共業 : 개인이 지은 업), 인업(引業 : 이 세상에 태어나는 것은 인업 때문), 만업(滿業 : 인간의 빈부, 미추의 구별이 있는 것은 만업 때문), 또 표업(表業 : 입이나 몸으로 행동함으로서 남에게 뚜렷이 나타내 보임을 말한다), 무표업(無表業) 등이 있다.

무표업은 표업에 따라 우리가 몸과 입으로 표현하는 선악의 말이나 행동 또는 뜻에서 일어나는 선악의 생각 등이 일어나는 그대로 없어지지 않고 반드시 어떠한 인상이나 세력을 자기의 심체(心體)에 머물러 두는 작용을 말한다. 향내가 옷에 베어드는 것에 비유한다. 말하자면 인간이 태어나 살면서 지은 업의 훈습에 의해 4유(四有)에 윤회하게 된다.

4유의 유는 선악의 인, 즉 원인에 의해 미혹의 세계에서 고락의 과보로 생사윤회를 계속하는 인과가 끝없음을 뜻한다. 또 사유 중 중생들이 윤회전생하는 1기를 넷으로 나눈 것으로 중유(中有), 생유(生有), 본유(本有), 사유(死有)를 말한다.

1. 중유는 중음이라고도 한다. 즉 전생과 금생, 금생과 내생의 중간에 있는 몸, 곧 후음을 받지 못하고 중음으로 있을 때(이 중음에 있을 때 49재를 지낸다)를 말한다.
2. 생유는 금생에 탁태(잉태)하던 맨 처음 몸
3. 본유는 나서부터 죽을 때까지의 몸
4. 사유는 금생의 맨 나중의 몸 목숨이 끊어지는 찰나까지를 말한다.

이같이 사유를 윤회하는 데는 한 치의 오차도 없다.

마치 거울은 본래 빛깔이 없었기 때문에 온갖 색깔을 다 받아들이고 어떤 모양도 그대로 나타낸다. 비유하자면 사람의 마음도 거울과 같아 보고 듣고 느끼는 그대로 말하고 행동하기 때문에 팔만 사천 번뇌를 일으켜 각가지 업을 짓고 과보를 받는데도 그 이유를 잘 모르기 때문에 동분서주 편안할 겨를이 없다.

이것이 육도윤회의 씨앗을 심는 본유며 중생들의 모습이다.

다시 한 번 반복하면 흔히 영혼불멸이라 하지만 영혼은 세속 용어이고 불가에서는 본성, 즉 진아(眞我 : 생사를 초월함을 지칭하는 말)에 해당된 용어다.

그러니까 무염(無染)의 경지를 수득하여 무념(無念)의 마음자리, 즉 '반야바라밀'은 더러워질 것도 없고 더러워진 것도 없음으로 깨끗한 것도, 깨끗해질 것도 없다. 또 늘릴 것도 없고 늘릴 것이 없음으로 줄일 것(줄어듦)은 더욱 없는 것이 '마음'인 것이다. 따라서 억수같이 홍수가 졌다고 바닷물이 넘치지 않고 가뭄이 극심하다고 바다가 마르지 않는 것같이 이 '마음'자리는 삼천대천세계를 다 수용할 자리가 있고 우주 삼라만상을 다 거둬들일 만큼 광대무변함을 간직하고 있다.

이것이 부처의 마음자리며 중생의 마음자리인데 거기에 무슨 나고 죽고 더럽고 깨끗하고 더하고 감함이 있단 말인가.

이를 일러 '불구부정부증불감(不垢不淨不增不減)'이라 한다.

시고 공중무색 무수상행식 무안이비설신의 무색성향미촉법 무안계 내지 무의식계(是故 空中無色 無受相行識 無眼耳鼻舌身意 無色聲香味觸法 無眼界 乃至 無意識界)

이러므로 공 가운데는 색, 즉 외적물질 현상은 물거품과 같이 잠시의 모양일 뿐 그것은 자성과 실체가 없기 때문에 공 가운데의 무색이라 하였다.

열반경에 제행무상게(諸行無常偈), 또 설산게(雪山偈)가 있다. 설산게는 설산동자가 설산에서 이 게송을 들었기 때문에 이 이름을 붙였다.

제행무상(諸行無常)
시생멸법(是生滅法)
생멸멸이(生滅滅已)
적멸위락(寂滅爲樂)

제행무상의 행은 일체의 유위법을 말하고 또 변화하는 현상을 뜻한다.

행(行)은 10여 가지의 의미를 내포하고 있다. 제행은 제법과 같은 뜻이며 우주만상, 즉 색(물질)을 가리킨다. 무상의 상(常)은 변하지 않는 것이기 때문에 무상은 변하지 않는 것은 없고 유전하고 변천함을 말한다. 그러니까 모든 현상은 끝없이 변하고 같은 성질과 같은 모습을 영구히 보존할 수 없다는 뜻이다.

시생멸법. 모든 생물체나 모든 현상은 잠시 머물다 없어진다는 진리를 말함이다. 삼라만상은 제행무상이기 때문에 인간은 물론 물질적 현상은 변하여 없어지는 것이 우주 법칙이라는 뜻이다. 그러므로 성인군자, 영웅호걸 너나 할 것 없이 다같이 영원하지 않다는 것이다.

생멸법이. 그렇다. 생멸하는 모든 현상, 즉 마치 불타는 화택에서 우왕좌왕 갈피를 못 잡고 헤매는 삶을 사는 중생들이 드디어 정법을 만나 비로소 번뇌의 속박에서 벗어나 해탈의 경지에 들었음을 뜻하는 구절이다. 우리 모두가 바라는 그런 경지라 하겠다.

적멸위락. 적멸은 열반을 뜻한다.

적멸도 열반도 깨달은 경지로서 생사윤회하는 인과를 멸하여 다시 미(혹)한 생사를 계속하지 않는 적정한 경계를 말한다. 열반에는 상락아정(常樂我淨)의 4덕(四德)이 있다.

1. 상 : 열반의 경지는 생멸 변천함이 없는 덕
2. 락 : 생사의 고통을 여의어 무위 안락의 덕
3. 아 : 망집의 아를 여의고 8대 자재가 있는 진아
4. 정 : 번뇌의 더러움을 여의고 담연청정한 덕

설산게의 유래는 석가모니불이 과거세에 동자의 몸으로 설산에서 수행하던 중 공중에서 제행무상 시생멸법이란 두 게송이 들려왔다. 그 순간 감동을 느낀 동자는 그 게송은 그때까지 어디서도 듣지 못했던 진리가 담긴 게송이었기 때문에 소리 나는 곳을 살펴보니 나무 위에서 나찰이 보였다. 동자는 나찰에게 나머지 게송을 들려주기를 부탁하자 나찰은 "내가 배가 고파 죽겠으니 너를 먼저 잡아먹은 뒤 일러 주겠다."고 함으로 동자는 "죽고 나면 들을 수 없으니 먼저 들려주고 잡아먹으시오."라고 간청하였다.

나찰은 '생멸멸이 적멸위락'의 뒤 게송을 들려주었다.

게송을 들은 동자는 환희용약하며 잡아먹기를 요청하였다.

그러나 나찰의 모습은 어느 곳에도 없었다. 이것은 설산동자의 구법정신을 가늠해 보기 위한 한 방편이었다.

나찰은 악귀의 일종으로 사람을 현혹시키거나 잡아먹는 무서운 살인귀였으나 뒤에 불법의 수호신이 되었다고 관음경에 전한다.

무수상행식(無受想行識)은 앞에서 설명한 바와 같이 자성이 없음을 말한 것이다. 수상행식은 인간의 정신작용, 즉 마음의 활동상황을 넷으로 나누어 설명한 것이다.

이것은 주관계인 정신계도 물질인 '색'과 다름없이 그 스스로 변함없는 실체, 즉 자성이 없음을 다시 부연한 것이다. 그러니까 우주에 존재하는 인간은 물론 모든 현상은 공의 활동형태에 불과하

며 그것 자체의 변하지 않는 것은 존재하지 않는 것이 무색 무수상 행식의 뜻임을 말한 것이다.

‘무안이비설신(無眼耳鼻舌身)’을 불교에서 6근(六根)이라 하고 ‘색성 향미촉법(色聲味香觸法)’은 6경(六境)이라 한다. 6경은 6적(六賊)이라고 한다. 6경은 안근(根) 등 6근을 매개로 하여 중생이 깨달음에 이를 수 있는 공덕을 빼앗고 번뇌를 일으키므로 도적에 비유한 것이다.

근(根)은 근본, 근원, 근기 등의 뜻이며 사물의 기초가 된다. 근은 증상(增上 : 증진·증가)하고 능생(能生 : 생하는 성질이 있는 것)하는 작용이 있는 것을 말한다.

경(境)은 경계라 하고 마음의 움직임, 즉 인식작용의 대상 또는 대경의 뜻, 널리는 인식하거나 가치를 판단하는 대상이 되는 것을 모두 경이라 한다.

그러면 6근과 6경은 어떤 작용을 하나 살펴보면 6근 6경은 실체가 없는 공에 불과한데도 6근 6경을 통하여 일어나는 각종 현상에 이끌리거나 현혹 내지 집착하여 허욕을 부리거나 남을 천시하고 무시한 나머지 더 큰 보복을 당하게 된다.

소탐대실의 경우도 그렇지만 자신의 분수를 모르고 날뛰다가 함정에 빠져 패가망신하는 예가 허다하다. 그러므로 공에 불과한 6근 6경에 의해 비롯된 잘못됨에서 벗어나기 위한 수행이 바로 불교의 가르침이다.

또 6근을 6진(六塵)이라고도 한다.

‘진’은 먼지 티끌 더러움의 뜻이 있다. 6진은 우리들의 행동과 마음작용을 더럽히고 현혹시키므로 6진이라 한다. 반대는 6근청정 이라 하여 6근을 밝혀야 함을 말한다. 이어서 6진(塵) 6경(境)을 살펴보면 6진은 6경을 말하며 6식(識)으로 인식하는 대경인 색·성·향·미·촉·법을 왜 6진이라 하는가? 6진은 6경이기 때문에 6경이 6근(根)을 통해 사람 마음으로 들어오면 본래 깨끗한 마음을 더럽게 하므로 진(塵 : 티끌)이라 한다.

6진의 경계란 안·이·비·설·신·의식의 6가지 감각기관의 대상이 되기 때문에 모든 것 다가 6진의 경계가 되는 것이다. 허나 모든 것이라 해도 결국은 무념(無念) 무상(無想)임으로 마음 밖에 존재하는 것이 아니다. 이것을 심외무물(心外無物)이라 한다.

말하자면 객관적으로 존재하는 모두가 허깨비와 같이 가짜뿐인데도 그것에 속아 집착하게 되면 삶이나 수향하는데 아까운 시간만 낭비하게 된다. 가령 어떤 물건에 집착하게 되면 그것만이 제일로 생각하게 되어 마음이 그것에게 얽매이게 된다.

만일 어떤 사람이 사랑에 빠지게 되면 많은 사람이 있어도 그 사람만이 존재하는 것으로 착각하게 된다. 그래서 사랑에 미치게 되고 미친 마음으로 보면 그 사람이 자신의 모든 것으로 흘리게 된다. 그 결과 왕관도, 명예도, 재산도, 심지어 부모·형제·처자·친구까지 다 버리게 된다.

이것이 바로 6진의 작용이다. 6진을 6적이라고도 한 이유가 여기에 있다.

불교에서는 세간법(世間法)과 출세간법(出世間法)이 있다. 세간법의 세(世)란 시간, 간(間)은 공간이기 때문에 세간법은 시간과 공간에 한정된 현상 세계를 말하고 출세간법은 시간과 공간을 초월한 불생불멸의 세계를 말한다.

그러나 눈에 보이는 현상이나 눈에 보이지 않는 현상이라 할지라도 모두가 마음 안에 갈무리되어 있는 것이기 때문에 6진 6경계를 벗어나지는 못한다. 그 경계를 벗어나자면 우선 6바라밀과 8정도를 철저히 실천해야 한다.

이것이 곧 불교 수행법인 것이다. 또한 심경의 취지는 외적이나 내적현상을 청청히 정화하여 깨달음을 이뤄 이고득락, 즉 안락세계로 인도하는 것이 그 목적이라 하겠다.

세계의 계(界)는 영역 또는 원리 종족 기초 차별 인간존재의 구성요소 인간계와 동물계와 같이 피차 차별되어 혼란하지 않는 것을 뜻한다.

6근 6경을 합하여 12처(處 : 처는 식이 생장하는 처소)가 되는데 이 12처가 상대하게 되면 인식작용이 일어난다. 12처의 각각을 '계'라 한다. 즉 그곳에서 생하는 감각, 관념, 감정, 의지, 지식 등의 영역을 계라 한다. 또 12처에 안식 등 6식을 더한 것을 18계라 하고 18종류의 인식이 이뤄지는 영역을 말한다. 오온 12처 18계를 3과(三科)라 하는데 과(科)는 세밀하게 장절(章節)로 나누는 것을 말한다.

무안계 내지 무의식계(無眼界 乃至 無意識界)

'공' 안에는 '안계'도 없다. 내지는 그것에 계속해서, 즉 무엇에서 무엇까지의 뜻이므로 안계에서 의식계까지의 18계는 모두 무의 상태라는 것이다.

말하자면 이 공의 상태에서 나고 죽고, 부서지고, 나타나고, 소멸하는 물적·심적인 모든 현상은 전부 무, 즉 없는 상태에 지나지 않는다. 그러므로 일시적으로 나타나는 현상을 있다거나 없다고 생각하는 것은 공사상과는 거리가 먼 사고방식이라는 뜻이다.

유식학에서 6식에 이어 제7식(말라식), 제8식(아리야식)이라는 것을 세워 의식계를 한층 연장 해석하였으나 천태종과 진언종에서는 7식, 8식도 인연화합의 가상일뿐이라며 제9식(마라식)을 설정하였다. 그것이 바로 진여(眞如)며 법성(法性)이라고 한다.

참고로 전오식(안식, 이식, 비식, 설식, 신식)을 통하여 들어온 사건들을 6식이 좋고 나쁜 것을 낱낱이 판단한 것을 7식이 받아들여 8식이 간직하여 저장한다. 그래서 8식을 장식(藏識)이라 한다.

7식은 6식과 8식과도 통하는 주재자격으로 아만 아치와 '나'라는 집착심의 주인인 셈이다. 그러므로 모든 미망과 번뇌의 근본이 된다. 또 7식은 중간의 전달 역할을 한다. 누구나 밤에 꿈을 꾸기 마련인데, 꿈을 깨고 나면 어떤 때는 꿈이 생생히 생각나고 어떤 때는 꿈을 꾼 것은 분명한데 도무지 생각나지 않는 경우도 있다. 그것은 7식이 8식에게 전달하면 꿈이 생각나고 전달하지 않으면 생각나지 않는다. 7식은 그 같은 조화를 부린다. 그러나 수행을 많이 한 도인은 꿈을 꾸지 않기 때문에 7식도 어쩌지 못한다고 한다.

8식인 아뢰야식, 즉 장식에는 3가지 뜻이 있으나 생략한다.

무무명 역무무명진 내지무노사 역무노사진
(無無明 亦無無明盡 乃至無老死 亦無老死盡)

우선 무명이 무엇인가? 무명은 무지를 뜻한다. 인간이란 존재의 가장 밑바탕에 있는 근본적인 무지를 말한다. 무명은 생로병사 등 모든 괴로움을 가져오는 원인이 된다. 그러므로 무명이 소멸되면 우리들의 고통도 소멸된다는 것이 반야심경의 골자라 할 수 있다. 이처럼 무명은 인간에 있어서 가장 큰 적이라 하겠다. 그러므로 무명에는 여러 종류가 논의되어 왔다.

‘무무명’은 ‘무명이 없다’, 즉 허망한 육신을 ‘나’라고 믿는 잘못된 생각이 없어졌다는 뜻이다. 또 ‘무무명 역무무명진’은 다한 것이 없다라는 생각도 없어졌다는 말이다. 이것은 허망한 육신이 ‘내(아)가 아니었구나’하는 생각조차 없어져야만 진실로 무명이 없어진 것이 되기 때문이다.

우리는 흔히 인간의 본능을 식, 색, 명예 또는 수면을 거론한다. 물론 생명을 유지하자면 먹어야 함은 인간뿐 아니라 동식물도 마찬가지다. 종족보존을 위해서는 성행위 역시 필수적이다. 자신의 처세에는 명예 또한 소중하다. 그런가 하면 자신의 대를 이을 자식을 위해서는 필사적인 희생도 서슴지 않는 것을 인지상정이라 한다. 그러면서 나와 나아닌 사람에게는 동물적 태도도 서슴지 않는다. 이 같은 행위의 근원이 어디서 비롯되었는가?

이것이 과거세부터 연연히 계속되어 온 무지 미망에서 비롯된 사물의 진실을 제대로 이해하지 못한 ‘무명’ 때문이라는 것을 아는 사람은 흔치않다. 그 점을 타파하기 위해 만들어진 것이 심경이며 부처님의 가르침이라는 점을 속히 간파해야만 올바른 수행인이 될 수 있다.

제자가 부처님께 무명에 대해 질문하자 ‘무명’을 없애면 ‘부처’가 된다고 하셨다.

내지무노사 역무노사진(乃至無老死 亦無老死盡)

내지는 무명에서 노사까지의 12인연을 말한 것이다. 12인연을 설명하자면 인연, 즉 인은 원인이며 보조격인 연에 의해 결과를 초래하게 된다. 말하자면 원인인 씨앗이 있어도 연인 토지, 수분, 태양, 인력의 도움이 없으면 결과인 열매는 얻지 못한다. 따라서 12인연은 인간의 출생에서 사망에 이르는 과정을 밝혀 놓은 것으로 불교에서는 인연의 소중함을 누누이 역설하였다. 이 연기법은 불교의 기본이기도 하다.

그러니까 그 원인은 결과로 나타나는 것을 과거, 현재, 미래의 3세로 나누어 그 각 시점에 나타나는 상태(형편)를 무한한 인이 되어 과를 끌어오고 그 과는 다시 인이 되어 새로운 과를 일으켜 순환하게 된다. 마치 둥근 쳇바퀴 같이 돌고 돌아 그치지 않는다. 이것이 윤회로서 인간 일생이 단순히 금생의 문제가 아니라 과거, 현재, 미래 3세가 연결된 인과관계는 그침이 없기 때문에 만일 선악을 행하면 그 결과로 선악간의 업보를 받는다. 이것을 업의 작용이라 한다.

그 결과로 인간이 저지른 행위에 따라 태어남을 육도윤회라 한다. 육도는 지옥, 아귀, 축생, 아수라, 인, 천 등 여섯 곳인데 이를 '육취'라고도 한다.

12인연은 무명·행·식·명색·6처(6입)·촉·수·애·취·유·생·노·사(無明·行·識·名色·六處(六入)·觸·受·愛·取·有·生·老·死)이다.

1. 무명은 앞에서 설명하였으므로 생략하기로 한다.

2. 행은 무명이 원인이 되어 선, 악 등 여러 가지 행위의 업을 짓는 것으로 과거세의 무명에 의해 지은 선악업을 다음 생에 받을 과보의 업종자 역할을 한다.

3. 식은 무명인 원인을 통해 선악의 종자인 식을 갈무리한 행에서 금생에 태어나고자 하는 일념을 일으키는 의식작용이 곧 식이다. 이 식은 참된 성품과 망령된 마음이 합하여 이뤄졌고 모태에 잉태하게 된다. 그러므로 순수한 정신적인 '심식'이 있을 뿐 육체적인 색법은 나타나지 않는 때라 한다. 이 식은 일생을 좌우하는 '분식'의 종자임으로 금생의 모든 것을 주재 결정하는 주체라 하겠다. 그렇다고 자의적인 선택권은 없다.

하루는 어느 고승이 제자들과 참선 중 느닷없이 "안 된다, 안 된다"고 소리치면서 주장자를 들고 아랫마을로 달려가는 것이었다. 제자가 뒤따라 가보았더니 어느 집 돼지우리에서 돼지가 막 교배하려는 순간이었다. 얼마 뒤 스님은 전날과 같은 행동을 되풀이 하였다. 이번에는 소가 교배하려는 중이었다. 그 후 스님은 자식 없는 부잣집을 찾아가 아들을 낳게 해 줄 터이니 아이가 7살이 되거든 자신의 상좌로 줄 것을 다짐받고 돌아왔다. 약속대로 아들을 출생한 것은 물론이다.

그 스님은 참선 중 선망부모 한 분이 '돼지' 또는 '소'로 잉태하려는 것을 도력으로 제지하여 사람으로 태어나게 했다는 것이다. 사람은 물론 동물 역시 전생에 지은 업에 따라 태어나게 된다는 것이다.

이것이 윤회전생설이다.

4. 명색은 모체 내에서 육체적 형태를 갖춘 과정을 설명한 것이다.

명이란 마음의 작용이 싹 텄으나 이름일 뿐 형체는 없음을 말한 것이고 육체는 눈, 귀, 코, 혀, 몸의 형색이 있음으로 색이라 하지만 지적 분별이 시작되지는 않는 때이다.

5. 6처는 구역(구마라습역)은 6입이라 했으나 같은 뜻으로 잉태해서 태내에서 의식 활동의 근본인 안, 이, 비, 설, 신, 의 6근이 형성되는 때이다 또 6처는 객관의 사물이 들어오는 곳이므로 6입이라고도 한다.

6. 촉은 드디어 6근이 활동을 시작한 상태이지만 주로 이 6근이 외부에서 오는 물질적 현상에 접촉해서 여러 감각이 형성되는 단계로 본다. 그러나 감정, 의지 등은 형성되기 이전이다. 허나 그것들을 받아들일 교두보가 될 수 있는 상태이다.

7. 수는 외계의 사물을 받아들이는 시기며 6~7세부터 12~3세까지로 이때부터 의식작용이 형성되어서 좋고 나쁜 것 즐겁고 싫은 것 등의 감정과 의지적 활동이 행해지는 때다. 이성에 대한 구애, 돈, 명예 등을 좋아하는 마음은 있으나 그에 대한 적극성은 없는 시기로 본다.

8. 애는 수에서 성립된 감정, 의지 등이 발달하여 성욕을 비롯한 모든 것에 대해 좋은 것을 탐애하는 시기로 14~5세로부터 18~9세까지에 해당된다. 그러나 모든 것을 널리 추구하되 구체적인 활동 없이 탐애만 하므로 사춘기에 해당하는데 시대에 따라 그 양상이 많이 변해졌음을 감안해야 할 것이다.

9. 취는 자신이 좋아하는 것을 성취하기 위해 적극적 행동을 서슴지 않고 욕망이 왕성한 상태로서 이제부터는 성인의 자격이 성숙되었기 때문에 자신의 성취욕이 강한 20세 후의 시기다.

10. 유는 수취의 작용에 강한 탐욕을 충족시키기 위한 강한 집착심은 활발한 소유욕을 충족키 위한 행동으로 온갖 선악의 업을 짓게 되는 결과를 낳게 된다. 이것이 결국 생사를 끌어오는 인, 즉 원인이 된다.

11. 생은 무명과 행이라는 2개의 과거의 인에서부터 식, 명색, 6

처, 촉, 수가 현재의 과로 나타나고 다시 애, 취, 유라는 현
재의 3인이 성립하여 이것이 10의 인연이 된다. 이 인과의
집적이 생이다 이렇게 해서 생은 4고8고가 활동하는 무대가
된다. 이것은 번뇌의 세계며 앞으로 올 노와 사를 끌어와
미래(내생)의 업의 인이 된다.
12. 노사 이것은 생의 당연한 귀결(결과)인 노사가 있다. 이것은
무명에서 생까지 11의 인과의 종착점이며 인생의 최대의 괴
로움이며 두려움인 것이다. 이 노사의 업은 또 무명의 원인
이 되어 다음의 업인 업과(業果)가 되어 계계승승 끊임없이
되풀이 된다.

그러니까 12인연법은 과거와 현재 및 내세에 걸쳐 배대했기 때
문에 이것을 삼세양중인과설이라 한다. 특히 인과설 중 가장 묘미
가 있는 점은 1세 또 2세의 인과설보다 3세 인과설이 더 설득력이
있다고 할 수 있다. 그것은 윤회사상은 불교의 근본 바탕을 이루고
있기 때문이다.

역사적으로 살펴보면 업사상은 고대 인도에 있었으나 이 12인연
사상은 원시불교 이래 주류였던 소승불교 시대에 성립되었다 한다.

그 배경을 살펴보면 인간의 원초적인 '고'의 근본인 원인(인)이
결과(과)를 가져오게 되고 그것은 끝없이 되풀이 된다고 본 것이다.
만일 그 상황에서 벗어나려면 미혹과 무지(무명)를 타파하는 수행이
필수적인 것이 된다.

말하자면 수행으로 얻은 지혜의 힘으로 '고'의 주범이며 종범인
악인 악과의 고리를 끊어야만 무심의 경지에 들어 갈 수 있다는 것
이 대승불교의 근본 취지이다.

무고집멸도 무지역무득(無苦集滅道 無智亦無得)

왕관과 부모처자까지 버리고 비구가 된 싯달타는 그 때까지 인류역사상 누구도 해보지 못한 고행길을 택했다. 왜였을까?

그것은 인간에게 천형(天刑)처럼 따라다니는 생로병사의 굴레를 벗어날 길을 찾기 위해서였다. 싯달다는 출가 전 부왕의 강력한 반대에 부왕에게 젊음이 이대로 유지되고, 병들지 않고, 늙지 않고 죽지도 않는 4가지를 해결하는 방법이 있다면 출가하지 않겠다고 한 적이 있다. 이것은 싯달다가 얼마나 많은 고민을 했는가를 가늠해 볼 수 있는 대목이라 할 수 있다. 참으로 무모한 시도를 강행했다. 그러면 그는 과연 그 목적을 달성했을까? 6년이란 긴 고행 길에 몇 번의 위기를 겪었으나 그 뜻을 생각처럼 쉽게 이루어지지는 않았다.

그렇다고 그대로 물러설 수는 없는 일. 나머지 투자는 하나 남은 목숨 밖에 없다는 절박한 심정으로 고행림을 떠나 보리수 아래 조용히 앉았다. 그러나 그도 쉽지는 않았다. 악명 높은 마왕 파순이 가진 신통력으로 그를 파멸 직전까지 몰고 갔다. 격렬한 싸움 끝에 끝내 굴하지 않고 드디어 발견한 것이 다름 아닌 무아의 도리(진리)였다.

이 진리는 대우주의 빛이 되어 인류역사가 존속하는 한 영겁토록 이어질 것이다.

그러나 전무후무할 만큼 성스러운 대진리를 발견하여 성자(聖者)가 된 부처님은 심심미묘하고 장엄한 법열(法悅)을 만끽하면서 깊은 사색에 들었다. 이것을 자수법락(自受法樂)이라 한다.

이같이 어려운 이 법을 누가 알 수 있을까?

차라리 이대로 열반에 드는 것이 어떨까 하고 몇 번이나 망설였다. 그 때 하늘에서 범천(梵天 : 인도 바라문의 창조주로 불교에 들어와 색계 초선천을 말한다. 또 제석천과 함께 불법 수호신이 되었다.)의 음성이 들렸다.

"세존이시여 법을 설하십시오. 아무리 법이 어렵다 해도 마치 진흙 속에서 연꽃이 피듯이 그 가르침을 이해할 자가 한사람이라도 있을지도 모릅니다."라고 간청하였다.

이것을 범천권청이라 한다.

부처님은 범천에게 "그렇다면 그대의 권청을 받아 주겠노라."고 허락하였다.

그 길로 6년간 같이 수행하다 그 마을 처녀 수자타가 바친 우유를 받아 마시는 것을 보고 태자는 수행을 포기한 타락자라며 떠나간 5비구가 있는 바라나시의 녹야원을 찾아 나섰다. 그 당시의 길로는 퍽 먼 길이었다 한다. 그 곳에서 5비구에게 첫 법보시를 한 것이 유명한 사제법(四諦法 : 四聖諦)이다. '제(諦)' 자는 원래 살필 체인 것을 불교에서는 제로 읽는다. 밝게 한다, 자세히 한다, 말하자면 모든 사물을 확실히 꿰뚫어 살펴본다, 또 진리를 정확하게 이해한다는 뜻이기도 하다. 그러니까 깨달음이나 진리라는 뜻이다. 성제란 성스러운 진리라는 뜻이다. 부처님이 설한 '고집멸도'의 사제 법문을 들은 5비구 중 아야교진여는 즉석에서 아라한과를 증득했다. 그리고 이 녹야원 설법을 초전법륜이라 하여 유명하게 되었다. 녹야원을 첫 설법 장소로 선택하게 된 것은 5비구가 있기 때문이기도 하지만 그 당시 그 곳에는 많은 사상가나 종교가가 모여 토론하고 교류하는 사교장이란 점을 감안했다 한다.

'녹야원'에는 재미있는 전생설화가 있다. 녹야원이란 뜻은 사슴이 사는 들녘, 즉 사슴동산이란 뜻이다.

아주 오랜 옛적에 이 사슴 들녘에 오백 마리가 넘는 많은 사슴 떼가 살고 있었다 한다. 그때 그 나라 임금은 사냥과 사슴고기를 아주 좋아해서 날마다 신하를 거느리고 녹야원에 나가 많은 사슴을 잡아가는 것이었다.

사슴들이 생각하기를 이러다 우리가 멸종 위기에 놓이지 않을까 하고 고심하게 되었으나 뾰족한 묘수는 없었다. 그런 와중에 대장격인 금빛 사자가 대표가 되어 임금을 찾아갔다.

"임금님, 매일같이 많은 사슴을 살상하면 머지않아 멸종위기가 올 것입니다. 하오니 하루에 한 마리씩만 사냥해 가십시오."라고 간청하였다.

임금이 생각하기를 그 말이 옳은 것같이 생각되어 그렇게 하기로 승낙했다. 그래서 사슴들이 모여 논의하여 잡혀갈 순번을 정하게 되었다. 그리하여 매일 한 마리씩 사냥감의 대상으로 선발되어 잡혀갔다.

그러던 어느 날 젊은 사슴 한 마리가 대장 사슴을 찾아와 애원하기를 "오늘은 내가 잡혀갈 날인데 마침 내 배속에는 새끼가 들어 있어 내가 죽으면 새끼까지 죽게 됩니다." 하고 호소하는 것이었다.

금빛 사슴은 궁리 끝에 임금을 찾아가 그 사실을 알리고 그 사슴 대신 자신을 바치게 해 달라고 간청했다.

임금이 생각하기를 의리를 숭상하는 사람도 감히 하기 어려운 일을 미물인 짐승이 어찌 남의 생명 대신 자신이 죽겠다고 하니 이 일은 참으로 아름답고 가상한 일이라 감탄한 나머지 그 날부터 자신은 물론 누구도 사슴을 잡지 못하게 엄명을 내렸다 한다. 그 뒤로는 사슴들이 죽을 위험이 없게 되어 새끼도 많이 낳고 유유히 잘 살게 되었다 한다. 그 때 금빛 나는 대장 사슴은 지금의 석가모니 부처님이시며 그때의 사슴들은 윤회 전생하여 제자가 되었다 한다.

이런 전설이 있는 곳이라 지금은 많은 사람들의 발길이 이어지고 있다.

옛날 베루사(지금의 이란)에 '제미루'라는 임금이 있었다.

젊은 제미루왕은 즉위한 직후 천하의 학자들에게 명하여 가장 정밀한 '인류의 역사서'를 만들도록 명하였다. 임금의 명을 받은 수많은 학자들은 심혈을 기울여 인류사 편찬에 착수하게 되었다. 1년, 2년이 잠깐사이 지나고 5년, 10년도 꿈과 같이 지나갔다. 왕의 재촉이 있었으나 조금 더 기다려 달라는 대답뿐 20년, 30년이란 오랜 세월이 지났다. 그런데도 인류사는 만들어지지 않았다. 또 40년, 50년이란 장구한 세월이 지나 드디어 정밀하고 정확한 인류사가 만들어졌다. 그 인류사의 결론은 무엇이었을까?

"인생은 태어나는 것, 인생은 괴로운 것, 인생은 죽는 것." 이것이 인류사의 결론이었다. 요약하면 사람은 태어나서 괴로움을 받다가 죽는 것 그것이 전부인 것이다. 죽기까지의 일생 그것은 괴로움의 연속 그 이상도 그 이하도 아니라는 것이다. 그래서 누군가가

아생일곡군지부 일락인간만종수
(我生一哭君知否 一落人間萬種愁)

"내가 태어나면서 통곡함을 그대가 아는가. 인간으로 한번 떨어지면 만 가지 근심(고통)이 있기 때문이라네." 라고 읊었다.

원효대사는 "나지 말라 죽는 것이 고통이요, 죽지 말라 나는 것이 고통이다."라고 했다. 참으로 간단명료한 사생관의 천명이라 하겠다.

그런가 하면 프랑스 문호 빅톨 위고는 "인간은 사형선고를 받은 사형수다. 다만 무기 집행유예일 따름이다."라고 했다.

영국의 문호 아지손도 "인생일생은 마치 다리를 건너는 것 같다."고 했다. 태어나서부터 죽음이 걸려있는 그 다리를 한 걸음 한 걸음 걸어가는 것이 인생이다. 다리 밑은 물론 다리 앞 저쪽도 다 어둠뿐이다. 그 불안한 다리를 터벅터벅 머뭇거리며 걸어가는 것이 다 같은 인생이라 했다.

> 이를 머금고 털을 머리에 인 자
> 삶을 사랑하고 죽음을 두려워한다
> 죽음은 삶에 의해서 오는 것
> 내가 만일 태어나지 않았다면
> 어찌 죽음이 있으리오
> 모름지기 첫 태어남을 보거던
> 마침내 죽음이 올 것을 알지어다
> 응당 삶에 울고 죽음을 두려워 말라

이 임종게는 가상대사 길장(吉藏. 549~623)이 임종 직전에 남긴 사불포론(死不怖論)이다. 길장은 왕위를 숙부에게 사양하고 불문에 들어와 경전 95부 115권을 번역한 고승 안세고(安世高)의 후손이다.

길장은 삼론종 재흥의 시조로 추앙받는 인물로 '삼론현의', '유마경의소' 등 40여부의 저술을 남겼다.

그는 말년에 병마로 시달리다가 목욕재계하고 분향한 후 부처님의 명호를 부르면서 태연히 앉아 입적 직전에 남긴 것이 '사불포론'이다.

그는 삶은 괴롭지만 "공의 도리를 확실히 알면 무엇을 두려워하랴."라고 갈파한 고승이다.

여기서 한번 뒤돌아 볼 것은 우리의 삶이 무엇인가 하는 점이다.

인간을 구성하고 있는 마음과 육체는 예측할 수 없는 덧없는 존재이다. 산다는 것은 더욱 예측하기 어렵다. 마치 허공에 뜬구름을 잡는 것 같은 세상사는 결국 고통일 수밖에 없다는 것이 삶의 대전제이다. 그 해결방법은 없는 것인가? 앞에서 언급했으나,

먼저 고통이 무엇인가를 살펴보면,

1. 삶의 고통
2. 늙음의 고통
3. 병마의 고통
4. 죽음의 고통
5. 사랑하는 사람과의 이별의 고통
6. 미운 사람과 같이 사는 고통
7. 구하는 것을 얻지 못하는 고통
8. 오음이 왕성할 때 억제하는 고통

이것을 4고8고라고 한다.

이 4고8고가 생겨나는 원인은 '나'라는 아집에서 연유하는데 아집은 내가 실제로 존재한다고 집착하는데서 생긴다. 말하자면 나는 이렇게 존재하는데 왜 가짜 또는 무라고 하는가, 뭔가 잘못된 것이 아닌가 하는 의혹 때문에 자아의식이 더 커지는데서 연유한다고 하겠다.

이 같은 고통의 원인은 '나'를 좌우하는 '마음'에서 일어나는 것이며 6도 중 3악도인 지옥 아귀 축생계에 나게 한다.

'탐'은 아귀, '진'은 지옥, '치'는 축생의 길로 떨어지게 된다.

말하자면 이 사제는 인생문제와 그 해결 방법에 대한 4가지 진리라는 뜻이다.

1. 고제는 이 세상은 괴로움이라는 진실
2. 집제는 괴로움의 원인은 번뇌 망집이라는 진실
3. 멸제는 괴로움의 원인을 없앤다는 진실, 즉 고통을 뛰어넘어 집착을 끊는 것이 괴로움을 멸한 깨달음의 경지라는 것
4. 도제는 깨달음으로 인도하여 실천하게 하는 진실, 즉 이상의 경지에 이르게 하기위한 8가지의 바른 수행방법을 실천하여야 한다.

4제를 둘로 나눠 고집(苦集)은 미(미혹)의 세계, 멸도(滅道)는 오(깨달음)의 세계의 인과관계를 설명한 것이다.

그렇다고 미오의 두 세계가 따로 분리된 것이 아니라 미오는 밀접한 상관관계인 양중인생관인 것이다.

그런데 앞에서 여러 가지 예를 제시한 바와 같이 인간세계는 모두가 고통인 것이다라는 것은 누구나 다 인정하는 것은 명백한 사

실이다. 그런데 왜 여기서는 고집멸도(苦集滅道)가 없다고 했는가? 그것을 알기위해 6근, 6경, 무명, 노사까지 살펴보았다.

다시 말하자면 인생은 왜 태어나며 늙고 병들고 죽는 것인가, 슬픔과 고통의 인생살이, 사랑하는 사람과 헤어져야 하고 싫은 사람과 같이 살아야 하며 구하는 것이 이뤄지지 않고 육체의 시달림보다 정신적 속박과 갈등의 괴로움을 겪어야 하는가 등의 유사 이래 가장 큰 숙제로 대두되어 왔다. 그 해결의 실마리가 반야심경이요, 그 중 무고집멸도의 사성제에 있다.

먼저 고의 원인은 욕(欲)이라 하였다.

그러나 욕이 근원이라 해도 우리는 무조건 승복하려하지 않는다. 왜냐하면 '욕'에는 고통뿐 아니라 환락도 있다. 문제는 욕망 자체가 아니라 욕망을 부추기는 애착심 그보다 더 한 것은 집착심이며 그에 사로잡히는 마음이 '고', 즉 괴로움의 원인이다.

'비유경'에 흑백이서, 즉 검고 흰 두 마리 쥐의 비유를 읽은 러시아의 문호 톨스토이가 격찬했다는 재미있는 이야기가 있다.

옛날 어떤 곳에 한 사람이 들판 길을 가다가 미친 코끼리 한 마리를 만나게 됐다. 그는 놀라 정신없이 도망치다가 들 한복판에 있는 옛 우물에 뻗어 내려간 등나무 넝쿨을 잡고 내려가 가까스로 몸을 피하게 되었다. 그런데 그 속에는 다른 적이 기다리고 있었다. 우물 네 구석에는 네 마리 독사가 혀를 낼름거리고 또 우물 한복판에서는 무서운 독룡이 입을 딱 벌리고 독기를 내뿜고 있었다. 위에서는 미친 코끼리가 발을 동동 구르고 밑에서는 독룡과 독사가 함께 혀를 낼름거리고 있으니 오도 가도 못한 나그네는 오직 하나의 생명선인 등나무 넝쿨을 꼭 끌어안고 있었는데 무슨 소리가 나서

살펴보니 흰 쥐와 검은 쥐가 등나무 넝쿨을 서로 번갈아 가며 갉아
먹고 있었다. 참으로 기구한 운명의 사나이였다. 망연자실한 그는
하늘을 바라보았다. 그런데 몇 마리 꿀벌들이 집을 짓느라 날고 있
었다. 그런데 천행인지 꿀벌이 날 때마다 너덧 방울의 꿀이 떨어져
입으로 들어가는 것이었다. 그 순간 모든 것을 다 잊고 그것에만
도취되어 버렸다.

그러는 동안 난데없이 들판에 불이 나 모든 것을 다 태워버렸다.

이것은 비유로서 넓은 들판은 무명장야(無明長夜), 나그네는 생존
인간, 미친 코끼리는 무상, 옛 우물은 생사, 등나무 넝쿨은 명줄,
흰 쥐와 검은 쥐는 낮과 밤 또 해와 달, 등나무 뿌리를 갉는 것은
염년생멸, 네 마리 독사는 4대색신(지수화풍), 독룡은 죽음, 벌은 삿
된 생각, 너덧 방울의 꿀은 오욕, 불은 늙고 병드는 것에 비유한 것
이다. 그러니까 끝없는 무명장야의 이 세상에 태어나 무상과 불안
속에 위협받으며 언제 죽을지 모르면서 천년만년 살 것 같은 착각
에 빠져 말초신경의 쾌락의 포로가 되어 그것이 전부인 양 죽음으
로 치닫고 있는 것이 어리석은 중생들이다.

고행시절 비구였던 부처님께 부귀영화를 누리게 해 주겠노라고
제의했다가 거절당한 빔비사라왕은 이 법문을 듣고 불사의 경지에
들었다 하며, 톨스토이 역시 이 설화에 감동하여 구도의 염을 갖게
되었다 한다.

이 비유에서 우리는 무엇을 느꼈는가?

우리의 일생이란 온 곳을 모르는 채 파란만장의 연장선상에서
허둥거리다가 마치 물새가 해가 지면 둥지를 찾아 온 곳을 찾아가
야 하는데 온 곳을 모르니 길 잃은 철새 신세가 아닌가? 여기서 한

번 더 4제를 살펴보면,

'고'는 무명이 원인이 되어 각종 업을 짓게 된다. 그 결과로 4고8고를 겪어야하는 진리를 깨닫는 것이 '고제'이다. 그러므로 선결문제가 고의 원인의 단절이 필요한 요건이다.

'집'은 번뇌로 인해 일어나는 선악 등이 원인이 되는 업이 모여 고통을 낳게 되는 것을 분명히 꿰뚫어 아는 진리가 곧 집제이다. 말하자면 업이 모여 탐진치 3업을 일으키는 원인이 된다. 이것을 삼독(三毒) 또는 삼악(三惡)이라 하며 3독의 작용에 의해 각종 악업이 발생하게 된다.

'멸'은 생멸을 뜻하며 모든 것이 없어진다는 것이다. 따라서 멸은 고에서 해탈하여 깨달음의 세계, 즉 열반을 말한다. '멸'의 진리인 멸제는 불교의 이상인 열반과 같은 의미다. 그런데 열반을 왜 멸이라 했을까? 원래 열반의 '범어'의 뜻은 '불어서 *끄다*'인데, 무엇을 *끄고* 무엇을 멸하는가 하면 말할 것 없이 고를 불어 없앤다, 고를 멸한다는 뜻이다. 그러나 일반의 해석은 육체를 멸한다, 즉 인간의 죽음이나 허무 쪽으로 생각한다. 원래는 '죽음'과 '열반'은 다른 뜻이었다.

인간고의 근본인 '무명'을 멸하는 것이 열반이다. 그러니까 3독인 탐진치와 팔만사천 번뇌 모두를 영원히 없애는 것을 열반이라 한다. 특히 무명의 마음에서 해탈하여 괴로움을 멸진한 경지가 멸제며 열반이라 한다.

그러나 한 번에 그 경지에 도달하는 것은 아니다. 선제 동자가 53선지식을 찾아 5만 리나 되는 장거리를 무릅쓰고 구법행각의 과정을 생각하면 이해하게 될 것이다. 이와 같은 수행에는 단계가 있

는데 10신, 10주, 10행, 10회향, 10지, 등각, 묘각 앞의 51위까지는
수행의 인이며 마지막 1위는 수행의 과(果)가 된다. 또 4향(向), 4과
(果)가 있다. 수다원(예류), 사다함(일래), 아나함(불환), 아라한(응공 무
생) 등을 거쳐 보살위에 오르게 되고 멸제의 진리를 깨달은 사람을
아라한(나한)이라 한다. 초기 불교시대는 부처님도 아라한이라 하였
으나 대승불교 시대부터 붇다(불타, 불, 부처)라 부르게 되었다.

이것은 소승들이 수행하는 4가지 계위로서 과(果)에 이르지 못한
동안은 향(向)이라 한다. 수다원향, 사다함향, 아나함향, 아라한향,
등이다. 이 수행을 실천하기 전, 즉 수습하기 전에 먼저 법을 믿고
다음에 그 법을 요해(분명히 깨달음)하고 그 법에 의하여 행(실천)을
닦아 마침내 과(과)를 증득(완성하는 것)한다.

이것이 신해행증(信解行證)이다.

여기서 꼭 유의할 것은 성문(聲聞) 연각(緣覺)의 경지라 해서 다 끝
난 것이 아니므로 구경위까지는 꾸준한 보림을 멈춰서는 안 된다
는 점이다.

구미선인의 설화에 수행이 다되어 하늘을 소요하다 보니 냇가에
서 빨래하는 여인의 허벅지를 보고 번뇌를 일으킨 탓으로 신통력
을 상실하게 되어 인간 세상에 떨어졌다는 전설은 수행자들에게는
큰 경종이 된다.

'도'는 열반, 즉 안락의 경지에 이르게 하는 진리를 도제 또는 성
스러운 진리라 하며 도성제(道聖諦)라 한다.

우리 삶이란 항상 우왕좌왕 갈피를 못 잡고 헤매고 있는 것이 현
실이다. 그 삶을 청산하자면 어떤 방법이 있는가? 그 해결방법이 다
름 아닌 중정(中正)의 길인 8가지 바른 길, 즉 8정도(八正道)가 있다.

    1. 바른 이해(正見)
    2. 바른 사유(正思惟)
    3. 바른 언어(正語)
    4. 바른 행위(正業)
    5. 바른 생활(正命)
    6. 바른 노력(正精進)
    7. 바른 생각(正念)
    8. 바른 집중(正定)

1~3을 지혜(혜), 4~5를 윤리(계), 6~8을 집중(정)이라 한다.

여기서 중(中)과 정(正)의 설명이 필요하다

중도(中道)의 중(中)은 알맞다, 어느 쪽에도 치우치지 않다, 마땅하다, 일치하다 등이며 유교에서는 희·노·애·락이 일어나기 전을 중이라 한다. 정(正)은 공평하다, 도리나 진리에 맞아 그릇됨이 없다, 속이는 일이 없다, 바르다 등이며 이것이 8정도로서 열반의 경지에 들어가는 수행법이다. 재론하면 무명에서 노사, 노사에서 무명으로 되풀이 하는 것이 중생의 삶이다. 이 윤회의 고리를 끊는 37가지 수행방법이 있다. 즉 4염처·4정근(4정단) 4신족(4여의족)·5근·5력·7각지·8정도를 합한 것을 37보리분법·37조도품이라 한다. 이것을 살펴볼 때 8정도의 수행은 지혜 완성의 지름길이라 할 수 있다.

중도의 진리의 발견은 전인미답의 전무후무한 6년간의 고행에 의한 결과이다. 중도란 두 가지의 대립을 떠난 것, 즉 만유는 무상하여 실제하지 않는 것같이, 사람도 죽으면 모두가 없어져 버린다고 주장하는 단견(斷見)과 물질불멸론 같이 상주불멸하여 이 몸도 죽었다가 다시 태어나서 끝없이 지금의 상태를 계속한다고 주장하는 상견(常見)을 여인 것이다. 소승에서는 불고불락(不苦不樂), 즉 고행과 쾌락의 양 극단을 배척하는 것을 중도라 했다.

중도에 관한 여러 설 중 8부정도란 생·멸·거·래·일·이·단·상(生·滅·去·來·一·異·斷·常) 등 8종의 미한 고집을 부정하는데서 나타나는 불가득(不可得)한 중도의 이치, 다시 말해 삿된 것을 파하는 외에 정법이 따로 있는 것이 아니라, 미하고 삿된 견해를 끝까지 없애는 8부정이 곧 8부정도의 이치라 하며 따라서 8부정도의 참뜻을 알면 일체의 미하고 삿된 견해가 없어질 뿐만 아니라 8부정도라는 생각까지도 있지 않다는 것이다.

중도를 말하신 부처님은 고대인도의 어느 문헌에서도 찾아볼 수 없는 무아(無我)의 도리를 발견하고 평등사상을 실천한 사례가 계급 평준화였다.

고대 인도에는 바라문이 만든 4성(四姓)제도라는 계급제도가 있었다.

1. 바라문 : 바라문교의 승려 사제
2. 찰제리 : 왕족 무사 정치인
3. 폐　사 : 농공상 서민층
4. 수다라 : 노예 최하위 계층 불가촉민으로 분리되었다.

'바라문'은 사제 계급으로 창조신과 여러 신에게 제사의식을 담당한 최상위 그룹이며 세습제이다.

'찰제리'는 군대를 통솔할 수 있고 정치를 담당한 귀족계급 태양 종족이라는 석가족이 해당한다.

'폐사'는 농경, 목축, 상업, 수공업 등을 전문으로 종사하는 서민 그룹이다.

'수다라'는 위 3계급에게 봉사하는 최하위층에 속하는 천민층인 노예계급이다.

또 바라문은 자신들의 혈통을 하늘의 범천(뒤에 불교에 편입된 호법신), 즉 인도 사상에서 만유의 근본인 부라만을 신격화하여 창조주에게 연관시키는 등 바라문 지상주의 제도를 만들었다. 그뿐 아니라 그들은 일생종(一生種)과 이생종(二生種) 사상까지 만들었다. 3계급을 제외한 수다라는 일생종이라 사람으로 다시 태어나지 못함으로 교육받을 자격까지 박탈했다.

참으로 가혹하다는 말이 무색할 정도라 하겠다.

이 제도는 어떤 경우에도 위반할 수 없는 철칙을 세워 위반 시는 극형을 면치 못했다. 우리나라 반상(양반과 상민)제도를 연상하면 이해할 수 있을 것이다.

이처럼 최악의 환경 속에서 부처님은 노예계급에 속한 이발사 '우바리'를 출가시켜 제자로 삼았다. 그는 뒤에 지계제일의 10대 제자가 되었고 부처님 열반 90일 후 제1결집 시 제일 먼저 계율을 독송하는 영광을 얻은 성자가 되었다.

이것이 다름 아닌 중도에 입각한 평등사상이며 계급타파에 이어 수행방법의 하나로 설한 것이 8정도이다.

팔정도를 다시 살펴보면

1. 정견은 고집멸도 사제의 진리를 바르게 이해함을 말한다. 정견은 사제의 도리를 바로 아는 것은 인연의 도리를 확실히

알게 됨으로 어떤 경우에도 사견에 빠질 염려가 없다는 뜻이
기도 하다. 정견은 수행자는 물론 일반 신도에게도 귀중한
가르침이 된다.

2. 정사유의 '사'도 '유'도 혹은 사색이란 단어로 철학 용어로
많이 쓰이나 불교에서는 대상을 마음에서 생각이 아닌 관하
는 것이므로 수행인은 철저히 점검해야만 사도에 빠지지 않
는다.

3. 정어는 말을 뜻한다. 말은 마음을 표현하는 것이고 자신을 나
타내는 것이므로 '사유'에서 언급한 올바른 생각은 올바른
표현을 하게 된다. 남을 칭찬함은 백마디도 모자라지만 남을
비방함은 반마디도 남음이 있다고 하였다. 또 한마디 말은 비
수가 되어 사람을 해친다고도 하였다. 그런 연유로 신구의 삼
업 중 입, 즉 말이 짓는 업은 4가지나 되는데 악한 말을 하면
하는 자신이 악해지고 음담을 하면 자신이 음란해 진다. 그만
큼 비중이 크므로 항상 아름답고 우아한 언어생활은 수행인
의 기본이어야 한다. 이것이 불교인의 행복이 된다.

4. 정업의 '업'은 앞에서 든 '업'과는 다르다. 이 업은 소업(所業)
으로 행하는 뜻이기 때문이다. 정사유는 마음의 작용을 말하
는 것인 반면 정업은 육체의 행위를 말한다. 그러므로 바른
행위의 실천임으로 어떤 경위든 삿된 행동이나 악행을 삼가
야 한다.

5. 정명은 정당한 생활을 말한다. 어떤 경우에도 말, 행동, 생각
으로 악업을 짓지 말고 수행에 철저할 것이며 여기에 직업에
관한 것도 포함된다. 즉 살생업이나 사기성이 있는 직업, 고
기를 잡는 그물이나 총기류의 판매업 등은 삼가야 한다.

6. 정정진의 '정'은 혼합되지 않은 것, 모든 일에 정성을 기울여
성심을 다하는 것, 선행을 할 때 용감히 할 것, 나태하지 않
고 힘차게 깨달음의 길로 나아가는 것, 절집에서는 '용맹정진'
이라 하여 보통 7일간 장좌불와(눕지도 자지도 않고 좌선하는

것)를 한다. 이것은 부단한 노력으로 자신의 의지를 관철하기 위한 정성이며 목표달성의 지름길이기도 하다. 그 중 가장 중요한 것이 정견과 정정진이다.

7. 정념은 마음의 집중을 뜻한다. 수행인은 번뇌 망상이 일지 않아야 한다.

비유하자면 연못에 물(인)이 가득 차있다. 갑자기 바람이 연(연)이 되어 물결을 일으킨다. 큰 물결, 작은 물결, 잔잔한 물결 등 가지가지 여러 모양의 물결을 만들어 낸다.

공부하는 수도인은 겉모양은 무념무상의 삼매에 든 것 같이 보이지만 안으로는 천만 갈래의 물결(망상)을 일으키고 있다. 마치 한 갈래 큰 물결이 일면 잔물결이 퍼져나가듯 갈피 잡을 수 없는 번뇌가 줄줄이 일어난다. 만일 연못에 바람이 불지 않으면 물결은 일지 않을 것이다.

이것이 인과법이며 공 또는 무라 하며 사람의 마음을 바람(번뇌)을 일으키기도 바람을 가라앉히기도 한다. 그것이 마음의 작용임으로 그 작용을 잘 이용하려면 마음을 다잡고 화두와 내가 하나가 되면 용솟음치던 물결(번뇌)도 자연히 조용해진다. "한서"에 즉 빗물이 떨어져 돌을 뚫는다. 우리는 처마에서 떨어지는 물이 돌을 뚫는다고 한다. 이같은 사례가 유태인에게도 있다. 그것이 '아카바 증후군'인데 집중력(정념)이 천재를 만든다는 학설이다. 1세기경 유태인 출신인 목동 '아카바'가 실의에 빠져 있는데 우연히 바위에 떨어지는 물방울이 돌구멍을 뚫는 것을 보고 노력한 결과 대학자가 되었다는 사례를 '아카바 증후군'을 의학용어로 원용한 것이다. 그와 같이 무엇이든 바른 한 생각을 집중하면 뜻을 이룰 수 있다.

8. 정정은 수행인들의 가장 중요한 덕목이다. 특히 선승들의 수행은 선정에서 시작하여 선정으로 이어지게 하는 것이 목적이다. 정정은 앞의 정념에서 이어지는 화두가 더욱 더 성성하게 이어져야 좌선일여, 동정일여, 몽중일여, 오매일여 등의

과정을 거쳐 본래면목인 마음자리를 깨달아 해탈케 된다. 참
으로 어렵고 힘겨운 가시밭길이라 하겠다.

무지역무득(無智亦無得)

무지역무득(無智亦無得)이란 안다고 할 것도 없고 또 무엇을 얻어
소용있는 것도 아니라는 뜻으로, '공' 가운데는 오온도, 12처(입)도,
18계도, 12인연도, 4제도, 8정도도 없다. 그것에 의해 무엇을 알고
무엇을 얻고자 하는 것이 오직 없을 뿐이라고 한 것이다.

원래 삼라만상 자체가 '색' 가운데 '공'인 것을 그 안에서 일어나
는 모든 현상을 영원히 변치 않는 실체가 없다는 사실을 다시 한
번 강조한 것이다.

여기서 지(智)는 지혜의 뜻이 아니라 안다는 알지(知)자며 '무'는
성립할 수 없다는 의미로 해석하면 될 것이다.

여기서 일단 정리해 보면 사리자에서 시작하여 무지역무득까지
는 '심경'의 절반인 동시에 '심경'의 중심적 문제 대승불교의 공관
을 자세히 설명한 것이다. 여기까지만 잘 터득하고 실천에 옮겨 수
행한다면 지금까지의 과학 만능, 황금만능, 관능적 쾌락 위주의 행
복추구의 속된 세속적 삶에서 벗어날 수 있을 것이다. 그러므로 유
유자적 소요자재한 정신세계의 안정된 경지를 체득할 수 있는 것
이며 그로 인해 부처님의 참된 가르침, 즉 무아, 중도, 평등사상의
위대함에 보은 할 수 있는 길일 것이다.

마지막 제자 슈리다

하늘의 천신들까지 노심초사하리만큼 극렬한 고행을 거쳐 부처가 된 후 장장 45년간의 법보시로 많은 중생을 제도하신 후 '구시나가라'의 사라쌍수 밑에서 열반에 드실 준비를 하고 계셨다. 그때 늙은 바라문이 찾아와 부처님을 친견하기를 간청하는 소리를 듣고 부처님은 "내 마지막 제자가 왔다. 어서 들게 하라."고 말씀하셨다.

그 바라문은 이미 100세를 훨씬 넘도록 수행한 바라문으로서 금생에 꼭 부처님을 친견코자 늙은 몸을 지팡이에 의지하여 먼 길을 찾아 왔던 것이다.

지금까지 많은 스승을 찾아 만나 봤으나 모두 자칭 붓다라 하지만 거의가 다 가짜였기 때문에 그대로 발길을 돌릴까도 생각하다가 크게 결심하고 부처님 침상 곁에 앉게 되었다.

부처님께 예를 마친 그는 엄숙한 표정으로 "저는 지금 117세가 된 바라문 사로문 슈리다입니다. 저는 최고의 깨침을 얻고자 백방으로 스승을 찾아 다녔습니다. 그중 붓다라는 사람이 있었으나 질문해 보면 납득할 수가 없었습니다. 진짜 사로몬이라는 사람은 누구입니까?"

늙은 탓에 제대로 말조차 하기 힘든 모습이었다.

부처님은 힘차게 이렇게 말씀하셨다.

"슈리다여, 잘 들어주게. 이 세상에는 자칭 붓다라는 사람은 많으나 그 마음가짐이나 행동에 모순이 많은 자들이 있다. 진짜 사로몬은 생로병사의 고통에서 해탈하기 위해 중도를 실천하는 자여야 한다. 중도란 팔정도를 말하는 것이다. 이 정도를 매일 생활에 실천하므로 마음의 속박이 없어지고 일체의 공포심이 사라져 평안한 삶을 보낼 수 있게 되는 것이다. 만일 이같은 실천이 이뤄지지 않으면 바른 삶이 아니니라. 팔정도의 길을 가는 자, 그를 진짜 사로몬이라 한다.”

부처님의 설법을 들은 슈리다는 즉석에서 대오하였다. 슈리다는 닭똥 같은 눈물을 흘리며 “참으로 감사합니다. 말씀을 듣고 제 심금을 울려 기쁨이 샘물 솟듯 용솟음쳐옵니다. 감사합니다. 감사합니다. 부처님이시여, 제발 저를 제자로 삼아 주십시오. 그리고 부처님이 열반에 드시는 것을 차마 볼 수가 없습니다. 제가 한발 먼저 가서 부처님이 오시는 것을 기다리겠으니 허락해 주십시오.” 머리를 몇 번이고 조아리며 부처님께 자신의 희망을 아뢰는 것이었다. 그 광경을 지켜본 제자들은 슈리다가 대오했음을 알고 기뻐하였다.

부처님은 조용한 음성으로 “슈리다여, 네 희망대로 하여라.”

너무나 기쁜 모습으로 몇 번이나 인사하면서 “선배 여러분 저도 이제 부처님의 제자가 되었습니다. 허나 부처님이나 선배님들보다 먼저 열반에 들게 되어 죄송합니다.” 하고 마치 고목이 쓰러지듯 그대로 입적하였다.

부처님은 슈리다의 입적 모습을 지켜보신 후 조용히 눈을 감으셨다 한다.

제 5 장

여자는 대소변이 가득 찬 존재

부처님이 고산비에 머무르실 때의 일이다. 어떤 바라문에게 예쁜 딸이 있었다. 그의 아버지는 도무지 딸을 시집보낼 생각을 하지 않고 있었다. 마치 불면 날아갈까 쥐면 깨질까 하는 심정으로 지나치리만큼 귀여워하며 키우고 있었다. 그런데 어느 날 부처님을 만나 뵙고 그 인격과 위용에 넋을 잃다시피 한 상태에서 부처님에게 딸을 드리겠다고 제안했다. 그토록 애지중지 했던 딸을 부처님은 정중히 사양하시고는 "나는 모든 욕망과 집착을 버린 사람입니다. 그런 내가 왜 대소변이 가득 찬 여자를 받아들이겠습니까?" 하고 대답했다. 좀 더 원문에 충실하자면 "대소변이 넘쳐흐르는 부정한 용기(그릇)에 바깥을 색칠한 것일 뿐인 것이 된다."

이 말을 들으면 누구라도 화낼 것은 분명하다. 그런 줄 알면서도 부처님은 말씀하시고 그 처녀를 훑어보시면서 이 처녀가 나를 원망하겠지 하고 생각하셨다 한다. 누가 뭐라 해도 좀 지나치신 것 같다고 하겠다.

불전에도 그렇게 기록되어 있다. 그러나 부처님께서는 그 처녀의 부모를 교화시키기 위해서는 진실을 말하지 않을 수가 없었다. 당신이 그렇게 금은보화같이 집착하고 있는 귀여운 딸이지만 겉 표면 한 꺼풀만 벗기면 그 안에는 대소변이 가득 차 있다. 그런 것에 속아서는 안 된다. 진실을 보라는 뜻이었다. 부처님은 양친에게 친절히 가르쳐 준 것이다.

그것이 동기가 되어 처녀 부모는 숙부에게 딸을 맡기고 출가하게 되었다. 따지고 보면 처녀를 화나게 한 말씀이 그의 부모에게는 출가의 동기가 된 셈이다.

그 후 부처님에게서 '대소변의 용기' 소리를 들은 처녀는 고산비의 왕비가 되었다. 그녀는 부처님에 대한 증오심이 불타고 있었다. 그 즈음 부처님은 그 곳에 가시게 되었다. 그러자 왕비는 사람들을 선동하여 악담을 하게 하였다. 부처님은 선동자를 잘 알고 계셨으나 인과관계를 잘 아시는 부처님께서는 어쩔 수 없었다.

아난이 부처님께 이곳은 사람들이 우리에게 악담을 늘어놓고 있습니다. 그러니 다른 곳으로 가시는 것이 좋겠다고 여쭈었다. 부처님은 "아난아, 말썽이 일어났으면 그 일이 진정될 때까지 그 곳에 머무르는 것이 낫다. 잠잠해진 연후에 옮겨야 한다. 전쟁에 있는 코끼리가 사방에서 날아오는 화살을 견디는 것 같이 사람들의 쓴 소리를 참는 것이 우리들의 수행이다. 아난아, 걱정할 것 없다. 7일 동안은 계속되지만 8일째는 잠잠해 질 것이다."

말씀대로 7일이 지나자 자연히 조용해 졌음은 물론이다.

여기서 우리는 많은 교훈을 배워야 한다. 비록 부처님이라해도 한마디 말로 야기된 사건, 즉 자신이 뿌린 씨(원인)는 자신이 받음은 물론 주체성이 있어야 하고 참고 견디지 않으면 업보의 연(결과) 은 소멸하지 않는 것이 진리라는 점을 보여 주심이라 하겠다.

이무소득고 보리살타 의반야바라밀다고 심무가애 무가애고 무 유공포 원리전도몽상 구경열반 삼세제불 의반야바라밀다고 득아 녹다라삼먁삼보리(以無所得故 菩提薩埵 依般若波羅蜜多故 心無罣 礙 無罣礙故 無有恐怖 遠離顚倒夢想 究竟涅槃 三世諸佛 依般若 波羅蜜多故 得阿耨多羅三藐三菩提)

얻을 것이 없는 까닭에 보리살타는 반야바라밀다에 의한 때문에 마음에 거리낌이 없고 거리낄 것이 없기 때문에 두렵고 무서울 것 이 없으며 전도몽상을 먼저 여의였으므로 삼세 모든 부처님이 반 야바라밀다에 의지한 까닭에 아뇩다라삼먁삼보리를 얻었다.

이무소득고(以無所得故)

삼라만상은 원래 '공'의 상태에서는 무, 즉 없는 것이기 때문에 그와 같은 상황을 안다는 것도 실은 없는 것이다. 또 그것들을 얻 었다는 것도 얻었다는 그 자신의 실체라는 것도 없다. 그와 같이 얻을 것이 없다는 의미다.

무소득이란 대승불교의 중요덕목에 속한다. 만일 무소득의 참 뜻 을 알고 수행생활에 활용한다면 불교의 깨달음의 경지에 쉽게 들 어갈 수 있을 것이다.

남북이라 동서로 활짝 트여서
시방세계 무엇이 남아 있으랴
허공 향해 박수치면 라라라 하니
석녀가 노래하며 춤을 추누나

                                         — 나옹(1320~1376)

밝고 맑고 공정하여
본래 한 물건도 없으며
신령스런 빛 빛나고 빛나
시방세계 밝게 사무쳤네

                                                — 왕사

이미 다시 몸과 마음이
생사를 받음이 없고
가고 오고 또 왕복한 들
어허! 걸림이 없어라

                                        — 기화(1376~1433)

무소득이란 집착하지 않는 것, 유소득이나 무소득에 치우침이 없는 평등한 중도의 경지를 말한다.

어느 때 스님과 상좌가 물이 넘치는 내를 건너게 되었다. 마침 젊은 아낙이 나타났다. 스님은 물이 많아 건너지 못하고 쩔쩔매는 아낙을 안아 내를 건너 주었다. 상좌는 아무리 생각해도 스님이 그럴 수는 없었다. 참다못한 상좌는,

"스님, 그럴 수가 있습니까? 여자를 안다니요."

"애야, 나는 내를 건너자마자 바로 잊었는데 너는 여기까지 그

생각을 가지고 오느라 무겁겠구나.”

　스님은 무심의 경지인데 상좌는 집착심 때문이었다. 스님의 무심은 주·객관이 공함을 깨달았기 때문이고 상좌의 집착심은 주·객관이 실유(實有)한 것으로 생각한 때문이라 하겠다.

보리살타(菩提薩埵)

　앞에서 언급한데로 보리살타를 줄여 보살이라 하고 번역하면 각유정이 된다. 각은 불타의 음역, 원래는 각자인데 줄여서 각이라 하고 각에는 각찰 각오의 두 뜻이 있다. 각찰은 나쁜 일을 살펴 아는 것, 각오는 진리를 깨닫는 것을 말한다.

　보살을 각유정이라 함은 깨닫고자 하는 사람, 인생에 대해 눈뜬(진리) 사람, 다만 자기 혼자 눈 뜨는(각) 것이 아니라 남까지 눈 뜨게 해주는 사람, 사람은 수없이 많지만 눈 뜬(각) 사람은 아주 적다. 교육의 이상은 사람다운 인재를 만드는 일이다. 불교의 목적 역시 사람을 만드는 일이다. 그러나 불교에서는 입신출세가 아니라 성인 위인을 만드는 일이며 자기 혼자만이 아니라 모두 함께 손잡고 생사고해를 건너는 것이 이상이다.

　보살은 도량(度量)이 큰 사람, 이기적 입장을 떠나 국가나 사회를 위해 활동하는 사람은 진정한 보살이다.

　‘중생의 질병은 번뇌에서 생기고, 보살의 질병은 대비에서 생긴다’고 유마경에 있는데 범부와 보살은 이 점이 다르다.

　성서에도 한 톨의 보리가 죽지 않으면 그것으로 끝나지만 죽으면 많은 열매를 낳는다고 하였다.

보살이 중생을 위해 해야 하는 4가지 법이 있는데 이를 4섭법(四攝法)이라 한다. 섭은 섭수의 뜻으로 화광동진, 즉 불보살이 중생구제를 위해 본색을 숨기고 나타나 보살도에 들게 하는 방법으로 이것을 선교방편이라 한다.

1. 보시섭
2. 애어섭
3. 이행섭
4. 동사섭

1. 상대편이 좋아하는 재물이나 법을 보시하여 친절한 애정으로 감동케 하여 이끌어 들임.
2. 부드럽고 온화한 말로 친절을 베풀어 이끌어 들임.
3. 동작 언어 좋은 생각으로 선행을 하여 이끌어 들임.
4. 상대방의 근성에 따라 변신하여 친절한 행동을 같이 하여 이끌어 들임.

1. 보시는 베풀어 일체공덕을 아낌없이 주어 남을 구제하는 것.
2. 자비로운 말로 남에게 좋은 인상을 주어 모두가 화합하게 하는 것.
3. 선교방편으로 타인의 생명을 이롭게 하는 행위. 남의 목숨을 구해 주는 등 의로운 선행을 하는 것.
4. 타인이 원하는 것을 이해하고 좋게 유도 하는 것, 길흉화복을 나누고 고락을 같이 하는 것 등이다.

이것이 사섭법으로서 중생들에게 접근하여 자비심으로 많은 사람들에게 베풀고 어루만져 주고 모범을 보여 좋은 길로 인도하여 불법과 인연을 짓도록 하는 것이 보살의 본분만 아니라 수행인들의 역할이라 하겠다.

보살의 원을 이루기 위해서는 보시, 지계, 인욕, 정진, 선정, 지혜 등 6바라밀의 6방편을 철저히 몸에 익혀 실천해야 한다.

또 4무애변이 있다.

1. 법무애
2. 의무애
3. 사무애
4. 요설무애

1. 법무애는 불법을 가르침에 막힘이 없다.
2. 의무애는 가르침을 표현할 때 뜻과 내용을 잘 알아 막힘이 없다.
3. 사무애는 동서남북 어디든 어느 언어에도 통달하여 막힘이 없다.
4. 요설무애는 또 변무애라 하며 이상 3종의 지혜로서 중생을 위하여 자유자재하게 설법한다.

이것이 불보살이 설법함에 지변(智辯) 의(意)의 작용이므로 해(解) 또 지(智)라 한다.

의반야바라밀다고 심무가애 무가애고
(依般若波羅蜜多故 心無罣碍 無罣碍故)

앞의 설명대로 마음은 아무것도 얻었다거나 얻은 것이 없으므로 보살이 반야바라밀(지혜를 완성했음)로 아무 것에도 구애될 것이 없고 아무 것에도 걸릴 것이 없으므로 두렵다거나 겁낼 일이 없으며 뒤바뀐 허황한 몽상도 없어져 최후의 열반에 이르게 된다.

의반야바라밀다의 의(依)는 종래에는 의지한다고 해석해 왔다. 그러나 '의'는 '의지한다', '따르다'라는 뜻도 있으므로 지혜의 완성인 반야바라밀다에 의지한다는 것보다 지혜의 완성에 '따르면' 마음에 걸림이 없고 걸림이 없음으로 공포도 없고 잘못된 전도몽상도 멀리 여의게 되어 마침내 구경열반에 들게 된다고 해석함이 타당하다 하겠다.

심무가애 무가애고

가애는 수행에 장애를 주는 것, 진리를 깨치는 데 방해를 주고 마음을 속박하여 혼란스럽게 한다는 뜻이다. 그러나 보살이 지혜를 완성한 경지에 이르게 되면 그와 같은 장애가 없어지므로 안정된 경지에 들게 된다.

무착문희(無着文喜, 820~899) 스님은 일찍부터 문수보살을 친견할 것을 원력으로 삼고 오대산(일명 청량산)으로 들어갔다.

금강굴에서 기도를 시작했다. 기도하다 식량이 떨어지면 속가에 내려가 탁발해 먹어가면서 기도하기를 1년이 훨씬 넘었다. 한번은 식량이 떨어져 탁발 하여 걸망에 지고 오는 길에 한 노승을 만났다. 무착은 노승을 만나자 마자 "문수보살 아니십니까?" 하고 물었다. 노승은 엄숙한 눈으로 무착을 쏘아보며 "어찌 두 문수가 있을꼬? 금강굴에서 찾는 문수와 지금 네 앞에 서있는 나를 문수라 하면 둘이 된다는 뜻이다." 무착은 너무나 기뻐 걸망을 짊어진 채로 엎드려 절을 거듭하다 보니 노승은 간 곳이 없었다. 일설에는 노승을 만나 전삼삼 후삼삼(前三三 後三三)의 이야기를 들었다 한다. 무착은 862년 앙산(仰山)에게 그의 법을 이어받고 관음원에 있으면서 미감을 맡아보았다. 미감이란 대중들의 식량을 감독하는 직책이다.

한번은 노객승이 찾아와 묵게 되었는데 묵는 동안 병이 났다. 객승은 3일 이상 묵을 수 없고 3일 이상 묵게 되면 자신의 양식을 내는 것이 당시의 법규였다. 그런데 그 객승은 가진 것이 없었다. 미감인 무착은 객승의 딱한 사정을 듣고 자신은 굶고 자기 몫의 식량을 객승에게 드리고 간호까지 정성껏 해드렸다. 며칠이 지나서 객승은 완쾌하여 절을 떠나면서 여러 번 치하한 후 "나는 오대산에 있는 중이니 한번 찾아오면 은혜를 잊지 않겠소."라는 말을 남기고 떠났다.

그러나 무착은 이미 오대산을 다녀왔기 때문에 다시 가지 못하고 말았다.

그 후 오랜 세월이 흘러 스님도 노경에 이르게 되었다. 때마침 동지가 되어 팥죽을 쑤고 있는데 마침 스님이 부엌을 지나게 되었다. 부엌에는 갓 들어온 행자들이 죽을 쑤고 있는데 그들의 솜씨가 영 서툴렀다. 스님은 행자에게 죽 젓는 법을 일러 주다가 행자가 자리를 비운 틈에 혼자 죽을 젓고 있었다. 잠시 뒤 죽이 어찌 되었나 싶어 젓던 주걱을 쳐드는 순간 주걱에 묻어있던 죽이 주루룩 솥에 떨어지며 방울방울 부풀어 올라오는 것이었다. 그 때 스님은 두어 번 되풀이 젓는 죽방울 속에서 거룩한 문수보살의 모습을 보게 되었다.

"전날 내게 양식을 나누어 준 무착은 무고하신가?"

문수보살은 전날의 빚을 갚기 위해 나타나시어 먼저 인사말을 하시는 것이었다.

그러나 무착은 무슨 생각을 했던지 잡고 있던 주걱으로 문수보살을 사정없이 후려갈기는 것이 아닌가? 전광석화같이….

당황한 문수보살은 "야, 무착아. 내가 문수일세. 문수야, 문수."

하지만 견성하기 전 문수보살을 친견하고자 정성을 다해 3년이나 금강굴에서 기도하였고 길가에서 잠깐 친견한 후 원불로 모시고 수행중이니 얼마나 기쁘고 감사한 일인가. 그러나 지금의 무착의 생각은 달랐다.

다시 한 번 솟아오른 문수보살의 얼굴을 갈기며 "문수는 문수요, 무착은 무착일 뿐, 만일 문수가 아니라 석가나 미륵이 나타나도 내 주걱 맛을 보여주리라."고 꾸짖으니 죽방울을 타고 있던 문수보살은 "쓴 박은 뿌리까지 쓰고 단 호박은 꼭지까지 단 법. 내가 3겁을 수행해 오는 동안 오늘에 문득 노승의 미움을 받을 줄이야." 한마디 찬탄을 남긴 문수보살은 슬머시 자취를 감추었다 한다.

참으로 무착스님의 기개는 경천동지할 일로서 후학에게 큰 감명을 준 쾌거라 하겠다. 깨치기 전에는 한번만이라도 친견하려고 몸부림쳤지만 견성한 뒤에는 손수 찾아온 문수보살을 무엄하게도 뺨을 치면서 호령하는 그 대장부 기상을 또 어디서 볼까?

우리 선승들에게서도 그와 같은 걸승이 하루속히 출현하기를 간절히 염원해 본다.

무유공포(無有恐怖)

무유공포라 했으니 만일 마음에 공포, 즉 두려움이 없이 안락한 경지가 유지된다면 얼마나 좋을까. 두려움이란 모든 종교의 기반이라 할 수 있다. 삶의 최대 목표는 두려움이 없는 세상을 누구나 바란다. 두려움은 바로 생로병사의 바탕으로서 우리는 항상 초조하고 불안한 상태에서 전전긍긍하며 살고 있다.

그런데 여기서는 공포가 될 원인이 없기 때문에 공포 따위는 일어날 일이 없다. 그래서 무유공포, 즉 공포가 있을 수 없다고 하였으니 얼마나 기쁜 일인가?

공포의 원인을 두 가지로 나눈다면 하나는 외부에서 오는 천재지변, 전쟁, 인재, 특히 현실적인 정치적·사회적 불안 등이 있다. 다음은 자신들의 내면인 마음에서 일어나는 혹은 자신이 스스로 만들어 겪는 근심걱정 등 수없이 많다.

그중 수행자들을 괴롭히는 것을 마라 한다. 재미있는 것은 옛날에는 이 마귀마(魔)자는 없고 양나라 무제(달마스님을 만났던 볼심천자)라는 임금 시절에 삼마(麻) 밑에 귀신귀(鬼)자를 더해서 마귀마자를 만들었다 한다.

마자는 악마, 마군, 마왕, 마가 끼었다 등 우리나라에서 많이 쓰인다.

그 뜻은 번뇌로서 성불을 가로막는 모든 장애 생명을 빼앗고 좋은 일을 못하게 가로막는 것을 말한다. 부처님도 성도 직전에 팔만 사천 마군이와 싸워 이겼다는 유명한 설화가 있을 만큼 수행자들을 괴롭히는 큰 장애물로 일컬어진다. 원래는 인도 바라문의 용어인 마라에서 유래하였다.

마라를 번역하면 염라인데 이것이 발전하여 사후 세계를 지배하는 귀왕, 즉 죽은 사람을 재판하는 지옥(명부)의 재판관인 염라대왕이 되었고 그 밑에 10대 명왕이 있다. 그들의 복장은 중국 도교의 영향을 받아 도복을 입고 있다. 다시 말하면 잘못하면 수행자들의 십년공부도 한 순간에 타락시킬 만한 마력을 가지고 있는 것이 번뇌인 마다.

이 마에는 4가지가 있다.

1. 번뇌마 : 모든 번뇌가 몸과 마음을 뇌란시켜 보리를 얻는데 장애를 준다.
2. 음(온)마 : 수상행식식의 오온의 작용에 의해 생사고를 일으키고 생사에 얽매이면 갈피를 잡기 힘들다. 따라서 오온이 치성하면 수행자에게 큰 타격을 주게 된다. 그래서 마라 한다.
3. 사마 : 죽음은 모든 것을 빼앗아 감으로 아무리 손써도 죽음을 막을 방도가 없다. 그러니 사랑도 사업도 중단할 수밖에 없다. 이것이 죽음의 공포이며 인간 모두가 기피하는 가장 큰 혐오 대상이다.
4. 천마 : 천자마 또는 마천 마왕이라 한다. 수행자에게 가장 큰 피해를 준다. 욕계의 꼭대기에 있는 제6천의 주인인 파순(波旬)이는 수행자만 보면 자기네 식구를 없애고 자기네 궁전까지 파괴할 것이라는 생각 때문에 수행자를 보면 교란시켜 마음이 들떠 결국 수행을 못하게 방해를 한다. 부처님 역시 그런 시련에서 오히려 그를 항복받고 성불하시었다.

번뇌를 줄여서 세분하면 수혹, 견혹, 5리사, 5둔사, 3루, 3박, 4류, 4취, 5상하분결, 8전, 9결, 10전, 108번뇌, 8만4천번뇌 등 알고 보면 번뇌 아닌 것이 없다.

그러나 전화위복이란 말과 같이 수행인은 계정혜 3학으로 번뇌를 제압하면 번뇌즉보리(煩惱卽菩提)의 경지에 들게 된다. 계정혜 3학의 학(學)은 여러 가지 학문이 아니라 실천 수행하는 학수(學修)의 뜻이다.

원리전도몽상(遠離顚倒夢想)

전도란 정사(正邪)가 뒤바뀌는 것, 엎어지고 넘어지는 것, 주객이 뒤바뀌는 것, 바르지 않은 생각을 하는 것, 심한 경우 정신이상 증세가 나타나는 것 등을 말한다. 그러니까 비정상적임을 말한다.

중생에게는 심(心), 견(見), 상(想)의 3가지 전도가 있다.

1. 심전도(心顚倒) : 자기의 진심을 깨닫지 못하고 대상에 대하여 헛된 분별을 일으키는 것.
2. 견전도(見顚倒) : 대상이 본래 있지 않은데 실제로 있는 것 같이 보는 견해. 마치 허공에 나타나는 꽃이 실제로 있다고 보는 것.
3. 상전도(想顚倒) : 대상을 있는 그대로 알지 못하고 망상 집착하는 것 등이다.
   마치 꿈속에서 얻은 보물을 생시에도 있는 줄로 착각하는 것 등이다.
   불교에서는 정당한 도리를 어기고 바른 이치를 위반하는 것을 뜻한다.
   몽상은 되지 않는 일을 된다고 생각하는 것, 현실적인 사물이나 사건을 꿈에서까지 생각하는 것, 마치 꿈에 있었던 일을 현실로 착각하거나 꿈을 믿고 허둥대는 일 꿈이 좋다거나 흉하다거나 쓸데없는 일에 신경 쓰다가 오히려 신경쇠약에 걸려 고생하는 일 등을 우리는 주위에서 흔히 보게 된다. 인간이란 원래 나약한 존재이기도 하지만 처음부터 가정교육 학교교육 등이 부실한 면이 많다. 철저한 인생관, 사회관, 국가관을 세우고 어떻게 사는 것이 바르게 사는 것인가부터 고민했어야 한다.

이와 같이 낭비적 인생살이 같은 전도몽상의 삶에서 깨어나도록 하기위해 '심경'에서는 우주만유는 모두 공이라는 사실을 설하여 언제나 깨어있는 인생, 즉 한번 쓰고 버리는 일회용 인생이 아니라 세세생생 윤회하는 존재가 아닌 불생불멸의 영원한 존재임을 확실히 밝혀놓았다.

어제와 내일을 위한 삶이 아니라 오늘의 이 시점을 밝고 맑고 명랑하게 사는 방법이 곧 불법이라는 점을 안다면 문자 그대로 안심입명의 지평위에서 내가 누구며 내 참모습은 누구인가를 찾기 위한 노력(수행)을 실천한다면 그것이 다름 아닌 전도몽상에서 영원히 벗어날 수 있는 길일 것이다.

이 세상은 헤아릴 수 없을 만큼 많은 것들이 존재하고 있다. 그 중에는 귀중하고 소중한 것도 있고 반면 필요하지 않고 없었으면 하는 존재들도 얼마든지 있다. 그러나 잘 살펴보고 깊이 생각해보면 무엇 하나 소중하고 귀중하지 않은 것이 없다는 사실을 알게 된다.

먼저 소금의 경우 우리 생활에 없어서는 안 될 아주 귀중한 역할을 하는 소금이지만 그 소금밭에서는 우리 생활을 밝게 해 주고 환경을 아름답게 해주는 꽃은 피어나지 않는다. 그런가 하면 우리가 싫어하는 티끌(먼지)의 경우는 어떠한가? 현대 과학의 꽃인 정밀 전자기기를 생산하자면 가장 중요한 것이 청정한 공기 먼지 하나 없는 환경을 유지해야 한다. 그만큼 먼지는 청소 대상으로 없어야 할 물건이다. 그러나 만일 먼지가 없다면 새벽하늘의 코발트색의 아름다움도 해질 무렵의 금빛 찬란한 낙조의 황홀한 경치는 볼 수 없을 것이다. 그뿐인가. 젊은이들에게 일 년 중 가장 기대되는 화이트 크리스마스이브에 만일 눈이 내리지 않으면 모두 서운해 하고 섭섭해 한다. 그런데 눈을 오게 하는 데는 무엇이 필요할까?

그것은 바로 먼지이다. 과학에서 밝힌 바에 의하면 먼지 하나 없는 청정한 공기에서는 찬란하고 황홀한 낙조도, 소복소복 쌓이는 눈송이도 내리지 않는다는 것이다.

이 점이 곧 이 세상에는 없어서는 안 될 것도 없고 있다고 해서 꼭 다 나쁘다고 할 것도 없다는 사실을 아셨기 때문에 우주만유가 다 평등하며 모든 존재가 다 같은 불성(佛性)이 있다고 갈파한 분이 다름 아닌 석가세존이시다.

그런 연유로 세계에서 가장 길고 존경스러운 공덕상으로 일컬어지는 10가지 명호를 가지게 되었다. 그것을 가리켜 여래10호라 한다. 이 명호는 석가모니불에게만 해당되는 것이 아니고 과거불이나 미래불에게도 공통으로 적용되는 명칭이다.

1. 여래(如來)란 진여로부터 온 자, 즉 진리의 세계로부터 온 자, 또 여래는 이전부터 인도에서 전해오던 외도(불교 이외의 교학이나 사상가 부처님 당시 6사 외도가 있었다)들이 생사윤회를 해탈한 자란 의미로 썼기 때문에 불교에서 같은 뜻으로

받아들인 것이다. 참고할 것은 원래는 여래(如來)와 불을 구별하여 썼으나 후대 불교에서는 여래와 불을 같은 뜻으로 쓰고 있다는 점이다.

2. 응공(應供)은 응수공양을 줄인 말로 아라한, 나한이라 한다. 나한은 번뇌를 다 끊었기 때문에 인간과 천상의 중생들로부터 마땅히 공양을 받을 만한 덕이 있는 사람, 즉 성자를 말한다. 대승불교에서는 4향4과를 증득하면 아라한 성자가 되었으나 자리만을 목적으로 한 소승이라 폄하하였다. 그러나 그것은 본래의 뜻은 아니다. 응공이란 공양에 응하는 사람 또는 공양을 받을 자격이 있는 사람이란 뜻이다. 이런 이유로 아라한 나한에게 공양(기도)을 올리면 많은 공덕을 받는다는 인식을 갖게 되었다. 그래서 규모가 큰 사찰에는 오백나한 16나한 삼성각 안에 독성을 모신 곳이 많다.

3. 정변지(正徧智)는 삼먁삼불타를 번역한 것으로 정등각, 등정각, 등각 등을 깨친 자란 뜻으로 부처님은 일체지를 갖추어 우주간의 모든 현상에 대하여 모르는 것이 없다는 뜻이다. 또 무상정등각이라고 쓰는 예도 있다. 부처님의 깨침은 이승인 성문 연각의 깨침보다 월등히 뛰어나다는 것을 나타내기 위함이다.

4. 명행족(明行足)은 명·행(실천·체험)을 갖춘 자를 뜻 한다. 지도론에는 '명'은 숙명·천안·누진의 3명(明), '행'은 신구의 3업, '족'은 만족 3명(明)과 3업(業)을 원만히 갖춘 것을 명행족이라 한다.
열반경에서는 계, 정, 혜 3학을 부처님은 3학의 완성으로 무상정변지를 얻었음을 뜻한다.
원래는 지나교 등에서 수행완성자, 즉 지와 행이 완전한 자를 지칭한 것을 불교에서 받아들인 것이다.

5. 선서(善逝)는 호거 묘왕이라 번역하는데 지혜의 힘으로 번뇌

를 쫓고 최후의 결과에 도달한 사람, 즉 인에서 과까지 잘 실천하여 다시는 사바세계에 돌아오지 않는다는 뜻이다.

부처님은 여실하게 피안에 가서 다시 생사고해에 빠지지 않기 때문에 붙여진 이름이다.

6. 세간해(世間解)는 부처님은 일체 세간의 모든 일을 다 아신다는 뜻이다.

세간에는 3종세간이 있는데 중생세간·기세간·지정각세간이 그것이다.

중생세간은 유정(有情) 기세간과 산천국토의 이 두 세간은 부처님이 교화할 대상이다. 지정각세간은 교화를 받을 중생(중생세간)과 그들이 의지하고 사는 국토에 대해 능히 교화하는 불신을 가리키는 말이다.

부처님은 대지혜로서 세간과 출세간의 만법을 모두 아심으로 지정각 세간이라 한다. 또 세간해란 3종세간을 초월한 경계를 출세간이라 한다.

7. 무상사(無上士)는 아뇩다라를 번역한 말로 부처님은 유정 가운데서 이 이상 높은 위가 없는 대사라는 뜻이다.

즉 최상의 인간이란 존칭이다.

8. 조어장부(調御丈夫)는 부처님은 중생의 신구의 3업을 다스려 모든 악한 행위를 억제시키는 장부란 뜻이다.

원래는 마부가 말을 길들인다는 뜻의 말인데 사람으로 대체한 말로서 부처님은 상대의 근기에 따라 어떠한 악인도 조복시켜 좋은 길로 인도하는 조교사, 즉 사람을 길들이는 스승이란 뜻이다.

9. 천인사(天人師)는 모든 하늘과 사람들의 스승, 즉 3계(욕계 색계 무색계)의 대도사란 뜻이다.

10. 불(佛)은 자각각타 각행원만, 즉 자기 스스로 깨닫고 남을 깨닫게 하는 보살행을 원만히 성취한 최상의 성자이다.

11. 세존(世尊)은 부처님은 모든 공덕을 원만히 갖춘 분으로 세
    간을 이롭게 함으로서 세간에서 가장 존경을 받으므로 세존
    이라 하고 또 가장 높으심으로 그렇게 부른다. 불과세존은
    함께 쓰기 때문에 여래 10호라 한다.

그런데 이처럼 거룩하시고 높고 높으신 부처님을 '똥치는 막대기다'라고 폄하하는 기독교인이 있다. 이럴 수가 참으로 어처구니가 없는 천인이 공노할 폭언이 아닌가? 그러나 그 말은 틀림없이 옳은 말이다. 그들이 지어낸 거짓말이 아니라 그들의 주장대로 선승들이 그런 표현을 쓴 것은 사실이다.

옛날 중국에 운문문언(雲門文偃, 864~949)이라는 선승이 있었다. 어느날 한 스님이 찾아와 "어떤 것이 부처입니까?"고 묻자 운문 스님은 "마른 똥막대기니라."고 대답했다. 이 문답이 '간시궐(乾屎橛)'이라는 화두가 된 것이다 '간시궐'이란 옛날 절집 변소에서 쓰던 똥막대기를 말한 것이다.

또 조주종심(趙州從諗, 778~897)은 부처가 무엇이냐는 질문에 정전백수자, 즉 '뜰 앞의 잣나무'라 대답했다.

그 중 재미있는 화두는 구지(俱胝, 생몰 연대 미상)화상의 일지두선이다. 구지는 천룡화상을 만나 손가락 하나를 세워 보임을 계기로 크게 깨쳤다. 그는 임종시 제자들에게 "나는 천룡화상으로부터 일지두의 깨침을 얻어 평생 이 기용(機用, 언어나 동작에 나타나는 미묘한 마음작용)을 가지고 학인들을 제접해 왔지만 아직도 기용을 다 쓰지 못하였노라."고 하였다. 자세히 설명하자면 구지스님은 학인이 찾아와 '법'을 물으면 엄지손가락 하나를 들어 보이는 것으로 답했다.

스님의 가풍을 묻거나 불법의 대의를 물어도 역시 손가락 하나를 들어 보일 뿐 어떠한 설명도 없었다. 그 소문이 널리 퍼져 하루는 잠시 출타 중에 고관이 찾아왔다. 스님이 출타하신 것을 안 고관은 몹시 섭섭한 표정을 지으며 스님의 시자인 사미에게 "사미 스님 내가 먼 길을 왔는데 그냥 갈 수가 없으니 혹 사미께서 큰스님을 모셔서 스님의 법문을 기억하면 내게 들려줄 수 없을까요?"하니 "아, 그거라면 문제없습니다. 어디 물어 보십시오. 우리 큰스님께서 설하신 그대로 말씀드리지요." 고관은 마음이 놓이는 듯 "어떤 것이 도입니까?" 사미는 큰스님이 하신 그대로 엄지손가락을 세워 고관 앞에 보인 뒤 회마(會麼)라고 했다.

고관은 큰 스님의 법문을 직접 듣기를 바랬는데 그렇게라도 듣고나니 큰스님의 법문을 듣게 되어 참으로 감개무량해 했다. 사미는 의기양양했다.

그런데 그때 마침 큰스님이 절로 돌아오는 길에 고관을 만나게 되었다. 고관은 큰스님에게 인사를 드린 후 "큰스님을 못 뵙고 돌아가자니 섭섭하여 사미스님께 큰스님의 법문을 대신 들었습니다." 짐짓 놀란 스님은 "아, 그래요. 뭐라고 하던가요?"

고관은 사미와 대화한 내용을 그대로 아뢰었다. 스님은 고개를 끄덕이면서 "내가 설해도 마찬가지이니 집에 가셔서 참구해 보십시오."

고관과 헤어져 절로 돌아온 스님은 마음이 편치 못했다. 생각 끝에 예리한 단도를 준비한 스님은 사미를 불러 단도직입적으로 "어떤 것이 도인가?" 하고 물었다. 시자는 여러 해 동안 익히 보아온 대로 도도한 모습으로 엄지손가락을 세워 보이는 것이었다.

그 순간 스님은 준비해 둔 단도로 사미의 엄지손가락을 잘라 버렸다.

"아얏!" 하고 비명을 지르며 선혈이 철철 흐르는 손가락을 감싸 쥐고 쩔쩔매며 통곡하는 것이었다. 스님은 큰소리로 사미를 불렀다 끙끙대던 사미는 스님의 부르는 소리를 듣고 스님을 올려다보는 순간 스님은

"어떤 것이 도인가?"

사미는 스님이 물을 때 부지불식간에 엄지손가락을 세워 보이려 했다. 그러나 잘린 엄지손가락은 없었다.

엄지손가락이 없음을 안 순간 사미는 그대로 크게 깨닫게 되었다.

이것이 선의 도리요 선의 요체인 것이다. 이 같은 심오한 이치를 모르는 문외한인 이교도들이 거두절미하고 간시궐(乾屎橛 : 마른 똥막대기)이니 정전백자수(뜰 앞의 잣나무)니 하면 이해할 수 없는 것은 당연하다.

부처가 무엇이냐고 묻고 대답하는 것은 불교의 핵심인 개유불성, 즉 중생이나 부처가 간직한 불성의 근원에 대한 최고선문답으로서 거기에는 중국인의 유교와 노장의 철학과 불교사상이 함축되어 있는 심오한 경지인 것을 문외한인 이교도가 모르는 것은 당연하다 하겠다.

이와 같은 사안을 감안할 때 우리 불자들은 교리를 모르고 무턱대고 믿는 맹신자나 누가 뭐라고 해도 나만의 믿음이 최고라고 생각하는 광신자의 탈을 벗어야 할 것이다. 그리고 무조건 스님들에게만 의존하지 말고 각자 나름의 불교역사와 경전의 성립과정과

경전의 깊은 뜻을 알기위해 시간과 정성을 기울이는 각오가 선결되어야 할 것이다.

　부처님 당시 형에게 이끌려 출가하게 된 주리반특은 어리석고 우둔한 데가 기억력조차 없는 바보였다. 출가한지 몇 달이 지나도 게송 한 줄을 외우지 못했다. 그를 지켜보던 대중들은 저런 바보와 같이 있다는 것만 해도 수치스러워하며 우리 교단의 불명예니 내쫓아야 한다는 말들이 자자했다. 이 사실을 아신 부처님은 그를 불러 "너는 여러 사람에게 싫은 말은 듣지만 결코 그렇지가 않다. 노력하면 언젠가 깨칠 수가 있다. 지금부터 다른 것은 하지 말고 매일 아침 대중들의 신발을 깨끗하게 씻어라. 그때 나는 먼지를 털고 때를 씻는다고만 외우면 된다."고 하셨다.
　이 말을 듣고 좋아한 주리반특은 아침부터 밤까지 스님들의 더러워진 신발을 열심히 닦으면서 '나는 먼지를 털고 때를 씻는다'는 말을 되풀이 외웠지만 때로는 그것마저 잃어버리기 일쑤였다.
　먼지를 턴다고 외운 다음 때가 생각나지 않고 어떤 때는 반대로 먼지가 생각나지 않아 혼자 이리저리 궁리하고 되풀이하다 먼지와 때가 생각나면 잃었던 보배를 찾은 듯 어깨춤을 추며 다시는 잊지 않으려고 열심히 외우는 것이었다.
　그러던 어느 날 날마다 열심히 털고 씻는데도 내일이면 또 더러워지니 '참말로 먼지와 때는 한(끝)이 없구나' 하고 생각하는 순간 '아! 그렇구나. 내 마음의 먼지와 때도 같지 않은가? 털어도 털어도 다시 일어나는 번뇌의 집착이여!' 전광석화같이 떠오르는 한 생각에 드디어 아라한과를 증득하게 됐다. 이같이 한 중생도 버리지 않

고 구제하시는 자비의 대도사가 바로 부처님이시며 이것이 간화선
(看話禪)의 효시라 할 수 있다.

　일본에 호기이찌라는 맹인이 있었다. 어려서 실명하여 아무 것도
볼 수 없는 그는 오랜 세월 방황하다가 결심하기를 내가 전생에 많
은 죄를 짓고 이런 몸을 받아 태어났으나 이대로 죽을 수는 없다,
무엇인가 한 가지 남기고 가겠다는 생각을 다지게 되었다.
　다행히도 아내는 맹인이 아니기 때문에 그를 앞세워 절을 찾아
가 스님에게 자신의 의견을 말하였더니 반야심경을 주면서 매일
독송하라는 것이었다. 그 날부터 매일 심경을 백번씩 독송하기 시
작했고 아내에게 그 횟수를 기록하게 했다. 얼마 후 생각을 고쳐먹
고 유명한 학자를 찾아가 사서삼경 공부도 시작했다. 하루도 쉬지
않고 배우고 독송하기를 십여 년 후부터 책을 쓰기 시작했다. 심경
을 43년간에 15만 7천 번 외에 8천 6백번을 독송하고 저술은 정편
530권 속편 1천 권, 도합 1,530권을 남긴 일본에서 가장 추앙받는
대학자가 되었다는 기록이 있다.

구경열반 삼세제불 의반야바라밀다고
(究竟涅槃 三世諸佛 依般若波羅蜜多故)

　구경열반이란 깨침의 최상의 극치에 도달한 가장 수승한 열반을
말한다. 또 무상열반, 대반열반이라고도 한다.
　구경(究竟)은 최상(最上), 구극(究極), 필경(畢竟)의 뜻이다.

또 구경위(究竟位), 구경각(究竟覺)이라 한다.

열반은 수행자의 최고 목적이며 최후로 통과할 관문이라 할 수 있다. 쉽게 말해서 최후로 얻은 영원불변의 안락의 경지를 구경락(究竟樂)이라 하며, 마지막에 도달하는 목표가 열반이다. 열반에 대한 해석과 명칭은 다양하다.

그것은 '산스크리트어'나 '파리어'를 음역하는 과정에서 역자의 선택에 따른 것이다. 파리어는 니원(泥洹) 열반나(涅槃那)를 생략해서 열반이라 했다.

또 멸(滅), 입멸(入滅), 적정(寂靜), 적멸(寂滅), 불생(不生), 원적(圓寂), 입적(入寂) 등이다. 그 중 많이 쓰이는 것이 열반, 입적, 원적이다. 불생의 경우는 번뇌가 생하지 않는 경지이고, 원적은 번뇌를 다 멸하여 원만구족한 적정안정의 경지라는 뜻이며, 적은 조용하다는 뜻이며, 멸은 번뇌를 다 없앴다는 것이며 그 뜻은 같다.

열반의 원뜻은 불어서 끄는 것, 즉 번뇌의 불이 꺼졌다는 뜻이므로 앞에서 열거한 용어들이 하등의 상반된 점이 없다.

삼세제불의 불타관(三世諸佛의 佛陀觀)

3세란 과거 현재 미래를 말한다.

여기서 밝힐 것은 3세의 불타관의 변천과정이다.

이것은 신(神)을 창조주로 삼는 다른 종교와의 차이점을 규명하기 위해서 꼭 필요한 대목이라 하겠다.

불교의 신앙형태는 어디까지나 법(法) 중심과 부처님 중심의 두

측면이 있다. 원시불교에서는 부처님과 제자의 관계는 더없이 밀접
하였다. 부처님은 항상 온화하시고 친절하게 제자들을 가르쳤을 뿐
위압적이거나 고압적인 위치에서 가르치지 않으셨다. 따라서 제자
들은 부처님을 진리의 구현자, 즉 구체적으로 법을 나타내 보이시
는 스승으로 존경하였지 예배대상으로 생각지 않았다. 단적인 예로
"내가 펼쳐 보인 법과 율은 내가 간 후에도 스승으로 삼으라."고
유언하신 것에서도 잘 나타나 있다.

그런 연유로 대스승을 잃은 제자들에게 남겨진 것은 부처님께서
가르쳐 주신 법(진리)뿐이었다. 그들은 그 법을 의지처로 삼고 수행
할 수밖에 없었다.

그 결과 원시불교 시대부터 제자들 사이에서는 스승의 모습대신
유골(사리)과 유품 유적을 통해서 부처님을 추모하게 되어 여기서
새로운 신앙 형태가 싹트게 되어 급기야 부처님은 초인격화한 숭
배(예배기도 찬탄)의 대상으로 추앙하게 되었다.

뿐만 아니라 육신이었던 부처님을 현실의 몸인 색신(色身 ; 밖으로
나타나 볼 수 있는 물질적인 부처님의 육신)과 입멸 후의 영원한 몸인 법
신(法身;진리의 신체)으로 파악하는 불신론(佛身論)이 대두하게 되었다.

그렇다고 그것으로 만족할 수 없어서 다른 부처님을 모색하게
되었고 그래서 과거 7불 사상과 아울러 미래불 사상이 탄생하게
되었다(파리불교에서는 과거불을 25불과 28불까지 거론되었다).

그 결과로 현재 도솔천 내원궁에서 수행 중인 미륵보살, 즉 당래
미래불이 될 미륵불 사상이 태동하게 된 것이다.

도솔천은 욕계 6천 중 4번째 하늘로서 도솔이란 지족(知足), 즉
만족하다는 뜻이다. 그 곳에 사는 천인의 수명은 4천년이며 그 곳

의 1주야가 인간계의 4백년에 해당된다고 한다.

미륵보살이 사바세계에 하생하여 성불하면 3번의 설법으로 중생을 구제한다고 하는 미래불 사상과 내세불 사상이 생기게 된 것이다.

내세불 사상은 다음 생에 태어날 수 있는 불국토를 말하며 그 때 태어나면 부처님 설법을 듣고 바로 깨칠 수 있다는 사상이며 그 영향으로 동방묘희 세계의 아축불과 서방극락 세계의 아미타불이 등장하게 되었다.

여기서 현세에 수행하고 바른 생활을 하면 미륵정토에 태어날 수 있다는 '미륵상생경'과 미륵불이 사바세계로 하생한다는 '미륵하생경'이 편찬되었다.

특히 인도에서 중국으로 들어온 정토사상은 중국 불교의 개척자 도안(道安)의 제자인 여산 혜원(廬山 慧遠, 334~416)의 염불결사에 의해 크게 발전하게 되었다.

그리고 우리나라에 들어와서는 원효스님에 의해 발전하게 되었다. 현세에 압박받고 괴로움에 시달리는 민중들에게 보신불(報身佛)인 아미타불의 믿음을 심어주기 위해 속복을 입고 천촌만락을 돌아다니며 두룽박을 두드리고 무애가를 부르며 중생구제에 앞장섰던 것이다.

아미타불이란 명호 외에도 무량수, 무량광 등 11가지의 명칭이 있다.

이어서 동서남북, 상하사유 등 시방세계에 부처님이 존재한다는 시방편만불 사상이 생겼다. 그 대표가 화엄경의 비로나자불로서 광명편조 또는 편일체처라고 번역하며 광명을 본체로 하는 불타관으로서 태양 신앙을 차용한 것으로 보여 주목된다.

마지막으로 일체중생 안에 여래장(如來藏 : 불성)이 갖추어져 있는 내재불(內在佛)사상이다. 장이란 지중복장의 뜻으로 땅 속에 있는 금괴가 밖에는 보이지 않지만 땅을 파서 그 안에 묻혀 있는 금덩어리를 정제하면 값진 보배가 되는 것같이 일체중생들도 부처의 덕성을 갖추고 있다는 것이 여래장 사상이다. 이 설은 과거세의 상방광불 여래가 태중에서 열반에 들 때까지 항상 광명을 발했다는 여래장경에서 비롯된 것이다.

이로서 석가모니불의 일보살 일불사상에서 과거불을 인정하는 다불사상으로 발전하게 되고 이어서 법신·보신·응신(색신)의 3신설(三身說)로까지 발전하게 되었다.

또 법신은 영원성을 갖추었으나 추상적이라 구체성이 결여되었고 색신은 구체성은 있지만 변화하여 괴멸하므로 영원하지 못하기 때문에 여기서 영원성과 구체성의 둘을 만족시킬 수 있는 방법으로 보신불(報身佛)을 등장시켰다. 그러니까 보신은 영원신인 법신과 현실신인 색신을 통합한 것으로 부처님의 인행과덕신(因行果德身 : 보살행의 공덕으로 얻은 부처의 몸)으로 발전하였고 그 부처님이 보신불(報身佛)이며 그 대표가 앞에서 언급한 극락세계를 창설한 아미타불이다.

다시 법신·보신·화신인 삼신설에서 색신이 응신으로 변한 것이다. 색신이란 생멸변화하는 현실신을 말하는 것인데 응신을 화신이라고도 하며 중생 구제를 위하여 스스로 응현(應現 ; 불보살이 중생의 근기에 따라 나타내는 몸)하는 불신을 뜻한다.

요컨대 여러 가지 부처님에 관한 관념의 변천으로 복잡한 부처님 숭배 사상이 생겼으며 법 중심 사상에서 부처님을 신격화한 숭배사상으로까지 변천하게 되었다.

이만하면 3세제불의 유래를 납득했으리라고 본다. 그러므로 여기서 다시 거론하고자 하는 것은 앞의 의(依)자는 수행의 과정에서의 지혜에 의지가 아닌 따르다는 뜻이며, 이번의 의(依)자는 수행의 결과로 지혜를 완성했으므로 안심입명, 즉 안정된 경지에서 최고 최상의 아뇩다라삼먁삼보리를 얻게 되었다는 뜻으로 해석해야 할 것이다.

제 6 장

득아뇩다라삼먁삼보리(得阿耨多羅三藐三菩提)

득아뇩다라삼보리를 줄여서 삼먁삼보리, 아뇩보리, 번역하면 무상정등정각(無上正等正覺), 무상정등각, 정각, 정변지(正徧知)라 한다. 아뇩다라는 '무상', 위없이 가장 높다, 삼먁삼보리의 '삼'은 바르다, '막'은 보편·두루하다, '삼보리'는 가장 바라고 가장 평등한 지혜의 완성을 뜻한다. 이것이 부처가 갖춰야 할 자격이며 이 3가지는 부처가 되는 중대한 조건이다. 정등각(正等覺)은 신역이며 정변지는 구역이다. 다시 말하면 무상정등정각이란 최고 최상의 이 세상에서 비교할 수 없을 만큼 더욱 더 바르고 평등한 지혜의 완성이란 뜻이다.

이 점이 바로 3세 모든 부처님이 갖추어야 할 덕목으로서 3아승지겁동안 수행한 덕목이 완성되어야만 완전무결한 불과에 오르게 된다.

이 경계는 보살이나 아라한의 깨달음으로서는 비유조차 할 수 없는 경지이다. 앞에서 언급한 무상정변지의 정지(正智)와 정변지(正徧智)를 바로 이해해야만 아뇩다라삼먁삼보리의 뜻을 정확히 파악하게 된다. 정지는 우주와 인생의 근본과 만법의 핵심 원리가 무엇인지 아는 근본지(根本智)며 변지는 만법의 차별현상을 두루 아는 차별지(差別智)이다.

다시 말하면 근본지는 본래 생멸이 없는 자성청정한 본체이며 변지는 생멸이 없는 근본지에서 만법의 차별이 벌어지고 생멸이 있는 제법의 상대 경계를 말한다. 또 근본지는 불생불멸의 자성을 깨달으면 되지만 차별지는 근본지를 먼저 깨친 뒤에 끝없는 보림의 공능에 의해 얻어지는 후득지(後得智)를 말한다. 이로서 마지막에는 근본지와 후득지가 둘이 아닌 경계에 들어가는 것이 지혜의 완성자인 부처님을 정각이라 말한다. 근본지는 자수용지(自受用智 : 自覺)이며 후득지는 타수용지(他受用智 : 覺他)라 한다.

여기서 한번 짚어 보고 갈 것은 아뇩다라삼먁삼보리를 완성하기 위해 6바라밀을 수행하여 구경열반의 경지까지는 도달했으나 아직 최상위인 불과(佛果 : 불위)에는 이르지 못한 등각위(等覺位)에 있는 보처(補處)보살, 즉 당래불인 미륵보살, 문수, 보현, 관음, 세지 등의 경지까지 도달하자면 4의(依)를 수행해야 한다.

4의(四依)란 초의(初依) 2의, 3의, 4의가 있는데 초의는 10지(地)에 달하기 전에 5항하사(恒河沙)보살에게 공양 한다.

2의는 초지에서 6지까지 6항하사보살에게 공양 한다.

3의는 7지에서 9지까지 7항하사 부처님께 공양 한다.

4의는 10지 8항하사 부처님께 공양 한다. 그런 연후에야 등각위에 오르게 되고 5지(智)와 6신통(神通)이 자재하게 된다. 일설에는 5신통은 수행하면 누구나 가능하나 마지막인 누진통, 즉 누진지진명은 성인만이 이룰 수 있는 경지라 한다.

10지(地)는 10신(信), 10주(住), 10행(行), 10회향(迴向) 다음이 10지

(地)다. 10지 이전 40위까지는 지전(地前)이라 한다. 또 8지 이상이 되면 애쓰지 않아도 자기지혜가 스스로 진리에 합하게 된다. 이 지혜는 무공용지(無功用智)라 한다. 그러나 10지에서는 각지(各地)마다 1장(障 : 장애)식 끊어야 하는 10가지 번뇌가 있다.

여기서 석가모니불 외에도 과거불이 존재했음을 인정하여 3세제불이라 하였다. 그러므로 과거 7불, 즉 비바시불, 시기불, 비사부불 이상을 과거 장엄겁에, 나신부처, 구류손불, 구나함모니불, 가섭불, 석가모니불 이상은 현재 현겁에 나신 불을 말한다.

고지반야바라밀다(故知般若波羅蜜多)

고지(故知)란 옛 것을 알아야 한다는 뜻이다. 앞에서 설한 반야바라밀다의 공덕은 모든 고통뿐만 아니라 생사윤회에서 벗어나 해탈의 경지에 이르게 하는 부사의한 능력이 있음을 알아야 한다는 뜻이다.

말하자면 지혜를 완성한 사람이 된다는 뜻이 담겨 있다는 것을 밝힌 것이다.

바라밀다는 생략한다.

시대신주 시대명주 시무상주 시무등등주
(是大神呪 是大明呪 是無上呪 是無等等呪)

먼저 주(呪)는 주문(呪文)이라고도 한다.

주는 불가사의한 영험이 있는 비밀어로, 원래 중국에서는 비밀어라 쓴 용례에 따라 불교의 다라니와 유사하여 주라고 번역했다.

주문은 신불(神佛)의 힘으로 재액을 피할 수 있도록 해 달라고 기도하면서 외우는 글귀를 뜻했다.

인도에서는 약 4천 년 전부터 일종의 토속신앙이었던 것을 바라문에서 제사 기도를 중시했기 때문에 베다의 신가(神歌)로서 주문을 존중했던 것이며 이름을 만다라라 했다. 긴 것을 다라니(陀羅尼), 짧은 것을 주 또는 진언(眞言)이라 한다.

바라문에서는 만다라와 다라니는 바로 진리라고 생각했다. 중국 불교에서 역경하면서 만다라는 진언, 다라니는 총지(總持)라 했다. 총지는 한량없는 뜻을 포함하여 잃어버리지 않게 하는 것, 또 선법을 가져 잃지 않고 악법을 가져 일어나지 않게 한다는 뜻이다.

또 다라니는 한 말속에도 많은 뜻이 포함되어 있기 때문에 단순하게 그 뜻을 이해할 수는 없다. 그러므로 진언이나 다라니는 신비 영역에 속해 있는 것이다.

원효스님의 주저인 금강삼매경론(金剛三昧經論)에서는 '주'는 빈다는 뜻이고 '신주'는 뛰어난 위력을 가진 주이며 주문을 외우고 기도하면 복이 오고 화가 물러난다고 했다. 그러므로 이곳의 반야바라밀다도 이와 같다고 했다.

또 4덕을 다 갖추고 있어 신비력이 있는 까닭에 안으로는 덕(德

을 갖추고 밖으로는 어리석음이 없어진다. 만약 지극한 마음으로 이 명구를 외우고 부처님께 간절히 기도하면 보살과 신장이 그 원하는 바를 다 이뤄주기 때문에 주라고 했다.

그런데 생각에 따라 타력적 주술신앙이 아닌가 하고 의심할 수도 있다. 주술이란 주문을 외우면 부사의한 능력이 나타나 어떠한 변화를 일으켜 사람을 현혹시킬 수 있음을 말한다. 그러나 이 반야바라밀은 부처님의 절대지로서 그 신비력은 모든 것을 다 초월했기 때문에 다른 주술과는 다르다.

심경에서는 이 주를 넷으로 나누어 설명했다.

'대신주'는 원전에는 대주, 대진언이라 했다. 신(神)자는 현장법사가 번역하면서 삽입한 것이다. 중국에서 신(神)이란 영묘하여 초인적 능력을 가진 존재로서 인간의 능력을 초월한 자유자재한 활동 능력을 가진 것으로 인식했기 때문에 현장법사가 의도적으로 신자를 삽입한 것이라 할 수 있다.

시대신주

대신주란 이와 같이 큰 대위신력을 가진 진언이란 뜻이다. 앞에서 언급한 대로 반야바라밀은 신변불가사의한 위신력을 가졌다는 뜻이다.

시대명주

시대명주는 반야의 혜광, 즉 대광명으로 우리들의 어리석음을 깨뜨려 미혹의 무명에서 벗어나게 해 준다. 두터운 업장을 끊는 신령스러운 힘을 발휘하는 진언이라는 뜻이다.

시무상주

시무상주란 이것 이상의 어떤 것도 없다. 최고의 뜻으로 반야바라밀다 이상의 주는 어디에도 없다. 다시 말해 반야의 위력은 이 세상 어디에고 비교할 것이 없음을 강조한 것이다.

시무등등주

시무등등주는 비교할 것이 없다, 비할 바가 없는 주라는 의미이다. 등(等)은 몇 가지 뜻이 있는데 등급 같다, 견주다, 마찬가지다. 이곳에서는 어떤 것과도 같거나 비교할 것이 없다. 그래서 무등(無等)이라 했다.

그러니까 부처님의 최극무상의 경지에 도달한 위치에 있기 때문에 그보다 더 존귀한 어떤 것도 이 세상에는 없다는 뜻이다. 그런데 등 하나를 더한 것은 부처님과 동등한 분이 없기 때문에 무등무등이라 해야 할 것을 무(無)자 하나를 생략해서 무등등이라 한 것이다.

즉 천상천하 어디에도 비교하고 견주고 동일시할 것이 없을 정도의 수행을 실천하여 월등한 지혜를 완성한 부처라는 뜻에서 무등등이라 했다.

여기서 다시 언급함은 주문에는 불가사의한 신비한 영험이 있는 비밀한 뜻이 있다는 생각은 인도, 중국, 우리나라 등 보편적인 추세였을 것이다. 그러나 부처님은 바라문 지상주의 시대에 태어나 그 환경에서 부처가 되신 분이다. 그러나 바라문들은 많은 '신'들을 숭배하고 그 신들에게 기도와 제사를 지내고 행복을 추구하고 고난을 면하게 해주길 비는 것이 그들의 신앙행위였다.

그러니까 신의 존재를 인정하지 않는 부처님의 입장에서 볼 때는 진리에 상반된 행위로서 자신의 사상과는 거리가 먼 행위로 볼 수밖에 없었다. 그러기 때문에 제자들에게 그와 같은 행위를 금한 것은 당연했다.

그런데도 어찌 불교에 주문이 허용되었는가 하는 점이다.

부처님도 뒤에는 독사에 물렸거나 복통, 치통으로 고통 받는 자에게는 바라문 출신의 제자 중에 주술에 능한 자에게 주문을 외워 그들을 치유하도록 허락하였다 한다.

소급해서 말하자면 부처님의 명성이 널리 알려지자 많은 바라문 수행자들이 부처님을 찾아와 제자가 된 자들이 많았다. 그 중 유명한 인물이 사리불과 목련존자였다 그들은 뒤에 10대 제자가 되어 큰 역할을 한 분들이다.

또 3가섭(迦葉)으로 알려진 3형제가 있다. 그들은 불을 섬기는 화사외도(火事外道)였으나 부처님과의 법 논쟁과 신통력 대결에서 굴복하여 부처님께 귀의하게 되었다. 그때 큰 가섭에게는 5백명, 두 동생에게는 각각 2백 5십 명의 제자가 있었다 한다. 이들은 부처님의 제자가 되어 열심히 수행하여 아라한과를 증득하였고 천이백오십 인의 제자에 포함된 대아라한들이다.

그러나 세 곳에서 부처님 법을 받아 상수제자가 된 가섭존자와는 다른 분들이다.

바라문들을 상대로 부처님은 만일 기름 항아리를 호수에 던져 놓고 기름아 떠오르지 말라고 주문을 외운다고 그 기름이 물위로 떠오르지 않을 것이며, 돌을 깎아 만든 석녀(石女)에게 주문을 외우고 빈다고 석녀가 과연 아이를 낳을 수 있느냐고 설법하신 적이 있다.

이것은 전통적으로 이어온 바라문의 주술이 아무리 신비력이 있다고 해도 정상적인 정법이 아니면 이뤄질 수 없다는 사실을 일깨워 준 교훈이라 하겠다. 여기서 참고할 것은 경전에는 '기도'라는 단어는 없다. 기도 대신 기청(起請), 기서(起誓)라 했다. 즉 서원을 세워 불·보살님이 보살펴 주기를 청했다. 또 그 취지를 종이에 쓴 것을 기청문, 기서문, 기청자라 한다. 엄밀히 따지면 기도란 속가에서 쓴 용어를 불교에서 차용한 것이라 하겠다.

아마 초기 불교에서는 반야바라밀다의 제목 정도만 독송했을 것으로 추정할 수 있다. 그런데 대승불교시대가 성립하면서 각종 다라니·진언·주 등을 만들어 유포시킨 것이라 할 수 있다.

더욱이 대승불교의 발달로 대승경전이 성립되면서 높은 차원에서 보면 불설이라고 인정하게 되어 대승경전 중에 많은 다라니가 수용되게 되었다. 법화경, 다라니품, 대비공지경, 진언품, 반야심경 등에까지 인용되게 되었다. 그러나 비구는 행하지 못하게 하였다. 또 불교에서는 주금사 또는 주사가 있었다. 명주를 독송하고 기원하거나 기도를 행하는 사람을 법사라 하였다.

주금사의 '금'은 관정(물을 정수리에 묻히는 의식)을 받지 않은 사람은 진언법을 행할 수 없게 금지할 정도로 엄격하게 제한되었다.

대반야 6백권을 주석한 대논사인 용수(B.C. 2~3세기경)의 대지도론에 외도들이 행하는 주술은 선업이 아니기 때문에 3악도에 떨어지고 탐진치에 따라 마음대로 즐겨 악한 행을 한다. 그러나 반야바라밀다주는 능히 선정과 열반에 대한 여러 가지 집착을 소멸시켜 성불할 수 있게 해 준다고 하였다.

그와 같은 영향은 인도에서 불교를 받아들인 중국을 거쳐 우리 나라 일본까지 전해지게 되었다.

따져보면 반야심경에는 '주'가 필요 없는 것이지만 심경이 성립한 기원전후 인도에 예부터 전해오는 풍습에 따라 불교도 어쩔 수 없이 받아들이게 되었다. 6백 반야경의 핵심격인 심경뿐만 아니라 다른 대승경전에까지 삽입된 것은 대중들에게 영합하기 위한 것으로 추측할 수 있다.

현재 인도에는 전통적인 주술이 전승되어 오고 있다 .

이와 같은 견지에서 볼 때 인도전통의 주문과는 비교할 수 없는 최고최상의 반야지의 완성을 표명한 대신주에서 무등등주 등을 첨가하게 된 것이다.

대승불교에서 다라니를 존중하게 됨에 따라 2세기경 밀교(密敎 : 비밀불교)가 탄생하게 되었다. 밀교란 비밀불교의 교설 중 최고로서 심원하여 그 경지에 도달한 자 이외는 그 경계를 알 수 없다는 뜻이다.

밀교의 소의경전은 대일경(7권), 금강정경(3권)을 양부대경이라 한다. 대반야경 6백 권 중 578권 째인 이취경도 밀교경전에 속한다. 밀교는 현재 티베트에서 가장 성행하고 있다.

제 7 장

능제일체고 진실불허(能除一切苦 眞實不虛)

능히 모든 괴로움을 없앴으며 진실하여 거짓이 없느니라.

이것은 처음부터 설해 온 심반야바라밀다를 철저히 수행함으로 오온을 비롯하여 만유가 공했음을 깨닫게 되어 구경열반의 경지에 오르게 되면 누구든 이미 보살이나 부처가 되는 심심미묘한 진리를 체득하게 된다. 그러므로 털끝만큼도 거짓이나 헛됨이 없는 진실 그대로인 것이라는 뜻이다.

원문에는 "허망한 것이 아니기 때문에 진실하다."고 하였다. 즉 불허진실(不虛眞實)인 것을 현장법사가 번역하면서 진실불허(眞實不虛)라 하였다. 그러나 뜻에는 아무 변함이 없다.

다시 말해 반야바라밀다의 공덕에 의해 모든 고통이 다 소멸되었으므로 능제일체고라고 천명한 것이다.

고설반야바라밀다주 즉설주왈 아제아제바라아제 바라승아제 모지사바하(故說般若波羅蜜多呪 卽說呪曰 아제아제바라아제 바라승아제 모지사바하)

이미 반야바라밀다주를 설하였으므로 곧 주를 설하노라.

아제아제 바라아제 바라승아제 모지사바하.

주나 진언은 원래 번역하는 것이 아니지만 굳이 설명하면 "가는 이여(사람) 가는 이여 피안으로 가는 이여 피안의 세계에 완전히 간 이여 깨달음이여 행복이 있으라." 하고 경건하게 기원하는 것이라 할 수 있다. 참고로, 사바하는 원래 불교이전부터 바라문의 창조신에게 바치는 찬가와 기도가 끝날 때면 최후로 존경하고 숭배하며 감사와 탄찬하는 뜻으로 이 사바를 불렀기 때문에 그 관습에 따라 '다라니' 끝에 사바하를 넣었다. 그러니까 무념무상의 경지에서 "깨달음이 있으라." 하고 기원하는 것이라 할 수 있다.

마치 기독교가 기도 마지막에 아~멘하고 끝마치는 것과 같은 이치다. 그러나 불교가 인도의 바라문교나 서양의 기독교와 다른 점은 사바하 앞에 모지(菩提), 즉 깨달음이 있으라, 이 얼마나 장엄염불인가 이것은 불교가 인류사상 최초로 실천한 인류평등사상과 자비정신의 표현이라 할 수 있다.

이것으로 반야심경을 모두 끝을 맺었다.

그런데 반야바라밀다에는 두 가지 주가 들어 있다. 먼저 주는 반야바라밀이고 이 반야바라밀의 진언은 피안의 세계에 완전히 다다른다는 '주'인 셈이다.

부처님께서 이것을 외우면 성불한다고 하셨다. 그러나 다라니(陀

羅尼)만은 구체적인 설명은 하지 않았다. 오직 외우기만 할 뿐 그 뜻은 알려고 하지 말라고 하셨다. 그와 같은 뜻을 헤아려야 한다.

그런데 다라니를 외우는 것을 주력(呪力)이라 한다. 주력이란 진언과 다라니의 작용을 뜻하는데 중국에서는 용이나 귀신을 제어하는 법을 말한 것이었으나 인도의 다라니와 비슷한 점이 있어 그대로 번역했으나 앞에서 언급한 데로 원칙적으로 천양지차가 있다.

그런데 주력을 할 때 주의할 점이 있다. 무엇인가 하면 반야심경의 근본 뜻을 먼저 알고 해야 한다는 것이다. 잘못하면 사도에 빠지기 쉬운 점이 있다. 그것은 염불이나 진언 다라니를 염송하면서 자기 자신의 목소리를 뚜렷하게 듣고 자각해야 망상에 빠지지 않고 자신의 목소리가 바로 부처님의 소리여야하며 자신의 목소리가 아니어야 한다. 만일 다라니를 염송하면서 자기의 깊은 목소리(마음)를 듣고도 자각하지 못하면 번뇌 망상에 빠져 견성했다거나 도통했다고 횡설수설 하거나 무기(無記)에 떨어지게 된다.

이 점을 경계해야 하기 때문에 눈 밝은 지도 법사가 필요한 것이다. 또한 이 점은 비록 염불이나 주력의 경우에 국한된 것이 아니고 참선하는 스님들에게도 그런 사례가 가끔 있어서 각별한 주의가 요망된다고 하였다.

불교에는 다라니가 아주 많다. 중생의 근기와 소원에 따라 각각 만들어졌기 때문이다. 가령 어떤 원을 이루려면 무슨 다라니를 생남하려면 저 진언을 돈을 벌려면, 또 학업을 성취하려면 등 그 원에 따라 어떤 기도나 주문이 좋다고 하는 등 갈피를 잡기 어려울 정도로 다양한 설이 있는 것은 사실이다.

그렇다고 의심하거나 부정한 생각을 하지 말고 또 그 다라니나 진언의 뜻을 의심하지 말고 일심으로 독송하기만 하라고 되어 있다.

비밀불교인 밀교를 요약하면,

고대인도에 아리야인이 남긴 문헌인 '리그 : 베다'에 이어 '사마 · 아쥬르 · 아타르바'의 3베다가 그 시작이다.

부처님 당시에는 밀교의 '주'가 받아들여 지지 않았음은 물론이다. 7세기 중반에 대일경, 금강정경이 만들어지면서 대승경전에 '다라니품'이 첨가하게 된 후부터 급속도록 발전하게 됐다.

따라서 태장계와 금강계 양계가 있고 잡부밀교(잡밀)와 순수밀교(순밀)로 분류하게 됐다. 이외에도 여러 가지 명칭의 밀교가 발생했으나 생략한다.

보통 불교하면 현교(顯敎)를 말한다. 현은 뚜렷이 드러났다는 뜻, 한 번 보고 알기 쉬운 것인 반면 밀은 비밀의 뜻으로 알기 어렵고 심오한 것을 말한다. 그러니까 불교의 교설 중 최고심원하여 그 경지는 도달한 자 이외에는 그 같은 묘의(妙意)를 가늠할 수 없다고 말한다.

현교는 부처님이 중생의 근기(능력)를 아시고 그에 맞추어 설하신 방편교이기 때문에 차별이 있다. 밀교는 방편을 버리고 부처의 절대 경지를 그대로 표현한 것이기 때문에 차별이 없다.

그러므로 교(敎)를 말씀하시는 부처도 구별이 있다.

현교의 교주는 중생 교화의 방편으로 나타나신 타수용신의 석가모니불인 반면 밀교의 교주는 수단과 방편을 여읜 절대의 부처인 법신 비로자나불인 대일여래이다.

현교는 문자와 말을 통해 그 뜻을 쉽게 알 수 있게 했으나 밀교는 우주공간에 다양하게 전개되는 신앙양상을 하나로 통일하는 원리를 상징적으로 표현하기 위해 각종 색채를 이용하여 시각적으로 바로 알 수 있게끔 그림으로 그린 만다라를 창작해냈다.

만다라의 대상은 불·보살·나한·신중·사천왕·제석천·팔부신장·산신·용신·칠성 등 다양하다. 초기에는 석가모니불뿐이었으나 대승불교시대가 되면서 다불사상에 의해 아미타불·약사여래·미륵불 등이 등장하고 대웅전에는 3존불 탱화를 모시게 됐다.

그 외에 밀교의 수행법은 언어나 문자를 쓰지 않고 마음으로 관하고 입으로 진언을 외우고 손으로 결인(結印)을 짓는다. 이것을 삼밀(三密)이라 하고 3밀이 상응하는 것을 밀교라 한다. 즉 비밀불교를 뜻한다.

특히 우리나라 선사 중에 유명한 서산(西山 : 휴정, 1520~1604)대사는 그의 저서 선가귀감에서 진언을 외우는 것은 금생에 지은 업은 비교적 다스리기 쉬워서 자기 힘으로도 어느 정도 고칠 수 있지만 전생에 지은 업은 지우기가 어려우므로 신비한 힘을 빌려야 한다고 했다. 이런 연유로 많은 고승들이 '선'수행에 앞서 다라니나 주력 기도로 업장과 번뇌 망상을 제거하기 위한 한 방편으로 활용한 예가 많이 있다.

다라니의 묘지력

자운(慈雲, 1911~1992)스님이 쓴 마니예송에 육자대명왕주(六字大明王呪)는 관자재보살의 미묘한 본심이기 때문에 위없는 깨달음을 성취한 부처님도 오히려 알기 어렵고 만나기 어려운 불가사의하다고 했다. 만약 이 다라니 중 '옴'자를 한번 외우면 그 공덕은 죽은 뒤 천상에 유전하는 길을 막는다. 왜냐하면 이 천상세계도 윤회하는 6도 중의 하나이기 때문에 궁극의 목적인 해탈이나 열반과는 거리가 먼 까닭이다.

'마'는 아수라도에 윤회함을 막는다.

'니'는 인간 세상에 태어나는 위험을 막아준다.

'반'은 축생계에 윤회함을 면하게 해준다.

'메'는 아귀계에 빠지는 것을 막아준다.

'훔'은 한번만 외워도 지옥에 떨어지지 않는 공덕이 있고 세세생생 이고득락, 즉 극락세계에 왕생하게 된다고 하였다.

특히 큰 도인인 성철(性徹, 1912~1993)스님 역시 수능엄경의 대불정능엄주를 일생동안 주송하였다 하며 스님의 제자들도 조석으로 능엄주 주력을 외운다고 한다.

우리가 많이 독송하는 천수경에도 각종 진언과 다라니가 들어있다. 그중 신묘장구대다라니는 영험이 뛰어나 주력이나 기도를 통해 크게 성취한 사람이 많다.

그 예로 충남 예산 연암산 천장사에 부목으로 들어온 29세의 한 청년이 있었다. 그는 스님의 지시로 천수주(대다라니)를 시작했다. 33세 때 그해 겨울 하루는 빈 솥에 물을 가득 채워 불을 지펴놓고 천수 주력을 계속하는 것이었다. 얼마나 시간이 간 줄도 모르고 주력에 빠져 나중에는 솥뚜껑을 두드리며 장단을 맞춰가며 신명나게 외우는 것이었다.

시간이 흐름에 따라 솥에 부은 물이 졸아들고 솥뚜껑까지 벌겋게 달아올랐는데도 아무 분간 없이 계속 주력만 하는 것이었다.

그 사실을 아신 스님이 그를 제지했으나 소용이 없었다. 스님은 그의 팔을 잡고 처소로 안내했으나 주력은 계속되다가 주력소리가 멈췄다. 그 결과로 불망염지(不忘念智 : 진리를 항상 생각하는 것, 정념을 계속하는 것, 또 한 번 들은 것을 잊지 않는 것)를 얻었다고 한다. 한 번은 큰 절 뒤에 있는 암자에 어느 날 밤 그 암자가 마치 불속에 휩싸인 것같이 보여 큰절 스님들과 마을 사람들이 허겁지겁 달려가 보니 스님 방에서 방광하는 모습이 불난 것 같이 보였다는 일화는 유명하다.

그 후 오대산 상원암에서 한암스님과 함께 정진하였고 묘향산 중비로암에서도 3년 보림한 후 만주로 건너가 한 농가에서 3년간 소를 먹여준 뒤 6년간 또 포교활동과 독립운동을 하였다고 한다.

그러면서 왕천현 나자구에 화엄사를 짓고 8년 동안 지내다 74세로 앉아서 입적했다고 한다. 법명은 음관(音觀 : 수월(水月)스님)으로 근세에 큰 도인으로 소문이 자자했다.

최근 중국 연변에서는 스님의 항일운동 사실이 인정되어 중국 정부의 허가를 얻어 대각사를 건립하는 중이라는 보도가 있었다.

불과 몇 십 년 전의 일이다.

전 종정 고암스님의 제자 중에 제원(濟源, 1920~2002)스님이란 분이 계셨다.

속명은 이광우(李光雨)며 출가 동기는 세속에 있을 때 공부를 지나치게 하여 뇌에 이상이 생겨 사형선고를 받은 상태였다. 차중에서 만난 어느 스님의 권유로 천수주 백일기도를 하게 되었다. 그때까지 불교와는 인연이 없었다. 스님의 지시대로 기도를 시작하여 하루에 백편씩 주력을 하자면 잠을 3시간 밖에 잘 수가 없었다. 밥 먹는 시간 말고는 독송해야 겨우 백편을 채울까말까 였다. 그도 그럴 것이 생전 처음 외우자니 제대로 될 리가 없었다. 그러나 살기 위해서는 필사의 노력을 할 수 밖에 없었다.

몇 번의 난관을 극복하고 드디어 백일 회향날 새벽 마지막 기도 중에 누가 머리를 만져주며 목에 염주를 걸어주는 것이었다. 그와 동시에 병이 완쾌 되었다.

처자식이 있는 형편으로 많은 고민에 빠졌으나 자신을 살려준 은혜를 보답하기 위해서는 출가하는 것이 제일이라 생각하고 출가를 결심하게 됐다.

해인사에 계신 고암(古庵, 1899~1988, 종정3번 역임)스님의 제자가 되어 몇 십년간 꾸준히 수행하였다. 한때는 고향 뒷산에 토굴에서 정진하였고 해인사 국란전에서 수행하면서 침으로 선방수좌들의 병도 치유해 주는 등 한시도 쉬지 않고 꾸준히 정진하시다가 몇 년 전 입적하셨다.

입적 몇 일 후 스님이 된 아드님 꿈에 화려하게 장식한 쌍두마차를 타고 승천하시는 모습을 보았다고 한다.

스님의 49재 때 동화사 조실 진제(眞際)스님은 영가 법문에서 오늘 49재는 올리지 않아도 되지만 자손들의 효심으로 올리는 재라고 하시었다. 벌써 왕생극락하셨음을 알았기 때문이다.

이것은 진언이나 다라니의 신통력을 입증할 수 있는 증거이며 앞의 수월스님처럼 소리 내어 다라니를 외우게 되면 그 소리에 리듬이 생기게 되고 그 리듬에 따라 자신도 모르는 사이에 마음이 아능해지면서 무념무상의 삼매(三昧)에 들어가게 되면 모든 번뇌 망상에서 벗어나게 된다.

이로 인해 수행의 진미를 체험할 수 있고 따라서 자신을 괴롭히는 삶에 대한 갈등은 탐진치 삼독에서 비롯되었음을 알게 되고 탐진치는 자아(自我 : 자기 자신 즉 타인에 대한 자기)에 대한 집착이 그 원인인 것도 알게 된다. 결국 자아의식은 자기를 사랑하고 귀중하게 여기며 세상에서 가장 존귀한 것이 자기라고 생각하게 된다. 이 자애의식은 인류 전체가 가지는 보편적인 생각으로 절체절명의 순간까지도 자애의식을 포기하지 않는 것이 생명유지의 원동력이라 할 수 있다.

또 자애심을 밑받침하는 데는 7가지 만심(慢心)이 자리 잡고 있음을 알아야 한다. 그래야만 수행 정진하는데 큰 도움이 될 것은 명확한 사실이라 하겠다.

그런가 하면 모든 원인의 시발점은 결국 무명(불교에서는 진리를 모르는 당체를 말한다. 따라서 종파마다 달리 표현하고 있으나 결론은 모든 생사를 일으키는 번뇌로 귀결된다)에서 비롯되었으므로 선결 문제는 무명타파에 전력을 다해야 할 것이다.

그리고 태고 이래 겹겹이 쌓이고 쌓인 동굴 속의 어둠이라 할지라도 한 개비의 성냥불이면 능히 그 어둠도 흔적 없이 사라지듯 수억 겁 동안 뒤엉킨 번뇌라 해도 마치 한줄기 혜광이면 무애의 경지를 깨우쳐 곧 평상심(平常心)이 대도(大道)임을 알게 되기를 기원하는 마음으로 부족하나마 이 심경을 마감하는 바이다.

마하반야바라밀.

대당서역기

❀ 현장의 가계와 출가

　인도·중국·한국·일본 등 아시아 각국에서 많이 독송하는 반야심경(般若心經 : 心經)은 인도의 원전인 범본(梵本 : 산스크리스트어)을 중국문자인 한문으로 번역한 것은 구마라습에 이어 현장법사(玄奘法師)이며, 소설로 유명한 《서유기》(손오공)의 주인공이 바로 현장법사이다. 현장의 생몰연대는 서기 602~664년이다.

　우리나라 지명(智明)스님이 585년(신라 진평왕 7)에 중국 진나라에 가서 법을 배우고 현장이 태어난 602년에 돌아왔다. 진평왕이 그 덕을 사모하고 계율을 존경하여 대덕(大德)으로 삼고 뒤에 다시 대대덕으로 삼았다. 신라에서 처음 보는 율승(律僧)이다.

　현장의 가계는 후한(後漢) 태입현의 책임자였던 진식(陳寔, 104~187)이며, 증조부는 후위(後魏)의 상당태수 진흠(陳欽), 조부는 진강(陳康)이며 학문이 뛰어나 북제(北齊)의 국자박사, 즉 지금의 황실대학 총장이며 주남(하남 낙양현)의 수장이었다. 그 후 그곳에서 살았기 때문에 현장은 그곳 태생이다. 현장은 4형제 중 막내아들로 태어났다.

　현장의 고향인 지금의 낙양 교외인 진하촌에는 47대손인 진소순(陣小順)이 촌장으로 생존하고 있다. 그곳에는 현장이 어릴 적 나무에서 떨어졌을 때 멈추게 한 우물이 그대로 있고 그 물을 먹으면 머리가 좋아진다는 속설이 있고 그의 어머니 무덤도 있다.

　현장은 8척 장신인 아버지를 닮았던지 키가 7척이나 되고 어려서부터 글 읽기를 좋아했다 한다. 태어날 때 저녁노을 같은 붉은 기운이 감돌고 향긋하고 달콤한 내음이 온 집안에 가득해 사람들이 신기해했다 한다. 또 노는데 흥미가 없고 공부하기를 즐겼고 장성해서는 기상이 늠름한 장부에 매력적인 호남아였다. 그에게는 신선함과 미덕이 결합되어 있었다는 기록이 있다. 또 부모에게 효도를 극진이 한 효자였고, 고전을 즐겨 배우고 경전의 깊은 뜻을 연구했다고 한다.

현장이 어린 시절, 중국은 약 4백여 년간 분열과 전쟁의 와중 이었고 수(隋)왕조의 집권기였다. 그런데 수 왕조 외에도 중국을 통일한 3황5제를 자칭한 시황제(始皇帝)는 겨우 3대를 넘기지 못했듯이 여러 왕조가 모두 단명했고, 수 문제(文帝)는 아들 양광에게 암살당했다.

611년 현장이 9살 때 대홍수가 났는데 중국은 예부터 천재지변이 있으면 황제의 실권(失權)을 뜻했다. 612년에는 고구려와의 전쟁에서 크게 패하여 남으로 쫓겨 간 수양제는 617년에 살해당하고 618년에 이연(李淵)의 둘째 아들인 이세민(李世民)이 실권(實權)을 장악하고 당왕조(唐王祖)를 건국 황제(皇帝)에 등극하여 3백 년간 중국 천하를 다스리는 대 왕국을 창건하였다.

현장의 출가 동기는 현장의 둘째 형인 장첩(長捷)이 출가하여 낙양 정토사에 있어 동생인 현장을 데려다가 경전 공부를 시켰는데, 그때마침 27인의 승려를 임명하는 조칙이 내려왔다. 승려가 되면 병역, 면세의 혜택이 있기 때문에 우수한 인재 수백 명이 응모하였다.

그러나 13세인 현장은 어린 탓으로 자격이 없어 그저 시험장 앞을 서성거릴 수밖에 없었다. 때마침 시험관인 정선과(鄭善果)가 그 앞을 지나다가 현장을 발견하게 되었다. 그는 사람 보는 눈이 있었던지 현장에게 다가가 "너는 정식 승려가 되고 싶은 생각이 없느냐?"고 물었다.

현장은 "생각은 있습니다. 허나 저는 13세 소년이며 학업도 미숙한 편이라 자격이 없습니다."

"그러면 승려가 되면 무엇을 하고 싶은가?"

"네, 마음은 멀리 여래의 뒤를 계승하고 몸은 가까이 그 가르침을 빛내고자 생각하고 있습니다." 그 말을 들은 정선과는 마음속으로 감동하여 시험을 치르도록 관리들을 설득했다.

"경전을 연구하는 것은 어려운 일은 아니지만, 인물을 얻는다는 일은 어렵다. 만일 이 애가 출가하면 장래 반드시 불문에 훌륭한 위인이 될 것이다. 다만 우리들은 그가 하늘 높이 날아가 감로를 뿌리는 것을 볼 수는 없을 것이다. 그러나 그 같은 재능이 뛰어난 인재를 잃을 수는 없다."며 적극성을 띠었다. 현장은 정선과의 배려로 시험을 본 결과 우수한 성적으로 합격하게 됐다.

그 뒤 형과 같이 정토사에서 수행하면서 '열반경'과 '섭대승론'을 배우며 침식을 잊을 정도로 열심히 연구했다. 한번만 강의를 들으면 모두 이해했고 다시 복습해도 의문을 느낄 일이 없을 정도였다. 스승을 대신해서 강의를 시켜도 읽는 것이나 해석하는데도 완벽했으므로 13세 천재소년이라는 명성이 널리 퍼져 소문이 자자했다.

낙양에는 중국의 3대 석굴(즉 대동의 운강, 돈황의 막고굴)의 하나인 용문석굴이 있다. 용문석굴은 북위가 493년에 대동(大同)에서 낙양으로 천도하면서 운강석굴을 이어 받아 공사를 시작한지 약 4백년간이나 걸려 완공한 굴이다. 여기에는 당대(唐代)의 불상이 60%로 가장 많고 북위작품이 30%정도 차지한다.

또 중국 최초로 세운 백마사(白馬寺)가 있다. A.D. 67년(후한 영평

10)에 명제(明帝)의 명령으로 불법을 구하기 위해 채음(蔡愔)과 진경(秦景) 등 2 승려가 인도로 가던 도중 대월씨국(아프가니스탄)에서 중 인도의 고승인 섬마등과 축법란을 만나 중국에 불교를 유포시켜 주기를 간청하여 백마를 타고 온데서 백마사라는 절 이름이 붙여졌다.

고승의 묘가 천왕전 양칙에 있다.

남북 1km지점에 대·소 합해서 약 10만의 불상(佛像) 3천 6백 개의 석비문, 42개의 불탑(佛塔)이 새겨져 있다. 입구 가까이에 있는 잠계사 등에서 시작하여 24년 간 80만 명의 노력으로 만든 보양삼등에 높이 8.4m 의 석가모니불은 효문제(孝文帝, 471~499)의 모습을 닮았다는 설이 있다.

또 1만3천불의 불상을 벽면에 조각한 만불동(万佛洞), 용문에서 가장 오래된 고양동에는 용문의 20품이라 불리는 예술성이 높은 명필의 비석과 북위양식의 교각(交脚) 미륵불상이 있고 그 외에 한방(漢方)의 조제법이 새겨져 있어 한방동이라 한다.

용문의 상징인 봉선사의 '비로자나불'은 높이가 17m나 되어 그 위용이 장관이고 낙양을 좋아했다는 당나라 여제 측천무후(女帝 則天武后·周 : 684~705)를 모델로 삼았다는 설이 있다. 드디어 수(隋)나라가 망하고 당(唐)나라가 들어서면서 사회는 극도로 혼란하여 폭도가 남무하고 분위기가 살벌했다. 현장은 형과 함께 장안(長安)으로 갔다. 그 해가 618년이다. 그러나 장안 역시 수행처도 없고 고승들은 촉(蜀)나라로 모두 떠나고 없었다. 할 수 없이 다시 성도(成都)로 가야했다. 장안에서 익주까지는 무려 천 여리나 되는 먼 거리이다.

두 형제는 한 달여 만에 성도에 도착했다. 고생한 보람이 있어 거리는 평온하고 물자도 풍부하고 대덕들이 많아 법회도 빈번했다. 형은 아버지 못지않은 학문이 있고 노장학에 능통하여 여러 사람들의 존경을 받고 아우에게 부끄럽지 않은 실력이 있었다.

현장은 이 성도에서 승려의 자격을 얻기 위해 구족계(具足戒)를 받았다. 구족계를 받고난 현장은 성도에서 배울 것을 다 배웠기 때문에 형과 인도에 갈 것을 상의했으나 의견이 맞지 않았고 치안관계로 외출조차 할 수 없는 상황이었다.

그러나 현장은 원대한 꿈을 이루기 위해 국법을 어기고라도 몰래 출국할 수밖에 없었다. 그때 장안에 유명한 고승인 법상(法常)과 승변(僧辨)이 있었는데 그에게서 섭대승론(攝大乘論)을 배웠다. 그러나 촉나라에서 이미 배운바 있어 한번 듣고 끝마칠 수 있었는데 이를 본 두 고승은 놀라며 칭찬하기를 "그대야 말로 불문천리구(佛門千里駒)라 할 수 있다. 불법이 다시 지혜를 밝게 하는 것은 그대에 의해 행해 질 것이다. 애석하게도 우리는 이미 늙어버려 뒷날 그 영광을 볼 수 없을 것이다."했다. 그때 현장은 24세, 승변은 59세, 법상은 58세였다.

현장이 인도를 다녀오기 3년 전에 승변은 입적, 법상은 현장이 돌아온 그 해 6·26일에 입적했다. 그러나 이미 두 고승에게 배울 것은 다 배웠으므로 그 이상 배울 것은 없었다. 성도(成都)는 우리나라 스님들과도 인연이 깊은 곳이다. 그중 송계(松溪 : 680~756) 스님은 신라의 왕족출신이며 성은 김씨였고, 성덕왕 때 군남사로 출가했다. 728년(성덕왕27)에 당나라로 건너가 촉(蜀) 땅의 지중사에서 지선선사를 뵙고, 처적(處寂)에게서 그의 법을 이어 받은 징표로 마납(衲) 가사와 무상(無相)이란 법명을 받았다. 그 뒤 현종(玄宗)을 알현하고 선정사에 배속되었다.

그는 좌선하면서 두타행을 철저히 닦았다. 그의 두타행과 신통력에 맹수들이 감복하여 호위할 만큼 신이(神異)한 행적을 남겼다. 현종이 안사(安史)의 난을 피해 익주에 왔을 때 무상을 내전으로 맞아들여 공예(供禮)하였다고 전한다. 임종 시에는 90년 뒤 일어날 회창법난 사건을 예언한 글을 남겼다. 또 법난 때 대자사로 옮겨진 대종(大鐘)이 무상의 신통력으로 힘들이지 않고 다시 정중사로 되돌아온 이야기는 유명하다.

종밀(宗密)의 '원각경대소', '배휴습유문', '송고승전'에 신비한 선승으로 언급되어 있다. 또한 당시의 명찰 혜의사에 무상(無相)을 필두로 무주·마조·서당 등이 영당(影堂)에 모셔져 있다. 신라인인 무상은 티베트에 불교를 처음으로 심어줬다. 그러므로 그의 정중종선(淨衆宗禪)이 티베트에 전해졌다. 돈황본 자료 속에 티베트어 번역 '김화상어록'이 발견됨으로서 무상스님이 중국과 티베트에 남긴 족적이 분명히 입증되고도 남음이 있다 하겠다. 더 놀라운 것은 신라 구산선문 대부분이 무상 문하의 마조도일(馬祖道一, 709~788)의 법맥을 이어 성립하였다는 점이다. 무상스님이 뿌린 종자는 중국뿐 아니라 티베트까지 그 흔적이 남아있다. 정중사·대자사·보리사·영국사 등과 종·탑 등도 많이 세웠고 그를 동해대사(東海大師)라 한다(77세 입적).

특기할 것은 티베트의 징경각에는 티베트어 경전 외에는 외국 경전은 단 한 권도 없다고 한다. 오직 스님의 한문 문헌만이 잘 보관되어 있다고 한다. 여기에서 스님의 위대함을 읽을 수 있어 감격스럽다 하겠다.

∞ 현장 인도로 가다

약관의 나이에 중국각지를 돌아다니며 이미 고승들에게서 '불문천리구'라는 절찬을 들은 현장은 불교의 진수를 끝까지 파고들고 싶은 생각이 굴뚝같았다. 때문에 번역한 경전으로는 만족할 수 없다는 생각에 의문을 품게 되어 어쨌든 원전을 배워야겠다는 뜻은 그를 몹시 괴롭혔다.

중국은 예부터 불교 이전부터 도교와 유교사상이 널리 보급되어 있어서 그 교육을 받은 사람들이 경을 번역할 경우 그들 나름의 해석이 불가피했을 것이며, 더구나 중화의식의 우월감이 강해서 일부러 먼 외국까지 구법행각을 떠난 승려들이 별로 없었다.

그런데도 현장은 다른 사람과는 달리 적극적으로 구법의 길을 택했던 구법승이다. 현장이 가장 관심을 갖게 된 경전은 당시 인도에서 가장 인기 있다고 회자되고 있는 '유가사지론' 별명 17지론이라는 요가행자의 수행체험을 17단계(地)로 나눠 논한 100권의 책인데 진제(眞諦) 삼장이 일부분만 번역한 것이다.

이 같은 소식을 접한 현장은 인도에 대한 열망이 한층 높을 수밖에 없었다. 장안에는 서역 여러 나라에서 온 외국승이 많이 있었다. 심지어 유명한 인도 난랄다대학 학장인 계현논사(戒賢論師)에게서 직접 배웠다는 승려도 있었다. 현장은 그를 만나 상세한 정보를 들고 여행에 관한 여러 가지를 알아내기도 했다.

동진 3년(399~413)에 장안을 떠나 15년 만에 파미르고원을 넘은 중국 최초의 승려인 법현(法顯)은 60세의 고령의 노인이었는데, 새파란 젊은 내가 어찌 노인이 다녀온 그 길을 다녀올 수 없겠는가! 어학에도 자신이 있고 산스크리트어 말고도 여러 서역지역 방언까지 어느 정도 알고 있기 때문에 자신만만한 상태였다.

인도행을 결심한 현장은 같은 도반들에게 인도행 계획을 말하고 출국허가를 신청했으나 당시 치안관계를 이유로 불허처분이 내려졌다. 인도를 가고자 했던 도반들은 국법을 어기면서까지 출국할 이유가 없다며 모두 단념하고 말았다. 그러나 현장은 단념하지 않고 단독 출국을 각오하게 되었다. 현장은 많은 망설임 끝에 출국을 결행하면서도 그래도 불안한 마음은 어쩔 수 없었다. 할 수 없이 그 당시 유명한 점술사(占術師)인 하홍달(何弘達)을 찾아갔다.

점사는 "법사는 가게 될 것입니다. 갈 때의 모습은 안장을 장식한 붉고 마른 늙은 말을 타고 갈 것입니다."라고 했다.

그런데 우연인지 말 그대로 그런 말을 만난 덕으로 사막을 걸어서 목숨을 건지게 됐다.

현장은 태어날 때 어머니 꿈에 현장이 흰 옷을 입고 서쪽을 향해 가는 것을 보고 "너는 내 아들이다. 어디로 가느냐?"고 묻자 "법을 구하기 위해 인도로 간다."고 대답했다 한다. 현장은 어쩌면 전생이나 전전생으로부터 그 같은 서원을 세우고 태어난 것이 분명한 것 같다.

또 인도에 가기로 결심을 굳혔을 때 불가사의한 꿈을 꿨다. 큰 바다 가운데 아름답게 빛나는 수미산(須彌山)이 솟아 있었다. 어찌

해서든 그 산을 오르려고 생각하고 있는데 성난 파도가 몰아치고 건너갈 배조차 없어 망설이다가 결심하고 한 발을 내디디니 돌이 연꽃으로 변하면서 피어나 디딤돌이 되어서 또 한발을 내딛자 연꽃이 또 피는지라 그 연꽃을 밟고 가다보니 산 밑까지 건너가게 됐다. 건너간 후 뒤돌아보자 연꽃은 자취 없이 사라지고 없었다.

다음은 산을 오르려하자 산이 너무 험난해서 오를 수가 없었다. 그래서 몸을 날려 산을 오르려하자 밑에서 강풍이 불어와 몸이 바람에 날려 산정까지 올라가게 됐다 산 정상에서 동·서·남·북 사방을 훑어보니, 이 세상에서는 보지 못했던 아름다운 광경에 넋을 놓고 어찌할 바를 모르는 순간에 꿈에서 깨어났다. 한동안 어리둥절해서 꿈인지 생시인지 분간하지 못하다가 정신을 차려 생각해보니 반드시 인도에 가는 길에 불보살님의 가피가 있을 것 같아 마음이 놓였다.

드디어 단신으로 출발하려 하던 참에 다행스럽게도 진주가 고향인 효달(孝達)이란 스님이 학업을 마치고 귀향길이라 그와 함께 진주까지 가서 일박하게 됐다. 그곳에서 난주(蘭州) 사람을 만나 동행한 후 난주에서 하룻밤을 쉬었다. 난주는 천수(天水)에서 계속되는 황토고원과, 티베트 고원, 몽고고원과 교차하는 곳이며 서쪽의 유목지대와 동쪽의 농경지대가 만나는 곳인지라 마을 북부를 흐르는 황하(黃河)와 같이 번성하는 동서교역의 요지이다. 또한 난주 남쪽 17km지점에 병령사 석굴이 있다. 즉 천불동을 말한다. 병령사에 들리지 않은 현장은 양주(涼州) 사람을 만나 역마를 같이 타고 편안히 양주까지 올 수 있었다. 마치 꿈에 연꽃과 같이 연이어 길동무를 만나게 됐다.

난주에서 황하를 건너면 해발 2,700m의 조초령을 넘으면 서쪽은 하서지방이고 남쪽 산악지대에는 만년설이 정상에서 3,000여 줄기의 빙하를 흘러내리는 기련산맥이 솟아 있다. 북쪽은 용수산과 몽골 사막에 쌓여 가늘고 길게 계속되었기 때문에 하서회랑이나 하서주랑으로 불린다. 한(漢)나라 무제(B.C. 141~87)가 북방을 공격해 오는 흉노를 막고 하서회랑을 지키기 위해 만리장성을 난주에서 돈황의 옥문관까지 연장하게 됐다.

☙ 혜위법사의 도움

현장은 양주까지는 사람의 왕래가 많은 탓인지 비교적 편안한 여행을 했다. 장안에서 이곳까지는 8백km, 이곳은 이민족이 많고 활기가 있었다. 이곳에서 서방에 대한 정보를 얻기 위해 1개월이나 묵었다. 사람들은 현장의 모습에 이끌려 설법해 주길 간청해왔다. 설법은 이론정연하고 이해하기 쉬워서 듣는 사람들은 대 환영이었고 신심을 불러 일으켰다. 주로 '열반경', '반야경' 등을 들려주었고 인도로 가는 취지도 이야기 했다. 이곳에서 현장의 설법은 대단히 평판이 좋았다. 그 사례로 상인들이 귀한 보배와 화폐 심지어 말까지 선물로 바쳤다. 그것을 그곳 절에 기부하고 나머지는 불사를 위해 기부했기 때문에 더욱 인기가 있었다. 또 인도로 갈 코스도 귓속말로 일러주기도 했다. 그 정보가 많은 도움이 됐다.

이곳까지는 중국 영토이기 때문에 현장이 인도로 간다는 소문을 들게 된 양주도독 이대량(李大亮)은 장안으로 돌아갈 것을 명했다. 그렇다고 쉽게 되돌아갈 수도 그곳에 오래 머물 수도 없는 처지가 된 현장은 그러나 당시 하서 불교계의 고승인 혜위(慧威)법사를 찾아갔다. 현장의 구법의지를 듣고 난 법사는 매우 반기면서 제자인 혜림과 도정 2 사람을 딸려 비밀리에 길을 안내케 했다. 그리하여 무사히 양주를 벗어나게 됐다.

현장은 출발을 비밀로 하고 낮에는 자고 밤에는 인도를 향해 길을 재촉했다. 어언 감주(甘州 : 장액) 숙주(주천)를 거쳐 과주(瓜州, 안서)까지 왔다. 이곳에서 부터는 국경지대로 옥문관(玉門關)이 있다는 곳이다.

과주(한나라 때는 주천)에는 유림굴이 있는데 현장의 여행 모습을 그린 그림들이 규모는 작지만 석굴의 벽화에 4점이나 있다. 재미있는 것은 이 벽화 그림은 소설 《서유기》보다 앞선 시대의 것인데도 현장의 시자였던 손오공(孫悟空) 같은 원숭이 상을 그려 놓았다. 이것은 《서유기》를 쓴 오승은(吳承恩)은 이일을 알고 있었던가, 아니면 전설이었을까? 그도 아니면 저자의 멋대로의 상상은 아닌 것 같다. 여하간 흥미 있는 일임에 분명했다.

과주에 도착한 현장은 그곳 자사로 부터 환대를 받게 되었다. 그러나 타고 온 말이 죽어 1개월이나 시간을 허비했다. 그때 양주에서 현장이라는 승려를 체포하라는 통첩장이 왔다. 관리 이창이 현장에게 찾아와 그 통첩장을 보이며 "스님이 이곳에 쓰인 본인이냐?"고 심문하는 것이었다. 현장이 솔직하게 그렇다고 대답하자 이창은 바로 통첩장을 찢어버리고 "빨리 출발하십시오." 하고 가버렸다.

이곳까지 따라 온 혜위 법사의 두 제자 스님을 돈황과 양주로 돌려보냈다. 이제부터는 혼자의 몸이 되었다. 그때 이곳 관리 독고달을 만났다. 그는 신심있는 불교인임을 알게 된 현장은 솔직하게 인도행을 독고달에게 털어 놓았다. 그러자 그는 "여기서 북으로 50여 리 가면 상류는 좁고 하류는 넓은 내가 있습니다. 물살이 빨라 건너 갈 수가 없습니다. 상류에 있는 옥문관을 통과하지 않으면 안 됩니다. 옥문관을 벗어나면 허허벌판인 사막입니다. 북을 향해 가면 봉수대가 있어서 그곳을 지나가는 사람을 감시하는 경비병이 있습니다. 100리마다 봉수대가 있는데 그 도중에는 물도 없습니다. 제5봉을 지나 북은 넓고 망망대해 같은 사막지대가 되어, 사람이나 말이 물이 없어 쓰러지기 일 수입니다. 그곳을 지나야만 이오국(伊吾國)에 도착하게 됩니다."고 일러 주었다.

우선 혈혈단신으로 출발할 각오로 현장은 말 한필을 사고 준비를 마쳤으나 말을 끌고 갈 마부가 필요했다. 그날 밤은 호승(胡僧)의 절에 머물면서 법당에 들어가 미륵불 앞에 꿇어 앉아 마부가 생겨 옥문관을 무사히 통과 할 수 있게 해 주십사고 발원했다.

그랬더니 다음날 아침 그 절의 스님이 와서 "어제 저녁 법사님이 연꽃을 타고 천축으로 가는 꿈을 꾸었다."고 하였다. 법사는 출발에 앞서 좋은 징조라고 생각하면서도, "꿈은 허망한 환상과 같은 것입니다. 그런 꿈 이야기 같이 잘 가는 것은 아닙니다."고 대답한 뒤 다시 법당에 들어가 미륵불과 관음상에게 예배하고 있는데 한 젊은이가 들어와 예배하는 것을 보고 법당문을 나서자 그 젊은이도 뒤따라 나오는지라 현장이 이름을 물었더니 '석반타(石盤陀)'라고 했다.

현장은 그에게 인도에 대한 것을 묻자 잘 알고 있다고 하여 그에게 안내인으로 동행하자고 제의하였다.

"제가 법사님을 안내해서 5봉(5 봉수대)을 잘 통과하게 하겠습니다." 현장은 관음보살의 가피력이라 생각하고 파주 시내로 되돌아와 그를 위해 말과 음식, 의복 등을 사주고 내일 출발시간과 장소를 정하고 헤어졌다.

다음날 저녁 무렵 약속장소에 와서 기다리고 있었는데 그는 깡마르고 붉고 늙은 말을 탄 늙은 노인을 데리고 왔다. 누구도 모르게 극비로 하기로 한 현장은 다소 불쾌한 기색을 하자, 반타는 "걱정할 것 없습니다. 이 노인은 천축 길도 훤히 잘 알고, 이오까지 30년 이상을 왕복한 베테랑입니다. 틀림없이 큰 힘이 되어 주리라고 생각하니 동행하도록 하십시오."

그러자 노인은 "인도에 가는 길은 너무나 험하고 사막 길은 멀고 나쁩니다. 만일 열풍이 불어 모래와 돌이 뒤섞인 것이 날아오면 살아남을 사람이 없습니다. 또 악령이 우글거리기 때문에 조를 짜서 여러 사람이 가도 길을 잃는 경우가 허다한데 법사와 같이 혼자 간다는 것은 아주 무모란 여행입니다. 잘 생각하여 생명을 중히 여기십시오."라며 겁을 주는 것이었다.

현장은 강한 어조로 "나는 정법을 구하기 위하여 천축으로 가는 길입니다. 만일 천축을 가지 못하면 다시 돌아오지 않겠습니다. 도중에서 죽는 한이 있어도 목적을 위해 후회는 없습니다."라고 단호히 말하자, 노인은 "어찌하든 갈 것 같으면 이 말을 타고 가십시오. 이 말은 이오까지 15회 이상을 왕복했습니다. 마르긴 하지만 걱정 없습니다. 뭐라 해도 경험 있는 말이 아니면 안 됩니다. 스님의 그 말로는 절대 안 됩니다."

　현장은 노인의 말을 듣고 있는 동안 언뜻 생각이 나는 것이 있었다. 그것은 장안을 출발할 때 점술사 하홍달이 한 말이었다. "스님은 무사히 갈 수 있을 겁니다. 갈 때의 모습은 붉고 깡마른 말을 타고 갈 겁니다. 안장에 옻칠을 하고 앞에는 쇠붙이의 금구를 단 말일 겁니다."라는 말이었다. 눈앞에 있는 노인의 말이 점사의 예언대로였다. 더 생각할 것 없이 말을 교환하자 노인은 좋아하며 돌아갔다.

　현장은 밤이 되어서야 그 젊은 호인과 출발하게 되었다. 깊은 밤이 되어서야 냇가에 도착했다. 드디어 옥문관이 보였다. 좁은 계곡에 몇 개의 나무를 걸쳐 다리를 만들어 두 마리 말과 같이 건너게 됐다.

　서로 조금 떨어진 곳에서 쉬고 있었다. 잠시 쉰 후 현장은 눈을 떠보니 호인이 칼을 빼들고 가까이 오다가 그대로 되돌아가는 것이었다. 현장은 기분이 나빠서 벌떡 일어나 앉아 반야심경을 외우기 시작했다. 그러자 호인은 잠들어 자는 것이었다. 후대에 누군가가 이 사건을 묘사하여 그린 그림이 있는데 그 그림을 보면 한 손에 칼을 든 배반자, 한편에는 보이지 않는 관세음보살에게 기도드리는 스님의 모습이 그려져 있다. 주변은 어둠뿐이고 그 옆에는 성스러움을 상징하는 불탑이 하늘을 배경으로 윤곽을 드러내고 있다. 아마 반타가 현장을 살해코자 접근하다가 어둠속에 우뚝 솟아있는 탑을 보고 마음을 고쳐먹음을 상징한 그림 같다.

　아침이 되어 현장은 반타를 깨워 식사를 하고 출발하려고 하자 그는 어제 노인의 말에 두려움을 느꼈음인지 같이 갈 생각이 없는 것 같았다. 길은 멀고 험난한데다 물과 풀조차 없고 다만 군인이 있는 초소에만 물이 있기 때문에 물을 훔치러 갔다가 들키면 죽을 판이니 오히려 되돌아가 편안한 삶을 사는 것이 좋겠다는 말을 현장에게 되풀이 하는 것이었다.

그러나 법사는 무시하고 그대로 전진하자, 반타는 칼을 빼 보이거나 활시위를 당겼다 놓았다 하더니 법사를 앞서 가라는 것이었다. 현장은 생각하기를 저 녀석이 뒤에서 무슨 일을 저지를지 몰라 그에게 앞서 가라고 단호히 꾸짖자 공기는 어색하고 험하게 됐다. "저는 더 가고 싶지 않습니다. 가족도 있고 법을 범하는 밀출국자가 되면 큰일입니다."고 분명히 말하는 것이었다.

현장은 위험한 그와 동행하느니 혼자 가는 것이 오히려 안전할 것 같았다. "법사님은 절대로 이오에는 가지 못합니다. 그리고 만일 군인에게 잡힌다면 저를 걸고 들지 모릅니다."며 불평하는 것이었다. 이에 현장은 "가령이 몸을 베어 미진을 만들지언정 당신을 걸고 들지는 아니할 것이니 안심하시오." 하고 타고 온 말 한 필과 짐을 건네주고 작별을 고했다.

이제부터는 혈혈단신 홀몸뿐이니 의지할 것은 말 한필 밖에 없게 됐다. 말똥과 백골만을 보면서 한 걸음 한 걸음 사각거리는 모래와 자갈 위를 걸어가야 했다. 입으로는 반야심경과 관세음보살을 염하는 것이 유일한 희망이었다.

그러기를 얼마를 가다보니 멀리 보이는 사막 가운데서 수백 마리나 되는 기마대가 갑자기 돌진해 오거나 또 자세히 보면 보이지 않고, 어찌 보면 모피와 모직으로 된 복장을 입고 있거나 또 말이나 낙타를 타고 가지각색의 군기를 흔드는 모습 등 별별 일이 벌어지는 것이었다. 가까이 가면 금방 없어지기 때문에 이것이 요괴들의 장난인가 아니면 내가 헛것을 본 것인가 하고 마음으로는 매우 두려움을 느낄 수밖에 없었다.

그런 현상이 몇 번 반복하는데 갑자기 공중에서 "두려워 할 것 없다. 두려워해서는 안 된다."는 소리가 들려온 탓에 이것은 요괴의 장난이 아닌 신기루라는 것을 알게 됐다. 현장은 사막길이 서툴러 말에서 굴려 떨어지기가 일수였으나 그래도 마음이 놓여 기를 쓰며 얼마를 가다보니 드디어 제1봉이 보였다. 감시병에게 들키지 않도록 밤에 몰래 제1봉 서편에 있는 샘을 찾아가 물을 먹고 손을 씻고 있는데 난데없이 화살이 날아오는 것이었다. 까닥했으면 무릎에 꽂일 것 같았다. 이에 현장은 큰소리로 "나는 승려입니다. 이상한 자가 아니니 제발 활을 쏘지 마십시오."라고 외쳤다.

화살이 멈추어 말을 끌고 초소로 가자 틀림없는 승려임을 확인하고 대장인 왕상(王祥)을 만날 수 있었다. 왕상은 현장의 모습을 보고 그곳 지방의 승려가 아님을 알고 의심을 하자 현장은 자기가 진짜 현장임을 몇 번이나 말했지만 현장은 장안으로 되돌아갔다는 보고를 들었다며 믿지 않았다. 할 수 없이 당나라에서 황제에게 제출했던 출국청원서를 보여주자 비로소 믿게 되었다.

하지만 그것으로 끝난 것은 아니었다. 왕상은 "인도까지는 길도 험난하고 어려움이 많은데, 가까운 돈황에 가면 법사의 목적이 달성 될 수 있을 것"이라며 그 편을 택하라는 것이었다. 그러나 현장은 거기서 물러설 리가 없었다. 그런 지방 고승 정도의 지식이라면 얼마든지 자신이 있다면서 "중국에는 경전이 많이 결여되어 있어, 그것을 보충하기 위해 신명을 걸고 나섰다며 인도에 가지 않고는 그 목적을 이룰 수 없다."며 호소했다.

"만일 이곳에 유치당한다면 그것으로 좋지만 한발도 동쪽으로 가지 않겠다."고 완강하게 주장했다. 왕상은 법사의 열의에 감동하여 하루를 쉬게 하고 다음날 물과 음식 등을 준비해 주면서 10여리나 따라와 전송해 주었다.

그러면서 "법사께서는 제2, 제3의 초소는 들리지 말고 제4 초소로 가보시오. 그곳에는 제 친척 왕백룡(王佰龍)이란 마음 착한 분이 있습니다. 내가 소개했다고 하면 친절하게 해 줄 것입니다."면서 눈물을 흘리며 작별의 아쉬움을 나누고 떠났다. 현장은 제2, 제3의 초소는 들리지 않으려 했으나, 마실 물이 떨어져 물만 먹고 물을 가지고 오려 했으나 역시 감시병에게 들켜 하는 수 없이 전말을 얘기하자 환대해 주었다. 가까스로 제4초소까지 가서 대장을 만나 하룻밤 묵고, 물과 음식물을 챙기고 나서 떠나려 하자 왕백룡이 현장에게 "제5봉의 대장은 인물이 난폭한 사나이라 괴롭힐 수 있으니 그곳을 우회 하여 100여리 쯤 가면 야마천(野馬泉), 즉 말떼들이 모여드는 샘이 있으니 그곳에서 물을 보급 받으라."며 친절히 가르쳐 주는 것이었다.

∞ 죽음을 무릅쓴 구법의 길

현장은 길을 떠나면서 가장 어려운 난관에 봉착하게 된다. 예나 지금이나 광막한 사막의 무인지대로 이름난 곳이다. 기복이 심한 지형과 하늘에는 나는 새조차 없고 땅에는 어떤 짐승도 살 수 없을 만큼 황량한 허허벌판인 곳이다. 오직 볼 수 있는 것은 말 등에 타고 있는 자신과 말 그림자 외에는 아무것도 없었다. 태양은 강렬하여 대지를 금방 녹일 듯 하고 바람 한 점 불어오지 않는 찜통같은 더위에 가만히 있어도 질식할 것 같았다. 사막의 날씨는 낮에는 덥고 밤에는 추워 온도차가 극심한 곳이다. 현장은 한발 한발 걸어가며 오직 관세음보살님만을 생각하고 반야심경을 외울 뿐 아무런 생각도 떠 올릴 수 없었다. 문자 그대로 백척간두 아니 천길만길 낭떠러지 끝에 선 형편이었다.

자은전(慈恩傳) 기록에는 처음 법사가 촉(蜀 : 익주)에 있을 때 한 병자가 있었는데 몸은 부스럼투성이고 냄새는 코를 찌르며 옷은 땀에 젖고 갈갈이 찢겨 보기조차 매우 흉했다. 하도 불쌍해서 의복과 음식을 베풀어주자 병자는 부끄러워 하면서 법사에게 이 경(經 : 반야심경)을 주면서 항상 독송하라는 것이었다. 이것은 앞에 언급한 익주 공혜사에서 있던 일을 말한 것이다.

현장은 황백룡이 일러 준 대로 제5봉은 피해서 갔으나 길을 잘못 들었던지 야마천의 샘은 발견하지 못했다. 목이 타서 물을 마시려다가 그만 물주머니를 떨어뜨려 물은 한 방울도 남지 않았다. 내노라 하는 현장도 당황할 수밖에 없었다. 제4봉으로 되돌아가기를 10여리 왔을 때 스스로 생각하기를, '나는 먼저 발원하기를 인도 땅에 도착하여 목적을 달성하기 전에는 어떠한 경우든 한 걸음도 되돌아가지 않겠다고 서원하지 않았던가! 그런데 왜 동쪽으로 가고 있는가! 동쪽으로 향하여 사는 것보다 인도를 향해 죽음을 택하겠다'고 생각한 현장은 다시 서북쪽을 향해 가면서 열심히 관음보살을 부르면서 길을 재촉했다.

그야말로 죽음을 각오한 무모한 여행이었다. 밤이 되면 요화(妖火)가 별빛같이 설치고 낮이면 황사바람으로 눈을 뜰 수조차 없었다. 숨이 막혀 곧 질식할 지경까지 이르렀다. 현장이 생각하기를 자신의 고통도 고통이지만 말 못하는 중생들의 고통이 더 클 것 같아 자신이 타고 온 말 등에 손을 얹고 "나를 잘못 만나 고생시켜 미안하다. 다음 생에 꼭 네 신세를 갚으마."하며 눈물을 흘리자 말이 그 말을 알아들은 듯 소리쳐 호응하는 것이었다. 현장은 이 이상 어쩔 수 없다는 생각에 "관세음보살님은 중생구제가 소원이며 목표이시니 이 중생을 가련하고 불쌍히 여겨 이 난관에서 구제해 주십소서." 하고 일념으로 심경을 독송했기 때문에 정신을 잃지 않고 견딜 수 있었다.

그러기를 닷새 째 되는 날 밤 갑자기 서늘한 한줄기 바람이 불어오는 것이었다. 현장은 4, 5일 동안 물 한 모금 마시지 못했기 때문에 심한 갈증에 가물거리던 정신이 번뜩 되살아나는 기분이 들었다. 아! 이제는 살았구나 하는 생각이 스치는 순간 모래 바닥에 죽은 듯이 쓰러졌던 말이 벌떡 일어나 소리치는 것이었다. 현장은 상쾌한 기분에 자신도 모르는 사이 깜빡 조는 사이 비몽사몽간에 수십 척이나 되어 보이는 천신이 나타나 큰 소리로 "무엇을 꾸물거리고 있느냐, 무엇 때문에 빨리 떠나지 않고 있느냐."며 꾸짖는 것이었다. 깜짝 놀란 현장은 말을 타고 달리기 시작했다. 그런데 말이 현장의 뜻대로 가지 않고 반대방향으로 가는 것이었다. 말고삐를 힘껏 잡아당기며 제지해도 막무가내로 제멋대로 가는 것이 아닌가!

그러기를 얼마 지나지 않아 눈앞에 꿈같이 푸른 초원이 나타나고 깨끗한 샘물이 철철 흐르는 것이 보였다. 참으로 지금까지 보지 못했던 지상낙원 그대로였다. 말에게 물과 풀을 배불리 먹도록 하고 자신도 갈증이 풀릴 만치 물을 마시고 손발까지 씻고 나니 마치 구사일생(九死一生)으로 살아난 기분이었다. 현장은 앞으로 필요한 양의 물을 준비하고 꼴을 챙긴 뒤 잠시 쉬었다. 그런데 이게 웬일인가? 조금 전까지만 해도 아름답게 펼쳐져 있던 오아시스가 눈 깜짝 할 사이에 흔적조차 없이 사라져 버렸으니 이 얼마나 황당한 일인가! 앞에서 몇 번 겪어본 적이 있었던 그것은 기상변화에서 일어나는 신기루의 일종이었지만, 실제 기적 같은 현상을 겪은 현장은 '시대신주 시대명주 시무상주 시무등등주 일체고액진실불허'를 몇 번이고 되풀이 독송하며 불·보살님께 감사했다.

그동안 여행하면서 겪은 경험이지만 요괴나 악령이 나타났을 때 관세음보살을 부르면 그들이 사라지지 않았으나 반야심경을 독송하면 모든 것이 사라졌다. 그것이 바로 시대신주… 진실불허 임을 증명해 주기 때문이라고 생각하여 한층 더 신심이 돈독해져 일심으로 염념상속(念念相續) 하면서 앞길을 재촉해 가다보니 이틀 뒤 이오(伊吾)에 도착하게 됐다. 이오는 천산산맥의 가장 동쪽 끝에 있는 오아시스 도시로 예부터 교통의 요충지대였다. 현장은 이오에서 한 정사를 찾아갔다. 그곳에는 3인의 중국 승려가 있었다. 그 중 한 스님이 말하기를 "오늘처럼 다시 우리나라 사람을 만나리라고는 생각도 못했습니다."면서 현장을 끌어안으며 흐느껴 우는 것 이었다. 현장 역시 사막에서 구사일생 가까스로 살아난 처지라 첫 만남이지만 더할 수 없이 반갑고 감격스러워 자신도 모르는 사이 눈물이 옷깃을 적시었다.

작은 곳이라 현장의 소문은 금방 퍼져 호승(胡僧)과 국왕이 찾아

왔다. 국왕은 현장을 궁전으로 초대하여 융숭한 대접을 하고 크게
환영했다. 그때 왕궁에는 고창국에서 온 사신이 현장의 소문을 듣
고 자기 나라로 초청했다. 그러나 현장은 고창국을 거치지 않고 북
부 초원 지대를 거쳐 서쪽으로 가서 인도로 갈 예정이었기 때문에
거절했다. 그러나 사신이 귀국해서 국왕에게 사실을 보고하자 국왕
은 명마 수십 마리를 붙인 정식 초청사신을 보냈기 때문에 할 수
없이 고창국을 가게 됐다.

ℬ 고창국왕의 환대

　세계의 거대한 분지의 하나인 다림분지의 북쪽에는 천산산맥이
있고 남쪽에는 곤륜산맥이 천지개벽 이후 오늘까지 계속 쌓인 눈
과 천하무비의 장엄함과 그 위풍을 뽐내고 있다. 그 산자락에 도성
과 나라를 형성하고 있다. 분지의 중앙은 거의 다 타크라마칸 대사
막이 차지하고 있으며, 천산산맥을 끼고 남쪽으로 길이 있다. 북쪽
길은 천산북로, 남쪽은 사막의 북쪽에 있기 때문에 천산남로라거나
서역북로라 부른다. 곤륜산맥의 북쪽도 같은 사막의 남쪽이 되기
때문에 곤륜북로라거나 서역남로라 부른다. 그것은 아주 옛날부터
동서로 왕래하는 중요한 교통로였다. 즉 중국의 비단을 서역과 교
역했기 때문에 실크로드라는 이름이 붙여진 것은 19세기 독일 탐
험가가 1905년에 발표한 책에서 처음 알려지게 되었으며 보편화된
새로운 명칭이다.

현장은 거리가 가까운 북쪽으로 가게된 것은 장안에 있을 때 인도에서 온 사람들에게서 기상관계와 치안 등을 검토 분석하여 안전한 길을 택했던 것 같다. 천산산맥의 서쪽으로 가면서 점점 높아져 눈이 쌓여있어 넘어가기가 곤란했기 때문에 이오에서부터 천산북로로 갈 예정이었다. 그런데 그때 고창국에서 이오로 파견 왔던 가신의 보고로 현장의 존재를 알게 된 고창국 국왕 국문태(麴文泰)는 불교신자로서 신심이 남달라서 소식을 듣자마자 말 10여 두와 사신을 파견하여 법사를 고창국으로 보내줄 것을 이오국왕에게 명령하였다. 이오에서 고창까지는 약 500km, 장안까지는 직선으로도 4,000km나 되는 아주 먼 거리이다.

고창국은 고대 중국 역대왕조의 서역 지역의 거점이었고 498년 이후 국씨가 군림하여 10대 백4십여 년간을 통치한 나라이다. 고창국은 강대국의 지배를 받으면서도 비교적 안정된 국가였다. 불교를 숭상했기 때문에 현장을 크게 환대하였다. 고창국은 당시 역사상 가장 번영한 전성기였다.

고창 고성 북쪽에는 약 2천만 년 전에 히말라야 산맥의 대 지각변동으로 동·서100km의 홍사암(紅砂岩)인 화염산을 잘 볼 수 있다. 비가 오지 않아 한그루의 나무도 한포기의 풀도 없고 붉은 큰 내가 흘러내려 황량해졌다. 고온 때문에 지열이 상승하여 마치 산이 불타는 것 같이 보이기 때문에 화염산(火焰山)이라 부른다. 이 화염산은 소설 《서유기》에 현장법사 일행이 이곳을 지날 때 손오공이 나찰녀의 파초선을 빼앗아 화염산의 불을 끄고 지나갔다는 곳이다.

현장은 고창국에서 가장 융성한 대접을 받게 됐다. 이오국에서 6일 걸려 밤에야 왕궁에 도착하자 국왕은 궁전 밖에까지 나와 현장을 맞아들여 후원에 있는 2층 누각의 화려한 장막 중앙에 앉게 한 후 정성들여 예를 올릴 정도로 극진히 예우했다. "나는 거리상 지금쯤 도착할 것 같아 침식도 않고 경전을 독송하면서 기다리고 있었습니다." 얘기 도중 왕비와 많은 시녀들이 와서 예배를 올리고 간 뒤 동이 틀 때까지 많은 이야기를 나누었다. 잠시 눈을 붙였는데 벌써 왕과 왕비가 아침 인사차 왔다. "참으로 이곳까지 혈혈단신으로 오느라 많은 고생을 했을 것입니다. 제 청을 들어주어 감사하기 짝이 없습니다."고 거듭 감사하는 것이었다. 그런데도 현장은 10여 일간 머문 후 출국 인사차 가자 "국왕은 이 나라에 오래 머물렀으면 하는데 어떻습니까?"라고 묻는 것이었다.

현장은 "이곳에 있는 동안 호의에 감사합니다만 제 목적지가 아니니 떠나게 해 주십시오."

"나는 이전에 수나라 황제를 따라 장안과 낙양 등 각지를 방문하여 많은 고승들을 만나 봤으나 마음으로 존경하고 가르침을 청할만한 인물을 만나지 못하였습니다. 그러나 스님을 뵙자마자 무어라 표현할 수 없는 감동을 느꼈습니다. 하오니 되도록이면 이 나라에 머물면서 많은 사람들을 지도해 주실 수 없겠습니까? 승려도 수백 명 있고 절도 더 지어 드리겠습니다. 인도에 갈 생각은 그만 두십시오."라고 간청하는 것이었다.

현장은 고맙게 생각하며, "국왕의 온정에 감사합니다만 저는 인도에 가는 것이 목적입니다. 중국에는 경전이 있어도 불충분하여 가는 중인데 도중에서 목숨을 버리는 한이 있어도 바른 불법을 동방에 펴기를 원합니다. 선재동자와 같이 구법할 생각뿐이니 어찌 중도에서 목적을 변경할 수가 있습니까? 그러므로 하루 속히 인도행을 이루게 해 주십시오"라고 간청했다.

그러나 국왕 역시 쉽게 단념하지 않고, "저는 스님을 일생의 스승으로 삼고 공양드리고자 하는 생각은 파미르의 산이 바뀌어도 변함이 없습니다. 부디 제 성심을 믿어 주십시오."

"국왕의 돈독한 마음은 잘 압니다. 제가 인도에 가는 것은 구법 때문입니다. 국왕께서는 훌륭하신 일도 많이 하시어 국민들로부터 존경을 받는 불교 보호자이시니 어떻든 저의 인도 행을 방해하지 마십시오."

"저는 이 나라 왕입니다. 스님을 억류할 수도, 중국으로 돌아가게 할 수도 있습니다. 그러니 이곳에서는 제 뜻을 따르는 것이 좋을 것입니다." 왕은 권위를 내세워 협박도 하는 것이었다.

그러나 현장은 뜻을 굽히지 않고 "불법을 위해섭니다. 지금 여기서 방해를 하면 몸은 여기 묶여 있어도 정신까지는 당신이 마음대로 하지는 못할 것입니다."라고 했다. 현장의 강경한 태도에 국왕은 태도를 바꾸어 더욱 더 융숭한 대접을 하기 시작했다. 하지만 현장은 일단 연금 상태가 되고 말았다. 현장은 여러 가지 궁리 끝에 단식을 하기 시작했다. 음식을 전폐하고 3일이 지나자 체력이 약해지고 호흡이 나빠지는 것을 느끼게 됐다.

그러자 왕은 어쩔 수 없이 단념하고 자신의 이기적인 욕망 때문에 법사를 괴롭힌다는 것을 부끄럽게 생각하고 머리를 조아리며 스님에게 깊이 사과하면서 "제발 자유롭게 인도로 가십시오. 그러기 위해 속히 공양하시고 건강을 회복 하십시오. 그리고 떠나려 하시면 저와 같이 부처님에게 다시 인연을 맺읍시다." 하고 불전에 예배하고 모후인 장 태비 앞에서 결의형제를 약속했다.

그러고는 "자유롭게 출발하시고 돌아갈 때는 3년간 제 공양을 받도록 하십시오. 그리고 지금부터 1개월 동안 인왕경(仁王經)을 강의해 주십시오. 그동안 여행준비를 하도록 하겠습니다." 현장은 그 말을 믿기로 했다. 장 태비는 매우 반기면서 "스님께서 오랫동안 친척으로 대대로 도와주길 원합니다."라 하고, 그런 연후 거대한 텐트를 치게 하고 3백 명 정도를 수용할 장소를 마련케 했다. 국왕은 법회를 시작하기 전 언제나 향로를 가지고 모시러 와서 법사가 법당을 오르려할 때 무릎을 꿇고 엎드려 스스로 발판이 되어 법사가 밟고 올라갈 수 있도록 했다. 최고의 경의를 표한 행위이다. 그리고 매번 법회 할 때마다 정성을 들였다.

1개월의 법회를 회향한 후 드디어 출발하게 됐다. 왕은 법사에게 젊은 승려 4 사람을 제자로 만들어 수행케 했다. 그때 법복 30벌 방한용 겉옷, 장갑, 구두, 버선 그리고 인도왕복 비용으로 황금 100량, 은전 3만, 비단, 명주 5백 필과 말 30두, 25명의 인부, 24개국 국왕에게 보내는 국서 한통씩과 큰 비단 1필을 선물로 보냈다.

봉서에는 "법사는 내 아우입니다. 불법을 배우려고 인도로 가는 길입니다. 법사에게 저와 같이 호의를 베풀어 주십시오."라고 써 보냈다. 법사도 생각지 않은 호의에 너무 감사하여 긴 작별의 인사를 나누었다. "법사와 나는 이미 형제입니다. 이 나라 모든 것이 법사와의 공유물입니다. 그렇게 까지 감사할 것은 없습니다."고 대답하면서 법사를 끌어안고 소리 내며 울자 주위에 있던 모든 사람도 따라 울어 울음바다가 되었다. 왕비와 모든 사람을 도중에서 돌려보내고 왕은 고승들과 말에 올라 수 십리 밖까지 전송하면서 재회를 약속하고 작별을 고했다.

그러나 이것이 아주 이 세상에서 다시 만날 수 없는 마지막 이별이라는 것을 2 사람은 몰랐던 것이다. 그 후 곧 바로 전란의 와중으로 빠져들게 됐다. 고창국 동쪽에는 신생 대당제국이 있고 서쪽에는 광범위한 세력을 가진 서돌국이 있었다. 그 틈 사이에 있는 소국들이 살기 위해서는 강국의 원조를 얻으려고 그들의 동향을 살피면서 교류를 돈독히 해야만 했다.

고창국은 당나라와 서돌궐 양 대국 사이에 평형을 지켜야 했다. 법사와 작별한 2년 뒤 국문태는 장안에 가서 태종황제를 배알하고 충성을 맹서했다. 그것은 국익을 위함이었다. 그러나 이웃나라인 언기국과의 전쟁에서 당태종은 언기국 편을 들어 공격해 옴으로 기대가 무너진 고창왕은 공포를 느낀 나머지 죽고 말았다.

다음 대를 이은 어린 국왕은 당과 싸워 봐도 승산이 없다면서 성문을 열어 항복하고 말았다. 여기서 고창국은 멸망했고 당의 직할령이 되어 서주(西州)라 불리게 됐고 안서도호부를 설치했다. 법사와 작별한 12년 후의 일이다. 만일 고창국왕의 후원이 없었다면 현장의 인도행은 불가능 했을지도 모른다.

ℂ 천산산맥을 넘다

고창국을 출발한 현장은 많은 시자와 선물을 가지고 2일 뒤 교하성(交河城)에 도착했다. 이 교하성은 전한시대(B.C. 2세기경) 차사전국의 수도였다. 대국인 흉노와 한(漢)나라가 대립한 상태에서 2 나라에 복종하면서 근근이 살아 왔으나 결국 442년에 멸망하여 고창국의 부 도시가 되었다. 고창국이 당에게 망한 뒤에는 안서도호부가 고창성이 아니라 이곳에 두었다. 그것은 당나라가 서쪽으로 세력을 확장하기 위한 정책이었다. '대당서역'에는 이곳에 대한 기록은 없고 다음의 아기니국(阿耆尼國)에서 부터 시작했다.

현장일행은 아부사라는 샘터 옆에서 노숙한 뒷날 출발했다. 이곳은 은을 생산하는 은광이 많아서 서역지방에서는 은산(銀山)이라 부르는데 이 산을 넘어가야 한다. 나무 하나 볼 수 없는 광산지대 같은 산 계곡을 옆으로 보면서 가는 도중 느닷없이 도적떼가 나타나 위협하는 것이었다. 현장은 일행에게 저항하지 못하게 하고 그들이 필요한 것을 다 약탈당했다. 이쪽도 25명의 힘센 장정이 있어서 대항할 수도 있었으나 갑자기 저항하다가 한사람의 인명이라도 살상당할까 염려스러워 그런 결정을 한 것이다.

도적떼들에게 모두 약탈당한 후 국경을 넘어 냇가에서 야숙한 뒤 왕성을 향해 떠났다. 그날 밤 같이 야숙했던 다른 대상(隊商 : 사막지방에서 말이나 낙타에 상품을 싣고 떼를 지어 먼 곳을 다니면서 장사하는 상인 : 캐리반)은 현장일행을 미워하면서 밤중에 몰래 출발하고 말았다. 현장 일행은 그 뒤 출발해서 얼마가지 않았을 때 먼저 출발했던 대상들이 도적떼의 습격으로 재화를 다 뺏기고 살해당한 처참한 모습들을 보고 모두 놀랐다. 만일 자신들이 무모하게 저항했더라면 그 같은 참변을 당했을 것이라면서 스님의 지략에 모두 감사하게 생각했다.

아기니국 국왕 돌기지(突騎支)가 마중 나와 공양을 받았으나 분위기가 그리 좋지 않았다. 그것은 전번에 고창국에서 아기니국을 공격했기 때문인 것을 알게 됐다. 현장은 이 나라 왕은 용감하기는 하나 지략이 부족하다고 '서역기'에 기록했다. 정사는 10여 개, 승려는 3천여 명으로 소승불교의 설일체유부를 학습하고 있었다.

고창국(토로판)에서 390km지점에 고루라국이 있고 사방이 산으로 둘러 쌓인 산중 도시며 이곳은 3세기경에 만든 견고하기로 유명한 철문관(鐵門關)유적이 남아있다. 이곳은 타림분지를 들어가는 중요한 통로에 해당하는 관문이다. 그러니까 현장일행은 천산산맥의 남쪽 기슭 길을 따라 서쪽으로 간 것이며 현재의 가라슈루, 쿠차를 통해서 천산산맥 북쪽을 넘었다.

그 길은 돌이 많은 사막을 지나 능산(어름산)의 능선을 넘어야 한다. 쿠차에서 2개월간 기다렸다가 출발했다. '법사전'에는 '이곳은 파미르의 북쪽인데 산길은 험난하고 마치 하늘에 닿은 것 같이 높다. 천지개벽 이래 눈과 얼음이 쌓여 흡사 산과 같고 봄과 여름이 되어도 녹지 않는 빙하(氷河)가 되어 끝이 보이지 않는다. 빙산이 붕괴하여 길을 가로막아 길은 울퉁불퉁 요철이 심하여 언덕을 넘자면 이만저만 고생이 아니다. 때로는 진눈개비가 몰아치면 옷을 몇 겹 껴입어도 추위를 막을 길이 없다. 먹고 자고자 해도 마른 곳이란 한곳도 없다. 할 수 없이 얼음 위에서 그대로 먹고 자야했다'고 기록했다.

7일 만에 천신만고 끝에 북쪽으로 나오기는 했으나 일행 중 10여 명 이상이 동사했고 여러 마리 말을 잃었다. 현장은 천산산맥 중 가장 높고 험악한 곳으로 넘은 셈이다. 천산(天山)이란 이름은 하늘의 영이 깃든 산이란 뜻이며 그 주봉은 6,995m나 된다. 1943년 소련 대좌일행이 주봉남쪽에는 더 높은 봉우리가 솟아 있음을 발견하고 그 높이는 7,439.6m가 된다는 측량결과를 확인했다.

현장이 넘어간 곳은 이 두 봉우리보다 조금 동쪽으로 다가간 곳이라 한다. 이같이 죽음을 무릅쓰고 천산산맥을 넘어 갔는데 현장 이후 그 누구도 이곳에 대한 기록을 남긴 것이 없다. 19세기 중엽 아시아 지리학자가 이곳을 탐험한 '천산기행문' 말고는 단 하나도 없었다. 현재로는 현장이 다녀간 이후 천 2백 5십여 년간 그 부근을 넘은 사람이 없다는 것이 정설이다.

이것만 봐도 현장삼장이란 사람은 참으로 누구와도 비교하기 어려울 만큼 뛰어난 의지력과 결단력과 판단력 외에 실천력까지 갖춘 희대의 대여행가며 대 불교 학승으로서 우리에게 모범을 보여준 대성각자임이 틀림없다 하겠다. 앞에서 언급한 대로 전전생으로부터 많은 수행을 쌓았고 구법승 되기를 서원했던 것이 틀림없다고 하겠다.

❀ 쿠차국의 친절과 친불동

쿠차국(龜玆國)은 동·서 천여 리, 남·북은 6백여 리, 도성의 주위는 17·18리, 문자는 범어를 약간 달리하여 쓴다. 음악인 관현·기락은 다른 나라보다 우수하다. 옷은 모직과 면을 사용했고 머리는 짧고 두건을 썼다. 왕은 굴지족이다. 왕은 지모가 뛰어나지 못해 강력한 부하들에게 눌려지냈다. 옛 풍습의 하나로 아기를 낳으면 나무로 머리를 눌러 납작하게 하려했다. 절은 100여개 승려는 5

천 정도며 소승의 일체유부중학습 하고, 경·교·율의 항목은 인도 것을 취했고 그 읽는 것도 인도 글이다. 그래도 점교(漸敎)에 구애 받으며 음식은 3종의 정육(淨肉)을 섞어 먹고 깨끗하게 즐기기를 노력하고 서로 공덕 쌓기를 경쟁하고 있었다.

그 즈음 쿠차국은 소승불교를 배우고 있었기 때문에 대승 경전에는 능통하지 않은 것 같았다. 백 여 년 전 장안으로 초청되어 법화경 등 많은 경전을 번역한 구마라습이 이곳 출신이다. 현장은 천산산맥의 눈이 녹자 쿠차국을 떠나기로 했다. 그날이 되자 왕은 인부와 낙타, 말 등을 준비한 후 많은 사람들과 전송해 줬다. 현장은 천산산맥 중에서 어느 길로 갔는지 2, 3가지 설이 있으나 확실치 않고, 단지 빙설과 추위 때문에 사람과 말의 희생이 컸기 때문에 상당한 어려움 끝에 산을 넘었다는 것과 그 후유증으로 말년에는 풍병의 원인이 되었다고 한다.

쿠차에서 서쪽으로 30km가면 천불동(千佛洞)이 있다. 4세기경 당대(唐代)에 조성한 것으로 당대 작품이 많다. 천불동의 특징은 굴은 겉에서 보기에는 따로따로인 것 같지만 안은 한 복도로 연결돼 있는 점이다.

중국 동부에는 옛 석굴이 많았기 때문에 불법은 서쪽에서 동쪽으로 전래되었으나 중국 석굴사원은 동쪽에서 서쪽으로(도시에서 지방으로) 전해진 것이 된다. 이미 112굴이 발견됐는데 지금은 천체불(千体佛)의 벽화와 일신·원신·동신·공명조·천궁기락도 등 귀중한 천정 그림만이 조금 남아있다.

석굴 벽화의 경우 학자들은 문화적 유산으로 간주하고, 불교도는 신앙의 대상으로 정중하게 취급된다. 그러나 신앙이 다른 주민들은 자연적으로 붕괴되는 것을 수리할 리가 없고, 만일 돈이 된다고 생각하면 언젠가는 파괴하여 분산하게 될 것이다.

현장이 설법했다는 68호굴에는 법륜상전(法輪常轉)이라고 한자로 조각돼 있으나 후대의 것으로 본다. 현장의 기록에는 이곳에서 설법했다는 흔적은 없다. 그러나 쿠차가 이슬람교 사회로 바뀐 뒤에도 현장의 이름은 분명히 남아있다. 그리고 현장이 다녀간 100년 후에 신라의 고승 혜초(慧超)스님이 인도를 다녀올 때 이곳 천불동을 들렀다는 낙서가 남아있다. 2개의 큰 하천을 건너 쿠차에 도착한 법사일행은 국왕과 신하, 모쿠샤타라는 고승과 함께 크게 환영해 주었다. 앞의 아기니국과는 180도나 달랐다. 인원이 너무 많아 동문 밖에다 장막을 치고 불상을 모셨다. 그곳에서는 음악을 연주하는 것은 환영의 표시인 것이다. 이때 한 승려가 먼저 같은 절차대로 꽃 공양을 했다.

다음날 왕궁으로 초대되어 왕의 공양을 받았다. 그때 음식 중에 고기가 든 음식은 손을 대지 않고 채식만 하는 것을 이상하게 여기는 것을 보고 현장은 '삼정육(三淨肉)은 소승불교에서는 허락되지만 내가 배운 대승불교에서는 허락되지 않는다'고 설명했다.

　•삼 정육이란,
　1. 자기를 위해서 죽이는 것을 보면 안 되는 것.
　2. 자기를 위해 죽었다는 말을 듣지 않는 것.
　3. 자기를 위해 죽인 것 같다는 의심이 나지 않은 것 등이다.

원래 승려는 육식은 금한다. 그러나 탁발하여 생활하기 때문에 아무것이나 먹지 않아서는 안 된다. 그래서 고기라고 거부해서는 안 되기 때문에 이 삼종 육식만을 허락하게 된 것이다. 그러나 대승불교에서 모든 식육을 금한다.

왕이 대접하는 것에 손을 대지 않는 것은 실례가 될지 모르나 회교도는 저육(돼지고기)을, 힌두교도는 쇠고기를 절대 입에 대지 않는다.

∞ 파미르의 악전고투

현장은 쿠차에서 60일간 체류했다. 고창국과 같이 강제로 머문 것은 아니고 천산산맥의 눈이 녹기를 기다린 것이다. 그러나 천산산맥을 넘지 않고 귀로에 간 카슈가루나 파미르를 넘어서 가게 되면 거리가 가깝지만, 꼭 천산을 넘기를 고집한 것은 고창국왕이 부탁한 24통의 소개장을 보낸 그 나라에 들려 선물을 건네줘야 했기 때문이었다. 그중에 중요한 일은 천산 너머에 있는 서돌궐 가간(可汗)때문이었다. 법사는 사막에서 혼자 고군분투한 경험이 있기 때문에 인연을 아주 소중하게 생각한 것이다.

이오국에서 천산북로로 가지 않고 남로에 있는 고창국으로 간 것도 그런 이유이며 결국 순조로운 여행이 되었다. 현장은 왕과 함께 영접해준 모쿠샤구부타가 주석하고 있는 절을 방문했다. 그는 20년간 인도에서 배웠기 때문에 여러 경전에 능통했다. 그중 음운과 문법에 관한 '성명학'의 권위자로 사람들에게서 크게 존경받고 있었다.

자신의 절을 방문한 현장의 실력도 모르면서 그는 자신있게 "이

나라에는 구사론과 비바사론 등 모든 경전이 구비되어 있습니다. 하필 고생을 하여 인도까지 갈 필요는 없을 것입니다. 무엇이든 모르는 것이 있으면 질문 하십시오." 하고 친절을 베푸는 것이었다.

그때 현장은 "미륵보살이 설한 유가자지론이 있습니까?"고 물었다. "그런 삿된 책을 묻는데 참된 불제자라면 그런 경책을 공부하지 아니하여도 좋습니다."란 대답에 현장의 그에 대한 존경심이 사그라지고 말았다.

현장은 다소 격한 어조로 "스님이 말한 그런 경전은 중국에도 많습니다. 그러나 그런 원리는 조잡하고 말은 깊지 못해 궁극적이지 못합니다. 그래서 내가 목숨을 걸고 '대승유가론'을 배우고자 인도로 가는 것입니다. 법사는 또 '비바사론' 등 경전을 이해하지 못하는 것 같습니다. 어째서 그것을 깊지 못하다고 평하려 합니까? 그러면 스님께서는 '비바사론'을 충분히 이해합니까?"

"그렇습니다. 모두 다 이해하고 있습니다."

그러자 현장이 "그러면 질문을 하여도 이해해 주십시오." 한 후 '구사론'의 첫 구절을 물었으나 처음부터 틀렸다고 말하자 얼굴색을 바꾸며 "다른 것을 질문하십시오."라며 문제를 바꾸었기 때문에 딴 것을 질문했으나 틀린 답을 하므로 동석했던 승려들도 원문을 보면서 쿠부타의 무지함을 지적하자 그는 "나이가 많아 잊어버렸다."며 부끄러운 듯 자리를 피하면서, "저 젊은 스님은 대단한 사내다. 아마 인도에 가도 저만한 승려는 없을 것"이라며 칭찬하는 것이었다.

옛날 이 나라 선왕은 3보를 공경했으며 곧 멀리 불타의 유적에 참배하기 위해 동생에게 나라 일을 보도록 명령했다. 그 아우는 명령을 받자 남몰래 제 손으로 남근(男根)을 잘랐다. 일이 일어나기 전에 예방하려 한 일이 있다. 그것을 금상자에 넣어 봉하여 왕에게 바쳤다.

왕은 "이것이 무슨 뜻인가?"고 물었다. 아우는 "돌아오시는 날 열어 보십시오." 하고 대답했다.

왕이 돌아오자 과연 거짓으로 무고하는 자가 있어 "왕의 아우는 중궁(中宮)의 풍기를 어지럽혔습니다."고 했다. 왕은 그 말을 듣고 크게 노하여 엄중 문책하려 했다. 그러자 아우는 "금상자를 열어봐 주십시오." 하고 간청했다. 왕이 아우의 말대로 금상자를 열어 자세히 살펴보니 그것은 절단한 남근이었다.

왕은 "이것은 무슨 이물이며, 무엇을 분명히 하려 함인가?"고 물었다.

아우는 "선왕께서 먼 곳 으로 떠나실 때 나라 일을 부탁하는 명령을 받았습니다. 저는 혹시 무고를 받는 일이 있을지 몰라 남근을 잘라 스스로 증명하려고 했습니다. 이제 예상대로 그 조짐이 나타났으니 아무쪼록 굽어 살피소서"라고 대답했다. 왕은 뜻밖의 일에 놀랐고 그 후 형제의 우의는 아주 두터워 졌으며, 중전으로 드나들어도 허물이 없게 됐다.

왕의 아우는 그 뒤 길에서 한 사내가 5백 마리 소를 몰고 오는 것을 보았다. 거세를 시키고자 함이었다. 아우는 이를 보고 자기의 과거를 회상하면서 거세시킨 소에 대해 연민의 정을 느꼈다. 내가 지금 신체를 손상 받고 있는 것은 반듯이 전생의 숙업이라고 생각한 그는 많은 돈을 지불하여 이 소떼들을 사 들였다. 그 공덕으로 남근이 차츰 원상복귀하게 됐다 한다.

왕은 아우를 위해 절을 세워 그 일을 포창하고 미담을 후세에 전하게 하였다.

∞ 대청지와 소엽수성

산길을 가기 4백여 리 지점에 해발 1,609m 높이에 나뭇잎 모양의 호수가 있다. 이 호수를 대청지(大淸地 : 혹은 열해, 염해라고도 한다)가 있다. 주위는 천여 리, 동서는 길고 남북은 좁다. 많은 하천이 있어 물이 이곳으로 모인다. 물 색깔은 청흑색을 띠고 맛은 짜거나 쓴맛이 있다. 커다란 물결이 끝도 없이 거칠게 이어지고 있으며 용과 고기가 함께 섞여 산다. 마치 바다와 같이 가끔씩 이상한 일이 일어난다. 그래서 왕래하는 사람은 희생물을 바쳐 복을 빈다. 고기는 많지만 잡는 자는 없다. 이 호수는 현재 키르기스탄 북쪽에 있는 이시쿨이란 호수이다.

현장일행은 서북으로 5백여 리에 있는 소엽수성(素葉水城)에 도착하여 서돌궐의 왕인 엽호가한을 만났다. 이 가한을 만나기 위해 가까운 카슈가루에서 아프카니스탄으로 가지 않고 험난한 천산산맥을 넘어온 것이다. 현장은 고창국왕의 편지를 전했다. 마침 가한은 수렵을 떠나려는 참이었다. "2~3일이면 돌아올 터이니 스님은 제 장막에서 기다려 달라."며 떠났다. 현장일행은 피로를 풀기위해 좋은 기회라 생각했다.

3일 뒤 돌아온 가한은 현장을 자신의 텐트로 안내했다 왕의 텐트는 호화롭게 장식돼 있었다. 신하들을 텐트 앞에 두 줄로 앉히고 복장은 모두 면복이며 아름답게 장식했다. 왕은 법사를 친절히 대하고 인사를 마치고 돌궐은 유목민이며 샤마니즘을 신앙하기 때문에 나무의자를 쓰지 않고 땅위에 자리를 깔고 앉고 법사는 철상을 마련해 앉게 했다.

가한은 주연을 베풀어 노고를 위로하며 설법을 청했다. 현장은 10선계와 6바라밀을 설했다. 불교를 모르는 그들에게 유식한 어려운 법을 설한들 아무소용이 없었기 때문에 쉬운 것을 설했으나, 그들은 수렵민족과 유목민족이라 살생을 하지 않을 수 없고 또 국왕은 많은 여성과 관계를 맺는 것은 일족의 번영을 위한 것이라 어쩔 수 없는 일이었으며, 때문에 그들은 불교의 교리를 이해해도 생활까지 바꿀 수는 없는 일이었다. 그 같은 사실을 누구보다 잘 아는 현장이 굳이 10선계와 6바라밀을 설한 의도는 계를 받고 돌아서 계를 파해도 공덕이 있기 때문에 뒷날을 대비하여 우선 그들에게 불교와 인연을 맺어주기 위함이었을 것이다.

며칠 쉬는 어느 날 왕이 "법사는 인도에 가지 않는 것이 좋을 것 같습니다. 그곳은 아주 더워서 곧 병으로 고생할 것입니다. 또 인도 사람은 검고 예의를 모르기 때문에 대하기가 어려울 것입니다." 며 만류하는 것이었다. 그렇다고 가지 않을 현장이 아님을 안 왕은 군대 중에서 중국과 서역 여러 나라 말을 통역할 사람을 찾아서 이웃나라 왕에게도 편지를 써주면서 '잘 다녀가라'고 작별한 후 바로 피살당했다 한다. 그 후, 서돌궐은 657년 당나라 고종에게 멸망하고 만다. 현장은 가한의 왕궁이라 해도 척박하지만 호화찬란함의 극치를 묘사했다 그러나 얼마 후 당나라에 멸망됐기 때문에 현장이 남긴 기록이 그 영광을 전해주는 최후의 자료일 뿐이다. 소엽성에서 서쪽으로 수십 개의 작은 성이 있고 성마다 성주가 있었다. 그렇다고 명령을 내리는 것도 아닌데 모두 돌궐에게 예속되어 있었다.

소엽성에서 서편으로 4백여리 가면 천천(千泉)이 있다. 천천의 주위는 2백여 리며 샘이 천여 개가 있어 지명을 '천천'이라 불렀다. '매년 피서철이면 돌궐왕 가한이 피서차 왔다 갔다'는 기록이 있다.

'서역기'에는 천천에서 서쪽으로 백 사오십리 가면 다라스 성이 있고 성 주위는 8~9리 정도라 했다. 달라스는 중앙아시아를 정복한 구다이바 장군이 이끈 아리비아군과 고구려 출신 고선지(高仙芝) 장군이 통솔한 서역 방위군 3만 명이 751년 충돌한 전쟁터로 유명한 곳이다. 고선지 장군은 대군을 인솔하고 파미르고원에서 키르키트 계곡 방면, 즉 카라크름 산맥을 넘어 인더스강 유역을 평정하는 등 우리나라 장군으로 위용을 떨친 인물로 알려져 있다.

다른 장군이 티베트 정벌에 3번이나 실패한 후에 고선지 장군이 승리하여 당나라의 위기를 면케한 점은 역사에 크게 기록돼 있다. 또 이정기(李正己) 장군은 옛 고구려 땅인 13개성을 장악 당나라가 두려워하는 치정왕국을 세워 황제로 등극, 55년간이나 집권한 기록도 남아 있다.

고구려 후예의 명망을 빛낸 인물들이다.(제왕과 장군 참고)

∞ 아유다국은 유식론서의 탄생지

이곳은 무착(無着, 310~390 또는 390~470) 세친(世親, 天親 , 320~400) 두 형제에 의해 유식 논서가 쓰여진 곳이다. 무착과 세친은 운이 좋아 불멸 후 상법시대인 천 년 전에 탄생하여 부처님의 여풍으로 쉽게 도를 통할 수 있었다. 두 형제는 처음은 소승불교를 공부하다 가 형이 먼저 대승(大乘)으로 개종하였고 동생인 세친을 설득하여 대승으로 개종시켰다. 세친이 개종하게 된 동기에 대한 일화가 있 다. 현장은 세친이 대소승에 대한 논서를 저술하여 대중에게 강의 한 옛 가람을 답사했다. 그곳에서 멀지 않은 곳에 부처님이 3개월 간 설법하셨다는 기념으로 아소카 왕이 세웠다는 높이 2백여 척의 탑이 남아있다. 또 한 가람이 있는데 그곳은 무착이 강의한 옛 가 람이다.

무착은 밤이 되면 도솔천에 올라가 미륵보살(彌勒菩薩)에게서 '유 가사지론'과 '장엄대승경론', '중변분별론' 등의 설법을 듣고 낮에 는 그 묘리(妙理)를 대중에게 강의해 주었다 한다. 현장의 3가지 목 적 중 하나가 이 '유가사지론'을 배우기 위해 인도에 갈 것을 결심 하게된 것이다.

어느 날 밤 무착의 한 제자가 10지론(十地論)을 외우는 소리를 듣 고 세친(世親)은 곧 깨닫게 되어 대승(大乘)을 비방한 것을 크게 후회 했다. 그리고 '대승을 비방한 것은 이 혀(舌)바닥이다. 그러니 이 혀 를 베어버리겠다'는 생각으로 예리한 칼로 혀를 베려는 순간 눈앞 에 누군가 나타난 것을 느끼게 됐다. 바로 형인 무착이었다.

그러자 형은 "대승불교는 모든 부처님이 칭찬하고 많은 성자들이 의지코자하는 가르침이다. 나는 너에게 가르치려고 생각했으나 너는 지금 깨달았다. 이 이상 더 뛰어난 것은 없다. 혀를 베어버리거나 모든 부처님의 성교(聖敎)를 깨우쳐도 대승을 비방한 허물은 고쳐지지 않는다. 다만 대승을 비방한 그 혀로 대승을 찬탄할 것 같으면 허물을 갚고 스스로 고친 것이 된다. 혀를 자르고 입을 다물고 있으면 아무런 이익이 없다." 이 말을 마치자 형은 그림자처럼 사라져 버렸다.

다음날 아침 세친은 형의 처소에 가서 대승교를 배우기 시작했다. 모든 것을 쉽게 이해하게 되었고 그 뒤 대승 논서 100여 권을 저술하였다. 이 세친이 저술한 논리는 그 뒤 대승불교에 큰 영향을 미치게 되었다. 그래서 대승불교의 핵심인물로 마명(馬鳴), 용수(龍樹), 무착(無着), 세친(世親) 등 네 보살을 꼽는다.

무착을 뺀 3보살은 제12대, 제14대, 제21대 조사위에 올라있다.

∞ 곡여성의 전설

갸냐쿠브자국이란 '허리가 구부러진 여자들'이란 뜻이다. 원 이름은 쿠수마푸라(花宮 : 화궁)인데 곡여성이란 이상한 이름으로 변하게 된 데도 재미있는 전설이 있다.

고대 언로의 유명한 서사시에도 있을 정도다.

옛날 지혜와 복덕이 뛰어난 범수라는 왕에게는 용맹스런 아들

천명과 용모가 빼어난 딸 1백 명이 있었다. 그 당시 어떤 선인(仙人)이 갠지스 강가에서 수 만 년을 수행하다가 선정에서 깨어나 주위를 살펴보니 왕의 딸들이 놀고 있는 모습이 눈에 띠었다.

그때 선인은 음심이 솟구쳐 갈피를 못 잡고 화궁으로 찾아가 청혼을 하러 갔다. 왕은 선인이 왔다는 전갈을 듣고 마중 나가 "선인께서 어찌 이곳까지 왕림하셨느냐?"고 묻자 "나는 숲 속에서 오랜 세월 지냈습니다. 선정에서 나와 왕의 딸들을 보니 애착심이 생겨 청혼을 드리러 왔다."는 말에 선인께서는 돌아가 기다려 주시라고 간청했다.

선인이 돌아간 후 왕은 딸들을 차례로 불러 자초지종을 애기하고 의견을 물었으나 아무도 승낙하는 딸이 없었다. 그러나 왕은 고민하게 되자 초췌한 모습이 되었다. 이 때 가장 어린 딸이 아버지에게 "아바마마께서는 모든 나라에서 흠모하는 대왕이신데 무엇을 두려워하십니까?"고 물었다. 왕은 선인이 청혼해 온 일 때문이라고 말하면서 "선인에게는 위력이 있어서 만일 반대하면 큰 재앙이 올 것이기 때문"이라고 하자 어린 딸이 청혼을 승낙하므로 왕은 반색하면서 딸을 데리고 선인을 찾아갔다.

그런데 왕이 데려 온 딸이 너무 어린 것을 알고 기분이 상한 선인은 "어째서 이런 딸을 데려 왔느냐?"며 불평을 늘어놓는 것이었다. 왕은 "그런 것이 아니라 다른 딸들은 누구도 시집가지 않으려 하고, 오직 이 딸만 승낙했기 때문에 할 수 없이 이 딸을 데리고 왔다."라고 대답하자, 선인은 노발대발하며 99명의 딸들은 모두 허리가 구부러지고 용모도 추하게 되며 평생 시집을 못 갈 것이라고 저주하는 것이었다. 왕은 근심이 되어 서둘러 성으로 들어왔으나 때는 이미 늦었다. 선인의 저주대로 딸들의 허리가 모두 구부러진 뒤였다. 그 뒤에 이 나라 이름이 원래의 '화궁(花宮)'에서 '곡여성(曲女城)'이라 부르게 되었다고 한다.

∞ 인신공양의 난

현장은 아유다 국에서 갠지스 강을 80여 명과 같이 배를 타고 동으로 내려가 아야무카국을 향해 백 여리쯤 가는데 돌연 아소카 숲의 무성한 밀림 속에서 십여 척의 도적선이 나타나 배를 뒤지는 등 큰 소동이 벌어졌다. 도적떼는 사람들의 의복과 귀중품을 마구 약탈하는 것이었다. 그들은 토루카 신(神)을 믿는 종족으로 매년 가을철이면 잘생긴 남자를 토루카 신에게 제물로 바치고 행복을 비는 오랜 관습이 있었다.

도적 떼들은 선상의 승객들에게 "금년은 토루카 신에게 제사지낼 시기가 되었는데 아직까지 적당한 제물이 없어 제사를 올리지 못했다. 이중에 적당한 사내가 없는가?" 하고 하나하나 점검하는 것이었다.

"이 스님은 아주 잘생기지 않았는가. 스님을 살해하여 제사를 지내면 틀림없이 좋은 일이 생길 것이다."라며 말이 끝나자 흰 깃을 단 활을 현장에게 겨누는 것이었다.

그때 현장은 "나는 더러운 몸이라 희생하는 것은 애석치 않은데 내가 일부러 이곳 먼 곳까지 온 것은 부처님이 깨달음을 얻은 보리수와 설법을 하신 영축산을 참배하고 정법을 배우고자 한 것이다. 그 목적을 이루기 전에 그대들이 나를 죽인다면 결코 좋지 않을 것이니 잘 생각해 주길 바라오." 하고 결연히 말했다.

그러자 배안에 있는 여러 사람이 도적들을 설득하거나 대신 죽겠다는 사람도 있었다. 그러나 두목은 허락하지 않고 부하에게 물을 길어오고 꽃이 핀 아름다운 곳을 파서 제단을 만들어 놓고 법사를 그 단위로 올라가게 하였다. 현장의 표면상 냉정하고 침착한 모습에 두목은 놀라는 표정이었다.

"잠시라도 자유시간이 필요하다. 마음 편하게 조용히 죽도록 해줄 수 없는가."라고 말하자 그들도 조용히 법사의 명상하는 모습을 지켜보고 있었다.

현장은 마음으로 도솔천의 미륵보살을 염하면서 '모쪼록 내생에는 도솔천에 태어나 유가사지론을 듣게 해주십시오. 깨달은 후에는 다시 사바세계에 태어나 악업을 버리고 선업을 행하도록 인도해주고 그리고 다시 남김없이 불법을 널리 펴 중생을 구제하고자 합니다'라고 마음으로 비는 순간 몸이 갑자기 공중으로 날아 올라가 미륵보살님 앞에 앉는 기분에 깊은 환희심이 용솟음치는 것이었다.

그 순간 갑자기 하늘이 캄캄해지면서 사방에서 돌풍이 불어 닥치는 것이었다. 언덕 가에서는 나무가 부러지고 토사가 날려 앞을 가리고 수면에는 파도가 거세게 일어 배가 모두 전복되기 직전이었다. 이 같은 천지변화에 도적들은 공포에 질려 같이 온 사람들에게 "이 스님은 어디서 왔으며 이름은 무엇인가?" 하고 묻는 것이었다.

"이 스님은 대지나국에서 구법을 위해 인도에 온 것이다. 만일 그대들이 이 스님을 살해한다면 크나 큰 대죄를 짓는 것이다. 지금 이

광경을 보지 못했는가? 틀림없이 토루카 여신이 노한 것이 틀림없으니 빨리 잘못을 참회하시오."라고 하자 도적들은 공포에 싸여 현장을 향하여 합장하고 예배 하여 참회한 후 두목이 명상 중인 현장법사의 어깨를 건드리자 법사는 눈을 뜨고 그를 바라보면서 "이제 최후의 시간이 되었는가."라고 유언삼아 도적들에게 입을 열었다.

"살인과 강도, 사신(邪神)을 섬기는 일과 악행을 하면 미래영겁에 고통을 받게 된다. 사람의 일생은 전광석화와 같아 일순간에 지나지 않는다. 그같이 덧없는 인생인데 왜 죄를 지어 고통의 씨앗을 심는가? 참으로 안타깝도다."고 설교하자 도적떼들은 머리를 숙이고 참회하면서 "이제는 당신을 희생시키는 일은 하지 않을 것입니다. 당신의 영력(靈力)이 신들을 움직이는 것을 확실히 보았습니다. 지금까지는 망상에 빠져 많은 잘못을 저질렀습니다. 당신의 덕택으로 저희들은 눈을 뜨게 되었으며 두 번 다시 살생이나 도적질을 하지 않겠습니다. 모든 무기는 다 버리고 빼앗은 귀중품은 다 돌려주겠습니다. 제발 바른 길로 인도해 주십시오"라고 말하는 것이었다.

그런 후 현장에게서 오계를 받고 의식이 끝나자 바람도 자고 수면도 잠잠해지는 것을 본 도적떼들은 몇 번이고 감사의 예를 올리고 물러났다. 그 같은 광경을 목격한 사람들도 경악하고 탄복하면서 법사의 위대함을 알고 "진정한 구법자가 아니면 어찌 그런 영험을 보일 수 있겠느냐."며 모두 감탄하는 것이었다.

현장 역시 미륵보살의 가피력에 감사하며 이곳에 오는 도중 구사일생으로 목숨을 얻는 체험을 한 것이 세 번째였다. 말하자면 처음은 타크라마칸 사막에서 쓰러졌을 때, 그때는 말과 동행이었다. 두 번째는 만년설의 천산산맥을 넘을 때였다. 그때는 많은 사람과 말을 희생시켰다. 그리고 이번인데 같이 온 일행이 있었으나 그들이 힘이 되지는 않았고 오직 불보살님의 감화라고 생각할 수밖에 없었다.

그밖에 두 번 도적을 만났다. 첫 번째는 교하고성에서 쿠차로 향하는 산중에서였다. 그때 무저항으로 대처한 탓으로 살 수 있었다. 2번째는 카슈미르에서 인도로 향할 때, 그때도 물품만 빼앗겼을 뿐 잘 도망치게 된 것은 마을 사람들의 도움 때문이었다. 그리고 그같이 목숨을 걸고 여행을 계속한 것은 오로지 바른 법을 배우고자 한 그 마음뿐이었기 때문이었다.

죽음의 고비를 넘긴 현장 일행은 그대로 배를 타고 2백여 리 내려와 아야무카 국에 도착했다. 이곳은 옛날 '붓다다사논사'가 '대비바사론'을 지은 곳이다. 다음의 프라나야 국은 흰두교의 성지이다. 그 주위는 천4백 평방미터나 되는 넓은 모래밭이다. 한 번에 수백 만 명이 모이는 곳이며 물을 신성시 하는 것으로 여기는 인도인들에게는 두개의 대하(大河)의 합류지점으로 성역이다. 그곳에는 여러 나라 왕과 호족들이 자비심으로 이곳에 와 시주를 베풀었다. 계일왕(戒日王)도 5년 동안 재산을 모았다가 무차대회(無遮大會)를 행한 곳이다. 각지에서 승려와 논사를 초청하여 설법과 독경회를 개최하여 가난한 사람과 걸신들이 보시를 받기 위해 모여들었다. 또 사람들은 지금도 중류(中流)에서 목욕을 하면 업장을 소멸한다는 신앙을 가지고 있다. 그 중에는 천국에 태어나기위해 7일간 단식한 후 그대로 목숨을 끊은 사람도 있고, 또는 그대로 목욕하다가 중류에서 익사하는 사람도 있다. 많은 때는 하루에 수백도 있을 정도라 한다.

재미있는 외도의 수행법이 있다. 외도의 고행자들은 강 속에 높은 기둥을 세우고 한손과 한발로 기둥 끝을 잡고 옆에 있는 말뚝에 올린 다음 다른 한편의 손과 발은 다만 공중으로 뻗은 채 태양이 떠오르면 목을 뻗치고 눈은 해를 보고 크게 떠서 해가 이동하는 대로 오른쪽으로 돈다. 그러다가 해가 다 저물면 비로소 내려온다. 이렇게 고행하여 생사의 경지에서 해탈하려고 하는데 어떤 사람은 수십 년 동안 한 번도 태만한 일이 없다 한다.

이들은 고행을 통해 신의 사랑을 알게 된다는 것이 그들의 신앙이라 한다. 현장이 방문했을 때는 불교가 쇠퇴되어 있어 불교사원의 두 곳 승려도 몇 명뿐이었다. 반면 힌두교 사원은 수백 개나 있었다. 그러나 옛적에는 부처님이 외도(外道)와 논쟁한 곳이라 하여 아소카 왕이 세운 기념탑은 아직도 남아있다. 또 제바(提婆) 보살이 백론(百論)을 지어 대승불교를 펼쳐 외도를 굴복시킨 곳이기도 하다. 현장은 그곳에서 백론의 일부인 광백론(廣百論)의 논문을 발견하여 귀국 후 번역했다.

☜ 코샴비국의 우다야나 왕

코샴비국은 부처님 당시 우다야나 왕이 통치하고 있었다. 현장에 들렀을 때는 불교사원은 10여 개 정도밖에 없었다. 그러나 한 정사에 전단향(栴檀香)나무를 깎아 조각한 불상이 있었다. 그 불상은 우다야나 왕의 요청으로 만든 것인데 불가사의한 일이 가끔 일어난다. 신묘한 빛을 내며 향기를 품기기 때문에 이웃나라 군왕들이 이 불상을 모셔 가려 했으나 꼼짝하지 않기 때문에 어쩔 수 없이 다른 모사상(模寫像)을 만들어 놓고 진짜상이라 했다. 그 불상의 유래는 부처님이 정각을 이룬 뒤 천궁(天宮, 도솔헌)에 올라가 어머니를 위해 설법하시느라 3개월 동안 돌아오지 못했다. 그때 우다야나 왕은 부처님이 너무나 보고 싶어 목연존자(目連尊者)에게 부탁하여 신통력으로 공인(工人)을 데리고 천궁에 올라가 부처님 묘상을 관찰하고 와서 전단향나무로 조각하게 했다. 부처님이 천궁에서 삼보 계단으로 돌아오시자 그 전단향 불상이 벌떡 일어나 세존을 영접하는 것이었다. 세존께서는 불상에게 "대중을 교화하느라 수고합니다. 내가 없는 동안 말세까지 많이 교화하여 주기 바랍니다."고 당부하셨다 한다.

이 전설이 사실이라면 불상의 기원은 간다라보다 훨씬 오래전 얘기로 흥미 있는 에피소드라 하겠다. 그런데 왜 그 후 인도에서 불상이 만들어지지 않은 이유는 무엇일까? 그것은 인도에는 예부터 윤회사상이 자리 잡고 있었기 때문이다. 불교에서는 부처님의 유훈대로 법(진리)을 스승삼아 수행하면 그뿐이었다. 그뿐 아니라 초기에는 부처님 말씀도 문자로 기록하는 것조차 금기시했기 때문에 부처님을 형상화하여 불상을 만든다는 것은 감히 엄두도 낼 수 없는 실정이었다는 것이다.

동남 쪽 모퉁이에는 높이 2백여 척이나 되는 아소카 왕이 세운 탑이 있다. 이 석주(石柱)의 윗부분은 없어졌으나 아소카 왕이 승가에게 파계에 대한 법칙이 새겨져 있다.

비구·비구니가 계율을 파했을 때는 백의(白衣)를 입혀서 정사가 아닌 곳에 살게 하라는 것이었다. 또 이 나라는 아유다 국교와 같이 유식학자인 무착·세친의 유적이 남아 있다. 또한 가람의 동남에 있는 중각(重閣) 위에 있는 거실에서 세친보살의 마지막 작품인 육식이십론(唯識二十論)을 저술하여 소승을 논파한 곳이다. 가람의 동쪽 망고 숲 속에는 무착보살이 현양성교론(顯揚聖敎論)을 저술한 유적이 남아 있다.

현장은 일각이라도 빨리 날란다 대학을 가야하나, 세존과 인연이 깊은 성저인 기원정사·탄생지닌 룸비니 동산·열반지언 구시나가라 등을 순례하기 위해 북쪽으로 방향을 바꾸어 출발했다.

∞ 불탑과 석굴사원의 유래

현장일행은 그럭저럭 황무지를 벗어나 발크국에 이르렀다. 발크국은 주민은 적으나 농산물은 풍부했다. 절이 100여 개, 승려는 3,000명이 있었다. 이 나라는 그 배화교를 창시한 조르아스터는 B.C. 6세기에 이 땅에서 죽었다.

또 알렉산더 대왕도 B.C. 329년경 이 도시를 침략하여 왕녀와 결혼, 그때부터 그리스의 식민지라 했다. 그 후 그리스 계통 영주들 중에도 인도에서 전해온 불교를 신앙하는 자가 많아졌다. 그 후 꼭 100년쯤 뒤에 아소카 대왕이 불교를 펴기 위해 큰 절을 지었고 여기서 멀리 지중해 연안 각국에까지도 표교 사절단을 보낸 일이 있었다.

이같이 발크라국은 유명한 영주들이 인연을 맺은 곳이다. 그 때문에 동서의 문화와 무역의 중계지가 되었고 금은보화가 많았으며 학자 예술가들이 많이 몰려들었다.

현장은 이 나라가 불교를 독신했기 때문에 1달여나 머물렀다. 인도가 가까운 탓으로 인도 승려도 많이 수행하고 있었다. 부처님께서는 자주 설법하신 곳이다. 여기에서 먼저 크고 높은 훌륭한 불탑이 눈에 들어왔다. 그 모양이 마치 4각 상자 위에 갓 비슷한 모자를 포갠 후 장대(기둥)를 꽂아 놓은 것 같은 인도식 탑이 있다. 높이는 70여 m나 되었다.

이 탑의 유래는 부처님 당시 제자들이 탑을 만들고자 하자 부처님께서 말씀하시기를,

"먼저 승려복(상가티)을 4각으로 개어 울고 그 위에다 윗도리(웃타라상가)를 얹고 다음 그 위에다 속옷(반타쿠시카)을 포개고, 다시 바리떼(주발)를 얹은 다음 그 위에다 석장(지팡이)을 세우면 탑이 된다."고 하셨다. 경주 불국사의 석가탑을 보면 알 수 있을 것이다.

현장 역시 감탄했다 한다. 이 탑 남쪽에 나바산 사찰에는 매우 진귀한 보물이 있었다. ① 부처님이 쓰시던 세숫대야(재료는 불분명), ② 부처님의 치마—길이 30cm, 폭 2.40cm, 색깔은 황백색, 질은 맑은 편이다. ③ 부처님이 쓰시던 비, 카샤풀로 만들었고, 손잡이에는 보석이 박혀 있었다. 1달에 6회 정도 공개하는데 친견하는 사람의 마음이 정직하면 보석이 빛난다고 한다. 그리고 현장은 이 보물에 얽힌 전설을 놀라면서 들었다고 기록했다.

예전에 서부 투루키스탄 궁왕 야쿠부 칸의 아들이 군대를 몰고 이 보물을 탈취하러 쳐들어 오려했다. 그런데 그 전날 밤 그 왕자

의 꿈에 비사문천(4천왕의 한 분)이 나타나 너는 어떤 힘이 있기에 이 보물을 빼앗으려 하느냐면서 긴 창으로 가슴에서 등까지 꿰뚫어 찌르는 것이었다. 깜짝 놀라서 눈을 뜬 왕자는 이튿날 아침 곧 사자를 나비산 정사에 보내어 잘못된 자기 생각을 사죄했다. 그러나 그 사자가 돌아오기 전에 왕자가 급사하고 말았다는 것이다. 현장은 "역시 부처님 성보란 영험이 크구나." 하고 생각했다고 한다.

또 인도에는 원래부터 많은 동굴이 산재해 있었다. 그러나 동굴을 사원으로 이용하기 시작한 것은 B.C. 3세기경부터 크게 발달하게 됐다. 인도의 기후는 여름이 덥고 우기가 길어 이용하는 사례가 많아졌다. 무엇보다 일반 속가는 번잡하기 때문에 수행하는 승려들이 간편하고 가장 안전하게 살 수 있는 동굴을 이용해 만든 것이 석굴사원의 시초가 된다. 따라서 촌락에서 멀리 떨어지지 않은 한적한 곳이며 반드시 음료수가 나는 곳이 최적지였다.

이 같이 만들어지기 시작한 석굴사원이 동진하기 시작하여 서역을 거쳐 중국으로 돌아오게 됐다.

중국에서는 366년경 명사산에서 황금빛이 찬란하게 방광하는 것을 본 사문 낙준이 처음 발견한 곳이 막고굴이다. 처음에 불상을 조성하기 시작하여 5호 16국 시대 9백 년 동안 계속된 대작 불사였다. 초기는 단순한 불상만을 조성했으나 불교가 발달하면서 색채 소상을 만들게 됐다. 당나라 때는 1천여 굴이 있었으나 현재는 496굴만 남아있다. 전체 벽화규모는 45천 평방m, 색채소상수는 2천4백 여체나 된다.

세계 최대의 화랑 박물관이며 불교 예술의 보고라 할 수 있을 정도이다.

✂ 사마르칸트에서 배화교 교화

'서역기'에는 타시켄트는 자시국, 석국(石國)이라 했다. 타시켄트에서 서남으로 약 3백km 지점에 사마르칸트가 있다. 또 타시켄트에서 동남으로 천여리 가면 후에루가나국이 있다 또 천여 리가면 스토리사나국에 이른다고 했다 그러나 '자은전'에는 후에루가나국에 관한 기록은 없다.

'서역기'는 실제로 간 곳에는 행(行)자가 들어있고 그 나라를 친천국(親踐國), 행(行)자가 없는 곳, 즉 소문으로 전해들은 곳은 전문국(傳聞國)으로 표기해 놓았다. 사마르칸트는 강국(康國)으로 기록했고 사마르칸트는 주위의 중심지였다. 남쪽으로는 아무다랴 강을 건너 힌두쿠시 산맥을 넘으면 인도가 있고 서쪽으로 키질클 산맥을 통과하여 한참가면 중국 땅이다.

현장시대는 타메르왕이 이곳을 수도로 삼은 때였다. 현장을 만난 타메르 왕은 몹시 오만했다. 원래는 왕이나 국민 모두가 소로아스다교(불을 섬기는 배화교)였기 때문인 것 같다. 사원은 단 두 곳 밖에 없고 승려는 하나도 없었다. 만일 승려를 보면 그곳 사람들은 무조건 불을 가지고 그들을 내쫓아 버렸기 때문에 승려들이 살 수가 없었다.

현장이 처음 왕을 만났을 때 그 태도가 매우 오만불손 했다. 그러나 몇일 체류하면서 왕을 위해 이 세상의 인과법과 부처님을 찬탄하는 공덕 등을 들려주었더니 왕은 환희심을 내어 법사의 제자 되기를 청하여 불교로 개종했다. 한번은 현장의 두 시자가 절로 가는데 몇 명의 소로아스다교인이 쫓아와 불로 내 쫓으려 한 사건이 있었다. 국왕은 그들을 즉시 잡아다가 여러 사람 앞에서 손을 자르라 했다. 그 말을 들은 법사는 왕에게 자비를 베풀기를 원하면서 신체를 손상하지 않도록 청했다. 왕은 그 말을 듣고 범인들을 추방시켰다.

군중들은 그 사실을 알고 불교신자가 된 사람이 많았다. 그리하여 왕은 큰 법회를 열어 신심을 내게 하고 또 승려를 만들어 절에 있게 했다. 그리하여 많은 사람들을 정법으로 인도하여 잘못된 풍속을 바로 잡게 하고 부처님 법을 펴나갔다.

중앙아시아를 대표할 역사적으로 유명한 곳은 첫째로 사마르칸트를 꼽는다. 사마르칸트는 2천5백 년 전부터 오늘에 이르기까지 유구한 역사가 이어져 오고 있다. 그만큼 교통의 요지며 여러 민족의 침략과 약탈, 흥망의 역사가 반복된 곳이다. 그 중 가장 참혹한 일이 1220년 칭기스칸의 맹공격으로 모두 파괴된 일이다.

모든 사람뿐만 아니라 개나 고양이, 심지어 살아있는 생물은 모두 살육당하고 풀 한포기 나무하나 살아있지 못했다. 사람의 머리로 성을 쌓을 만큼 가득했다 한다. 저수지 지하용수로 배수관까지 다 파괴되어 사람이 살 수 없는 곳으로 변하고 말았다 한다. 칭기스칸은 하나의 오아시스를 함락하면 그곳 사람을 포로로 삼아 다음 오아시스를 공격하는 선발대로 이용했고 그에 불응하면 그대로 죽였다 한다.

우리나라도 많은 피해를 입었다는 기록이 있다. 더 유명한 것은 부처님이 배화교(拜火敎 : 불을 섬기는 외도)의 교주 격이던 가섭(迦葉) 삼형제를 개종시킨 사건이다. 그때 큰 형인 우루빈라카샤바는 오백인의 제자를 거느리고 있었다. 부처님과 신통력 대결에 지게 된 그는 오백인의 제자를 데리고 부처님께 귀의했다. 강 하류에 살던 둘째인 나디카샤바는 형이 사용하던 불을 제사 지내던 갖가지 도구가 강물에 떠 내려오는 것을 보고 이백인의 제자와 함께 형의 뒤를 따랐다. 막내인 가야카사바는 형들이 종래의 불을 섬기는 외도를 버렸다는 말을 듣고는 이백인을 데리고 부처님에게 와서 '이제부터 범행(梵行 : 열반에 이르는 수행)을 닦고자'하여 허락을 받았다. 이로서 카샤바 삼형제가 거느리고 있던 천명의 제자가 불교로 개종하게 되었다. 천 이백 오십인의 부처님 제자 중 천명이 이들이다. 두루빈라카샤바의 두루빈라는 중인도 가야성 부근의 지명이다.

ಐ 구논리와 신논리의 대결

현장의 마투다에서 들린 것은 부처님이 그곳에서도 가르침을 편 적이 있다는 전설 때문이었다. 그것은 동쪽에 위치한 불교 성지를 가던 중 경의를 표하고 크게 융성했던 과거의 사원과 사리탑의 크기와 성지, 승려 숫자, 그들이 추구하는 수행에 대해서 기록했다. 그가 기록한 내용은 특이하지 않지만 마투다에 대한 기록은 재미가 있다.

마투다는 '비슈누'(브라만, 시바와 함께 힌두교의 3주신의 하나, 네 개의 팔을 가진 용(龍) 위에서 명상하는 자세로 세계의 질서를 유지한다는 신)가 태어난 곳으로 힌두교 성도중 하나다. 비슈누(인도의 신)는 브라

만의 세 신중 하나로 형체가 없는 신으로 큰 위력이 있는 것으로
인식 돼 있었다.

현장은 페사뤼르에서 밍고라를 거친 뒤 다시 인더스 강을 건너
탁실라로, 그리고 북쪽으로 가서 산을 넘어 카슈미르에 도착했다.
왕의 배려로 코끼리를 타고 시종들의 시중을 받는 등 융성한 대접
을 받았다. 그는 스리나가르에서 2년여를 지낸 후 다시 남쪽 라흐
르, 잘란다르를 거쳐 마투다로 갔다. 그가 2년여나 지낸 스리나가
르는 현장에게 중요한 시간이었을 것이다.

왜냐하면 그곳은 불교의 중심지로서 장차 날란다에 가서 연구
할 것을 준비해야 했기 때문이다. 그는 산스크리트어와 문법을 알
고 있었으나 더 연구가 필요했고 그에 대한 논문을 써야 했다. 당
시 인도에서 벌어졌던 불교도간의 토론뿐만 아니라 일반적인 종교
적 토론도 지배하는 논리 법칙도 읽고 익혀야 했다.

현장이 인도 체류 후반에 종교적 토론 대형 선수권 대회가 개최
되었다 한다. 그는 북인도 왕의 후원을 받는 힌두교도와 소승불교
에 맞서 승리를 거두었다 한다. 시합 중에 위대한 학자들은 경전에
대한 그들의 해박한 지식으로 상대방을 꼼짝 못하게 하는 능력을
보여 주어야 했다. 만일 시합에서 지는 경우 비참하게 실패를 인정
하는 수모를 겪어야 했다. 그들에게는 다양한 논리 체계가 있었는
데 무착과 세친이 발전시킨 '구 논리'와 디그나나라는 후대학자가
만든 '신 논리'도 그 중 하나였다.

이 두 논리 모두 토론의 원리를 세웠으며 '33개 오류'로 불리는
받아들일 수 없는 대리 주장을 인식하는 방법을 가르쳐 주었다 한
다. 그만큼 훈련이 엄격하고 혹독했다고 한다. 그러나 그 대가에

대한 언급은 없고 다만 보상수준이 높았다는 기록만 있을 뿐이다. 인도에는 그 당시 18개 학파가 있었는데 끝까지 의견이 대립했고 그들이 자기주장을 펼 때는 대단한 기세였다고 하며 그들이 보여준 지식의 양에 따라 상을 받았다고 했다.

1등급의 책을 완전히 설명할 수 있는 사람은 (사원의 청지기)자리에서 벗어난다. 2개 등급의 책을 통달하면 상석이라 부르는 칭호를 받는다. 3개 등급의 책을 통달하면 시중을 드는 하인을 갖게 된다. 4개 등급을 통달하면 코끼리 마차를 탈 수 있다. 5개 등급을 통달할 경우 수행자를 거느리게 된다. 참가한 사람들 중 1명이 품위 있는 언어와 뛰어난 연구 깊은 통찰 그리고 심도 있는 논리로 남들보다 돋보일 때 그는 값비싼 장신구를 얹은 코끼리 등에 올라타고 수많은 수행원의 호위를 받으며 사원 입구까지 나아가는 예우를 받는다.

반대로 자신의 주장을 제대로 펼치지 못하거나 표현이 서툴고 우아하지 못한 사람, 논리 법칙을 위반하고 자기 마음대로 말을 하는 사람은 얼굴에 붉은색과 흰색 물감을 칠해 흉하게 만들고 몸에는 진흙과 먼지를 입혀 인적이 없는 장소에 데려다 놓거나 구덩이 속에 집어넣는 식으로 그들은 존경받을 가치가 있는 자와 무가치한 자 현자와 우자를 구별했다고 기록했다.

위 기록을 보면 그 당시 인도 불교의 교육방법의 엄격함과 고도로 수준 높은 학승을 길러 내고자한 의지가 돋보인다. 더구나 이국인인 현장의 경우 피나는 노력과 인욕이 뒤따르지 않았다면 그 과정을 견디기 어려웠을 것으로 짐작 된다.

현장의 탁실라에 대한 기록의 내용을 보면 이곳은 고다마(석존)가

전에 살았던 곳으로 부처가 되기 이전에 보살이 수련하던 곳이었다. 그때 그는 큰 나라의 왕이었으며 '찬드라프라다'라고 하였다. 그는 머리를 자르고 깨우침을 얻기 위해 노력했다. 결국 1천 번을 반복 윤회하면서 태어나는 동안 드디어 깨달음의 경지에 이르게 되었다고 기록했다.

또 북쪽의 어느 나라 왕으로 있을 때 자신의 눈을 빼 보시를 했다고도 하였고, 팔을 잘라 굶주린 호랑이를 구했다는 이야기도 있다. 이것은 부처님의 전생담 중의 하나지만 역사적인 사실로 남아 있는 '샤카족(釋迦族)의 멸망사'가 있다. 부처님 재세 시에 강대국의 하나였던 코살라 국 파세나디 왕과 빔비사라 두 왕은 부처님의 큰 후원자들이였다.

∞ 카필라바스투와 샤카족

카필라바스투국은 석가 탄생의 나라로 유명하다. 그 위치에 대해서는 여러 설이 있었으나 1895~96년경 아소카 왕의 석주가 발견됨으로 고대 카필라성의 위치를 확실히 입증됐다. 룸비니 근처에서 불탑·대석관과 사리용기가 발굴됐다. 그 안에서 금, 은, 귀석, 피석 등 장식품이 나왔다. 사리 용기에 옛 부라호마 문자로 '석가 세존 붓타의 스카테이 형제 자매 처자 등이 봉현함'이라는 명문이 발견됐다. 주위가 4천여리, 빈 성이 10개나 되고 이미 황폐함이 심하다. 왕성도 퇴락하여 둘레가 얼마나 되는지 정확하지 않다. 그 안의 궁성은 주위가 14~5리나 된다. 벽돌로 만들었는데 기초가 아직도 높고 견고하다. 황폐함이 오래되어 사람이 사는 곳도 많지 않다. 이 나라는 원래부터 샤카족이 살던 고장이다.

　샤카족은 옛날 태양 종족 중의 하나인데 첫째 왕의 아들은 사자협(師子頰)이며 그에게는 4명의 아들이 있었다. 첫째는 정반(淨飯)이며 싯달타(悉達多)와 난타(難陀)라는 두 아들이 있었다. 둘째는 백반(白飯)이며 발제(跋提)와 파사(波沙)라는 두 아들이 있었다. 셋째는 곡반(斛飯)이며 데바달다(提婆達多)와 아난(阿難)이란 두 아들이 있다. 네째는 감로반(甘露飯)이며 역시 마하남(摩訶男)과 아나율(阿那律) 두 아들이 있었다. 딸인 감로미(甘露味)에게는 시바라(施婆羅)라는 아들이 있었다.

　첫째인 정반이 뒤에 석가족의 왕이 되었는데 그의 장자가 싯달타 태자이며 뒷날 왕관을 사양하고 출가하여 인천의 스승인 부처가 된 인물이다. 동생인 난타 역시 성불한 형을 따라 출가했다. 백반의 아들이며 왕위 계승자인 발제는 출가 문제로 수차의 절충 끝에 7일간만 교단생활을 하기로 한 후 왕위를 계승하였으나 재위 중에 나라가 멸망하는 비운을 맞고 말았다.

　3째인 곡반의 아들 데바닷타는 부처님의 제자며 사촌 동생이면서 부처님을 죽이고 교단을 장악하려는 탐욕 때문에 3역죄(三逆罪)를 범하고 생지옥에 떨어진 대 죄인이 되었다. 그의 동생인 아난은 부처님의 수제자가 되어 25~27년간이나 부처님을 시봉하고 다문제일(多聞第一)로 제1결집 때 경전을 송출하는 등 불교에 큰 공헌을 한 인물로서 가섭존자와 함께 교단을 잘 이끌어 나갔다. 후일 가섭으로부터 부처님의 법을 이어 받아 제3조가 되었다.

4째 감로반의 아들인 아나율은 출가하여 천안제일(天眼第一)의 아라한이 되었다. 부처님의 아들인 라후라(羅睺羅) 역시 10세에 출가하여 밀행제일(密行第一)의 10대 제자가 되었다.

정반왕이 살던 궁성 안에 건물터가 남아있는데 정반왕의 정전(正殿)이 있던 곳이다. 그 건물터 위에 정사가 세워져 있는데 그 안에는 정반왕의 상이 모셔져 있다. 그 옆에 마야부인의 침전이 있었다. 태자가 어머니 태중에 임신한 곳이며 정사에는 태자를 임신한 상이 만들어져 있다. 그 정사의 동북쪽에 수토파가 있는데 아시타선인이 태자의 관상을 본 곳이다. 정반왕은 아시타선인(5신통을 구족하여 33천을 자재하게 출입했던 선인)을 불러 "내 아들이 태어났다. 선한가, 악한가를 충분히 살펴보고 분명히 대답하도록 하라."고 분부했다.

아시타선인은 "그가 세상에 살면 전륜성왕(轉輪聖王)이 될 것이며 출가하면 반드시 등정각(等正覺)을 이룰 것입니다."고 말했다. 또 선인은 "저는 천궁에서 좌선하고 있었습니다만, 천인들이 춤추고 있는 것을 보고 어찌하여 이렇게 하느냐?"고 물었더니 "대선은 알지 못합니까? 남섬부주안의 석씨가(釋氏家)의 정반왕 제1부인이 지금 막 태자를 낳았습니다. 반드시 삼보리(三菩提)를 깨달아 일체의 법을 원만하게 설명하게 될 것입니다."고 들려줬습니다.

"저는 이 말을 들었기 때문에 이렇게 와서 예를 다하는 것입니다. 다만 슬픈 것은 제가 이미 늙어 성인의 교화를 받을 수 없는 처지라는 것입니다."고 말했다.

∞ 태자 탄생지 룸비니

천천에서 동북쪽으로 8~90리쯤 가면 룸비니 숲에 이른다. 이곳에는 석종(釋種 : 석가족)들이 목욕하던 연못이 있다. 물은 맑아 거울 같은데 갖가지 꽃이 다투어 피고 있다. 그 북쪽으로 20여 걸음 남짓되는 곳에 무우화수(無憂花樹)가 있었던 곳인데 지금은 없다. 여기가 보살 태자가 태어난 곳이다.

태자를 탄생한 마야부인(摩耶夫人)은 바다하성의 성주인 선각(善覺)의 딸인데 결혼한 후 10여 년이 지나도록 잉태하지 못한 부인이 어느 날 밤 꿈에 흰 눈같이 빛나는 여섯 개의 어금니가 나 있는 흰 코끼리가 부인 품으로 들어오는데 그때 수천의 천신들이 노래를 부르며 그녀의 잉태를 찬양하는 것이었다. 마야부인은 그간의 근심 걱정이 모두 녹아 없어지고 행복의 기쁨에 감싸이는 기분이었고 잉태한 후 아무런 괴로움 없이 편안하게 지내다가 산달이 다 되어 인도의 풍습대로 친정으로 가던 도중 룸비니 동산에 이르렀을 때 갑자기 산기가 있어 왕자를 출산하게 된 것이다.

동쪽으로 이웃에 서 있는 수토파는 아소카 왕이 세운것인데, 두 마리의 용이 태자에게 목욕시킨 곳이다. 태자는 태어나자마자 부축도 받지 않고 사방으로 각기 일곱 걸음씩 걸어 간 다음 스스로, "천상천하(天上天下) 유아독존(唯我獨尊) 한다. 앞으로 내가 지닌 생은 다했다. 이것이 최후의 생멸이며 앞으로는 윤회전생하지 않을 것이다."고 말했다.

또 발을 내디딤에 따라 큰 연꽃이 나오고 두 마리 용이 뛰쳐나와서는, 허공에 머물며 각기 물을 내뿜었다. 하나는 차고 하나는 따뜻했는데 그 물로써 태자가 목욕한 것이다.

태자가 목욕했던 동쪽에 두 개의 맑은 우물이 있고 곁에 두 개의 수토파가 있다. 두 마리 용이 땅속에서 춤추며 나온 곳이다. 태자가 태어나자마자 친족이나 시녀들이 서둘러 물을 구해서 씻기려 하자 두 개의 우물이 솟아난 것이다. 하나는 차고 하나는 따뜻해 그 물로 몸을 씻은 것이다. 그 남쪽 수토파는 제석천이 태자를 받들어 모신 곳이다. 태자가 태내에서 나오자마자 제석천은 무릎을 꿇고 미묘한 천의(天衣)로 태자를 받았다. 그 이웃에 네 개의 수토파가 있는데 4천왕이 태자를 안고 왔던 곳이다.

태자가 태어나자 사천왕은 금색 첩의로 태자를 받들어 어머니 앞에 나아가 "부인께서 이 복덕 갖춘 아드님을 낳으신 것을 참으로 축하할 일입니다. 모든 천인도 기뻐하고 있습니다. 하물며 이 세상 사람의 기쁨이야 말할 나위가 없을 것입니다."고 말했다. 그러나 불행하게도 이 세상에서 가장 위대한 대성인이 될 아들을 낳은 기쁨도 느끼지 못한 채 7일만에 세상을 떠났다.

❀ 태자와 결혼에 얽힌 비화

숫도다나 왕은 아시타 선인의 예언이 항상 마음에 걸렸다. 부왕은 아들이 출가하여 성인이 되는 것보다 세속에 살면서 전륜성왕이 되어 가문을 빛내주기를 바랐다. 그는 여러 가지 궁리 끝에 아들의 마음을 돌리기 위해서 우선 여자에 대한 즐거움을 알려주는 것이 최선책이라고 생각하였다.

그는 태자비 간택을 서둘렀다.

"아들아, 너는 이제 결혼할 나이가 되었다. 혹시 마음에 드는 여자가 있으면 말해 보아라."

"아바마마, 죄송한 말씀입니다만 제가 결혼할 여자는 찾기 어려울 것입니다. 그 이유는 젊고 아름다워야 하고 누이처럼 다정해야 하며, 어머니처럼 인자하고 부드러워야 하며, 모든 일에 진실하고 거만하지 말아야 하며, 잘난 체도 하지 말아야 하고 귀한 것을 시기하거나 부러워해서는 안 되며, 노예처럼 온순하고 하녀처럼 겸손하고 일찍 일어나고 늦게 잘 것이며, 옷으로 치장하거나 향수를 바르거나 소란스러운 놀이나 호화로운 잔치에도 무관심해야 하고 몸과 마음이 순결해야만 하기 때문입니다. 만일, 이런 여인이 있다면 서슴지 않고 결혼하겠습니다."

왕은 아들의 말을 듣고 지혜와 식견이 빼어난 궁전의 승려를 불러 아들의 의견을 말하고 그런 여인을 찾을 것을 명령하였다. 왕명을 받은 승려는 그날부터 여러 날 동안 수많은 여인을 찾아보았다. 그러나 그런 여인을 만날 수가 없었다. 실의에 빠져 이제는 더 찾아볼 여력이 없었다. 지친 몸을 이끌고 궁전으로 돌아오는 수밖에 없었다. 그때 마침 어머니와 함께 하녀를 데리고 나들이에서 돌아오는 한 소녀를 발견하게 되었다. 그 순간 그의 눈이 빛났다.

샤카족 출신 단다파니의 딸 야소다라였다. 승려는 그녀에게 여러 가지를 물어보았다. 더 이상 질문할 것도 없고 조금도 의심할 여지가 없었다. 왕궁으로 돌아온 그는 왕에게 고하였다.

"폐하, 드디어 찾아냈습니다. 틀림없는 천생연분입니다. 이 이상 더 찾아볼 필요가 없을 것입니다."

하지만 왕은 아무리 슬기로운 승려라 하더라도 실수는 있는 법이어서 그와 의논하여 야소다라를 직접 시험해 보기로 하였다.

그는 신하를 시켜 일주일 후 싯달타 태자가 젊은 처녀들에게 보석을 나누어 줄 터이니 모두 궁전으로 오라고 공표하였다. 약속한 날, 많은 처녀들이 몰려왔다. 왕자는 처녀들에게 보석을 일일이 하나씩 나누어 주었다. 야소다라는 맨 뒤에 있었다. 이제 야소다라만 홀로 남게 되어 왕자 앞에 서게 되었다. 그러나 왕자의 보석 바구니는 텅 비어 있었다. 야소다라의 몫이 없었다. 천천히 왕자 앞에 선 야소다라는 미소를 머금은 음성으로 말했다.

"왕자님, 아무것도 없군요. 저를 업신여기신 것인가요?"

"천만에요. 아가씨가 마지막으로 왔기 때문이지요. 그 대신 내 손가락에 낀 반지를 드리지요."

그러자 야소다라는 머리를 가볍게 흔들었다.

"아닙니다. 받을 수 없습니다. 왕자님 것이지 제 것이 아닙니다. 오히려 제게 보석이 있다면 왕자님에게 드리고 싶을 뿐입니다."

야소다라가 물러가고 그 말을 전해들은 숫도다나 왕은 그녀가 바로 진짜 보석이며 태자비로 손색이 없음을 직감하였다.

승려의 통찰력이 틀림없음을 확인한 후 야소다라 부친인 단다파니를 궁전으로 불렀다.

"단다파니여, 자네 딸을 우리 아들에게 주게나."

그러나 그는 머뭇거릴 뿐 쉽사리 승낙하지 않았다. 숫도다나 왕이 재차 청혼을 하였다.

"폐하, 용서하십시오. 쾌히 허혼할 수가 없습니다. 왕자께서는 온갖 사치와 호강 속에서 자랐습니다. 조금도 부족함을 모릅니다. 저희 가문은 힘세고 슬기롭고 용감하고 머리 좋은 남자에게만 딸을 줍니다. 왕자께서는 분명 명예와 권세에 나약하고 나태에 젖어 있을 것입니다. 그러므로 제 딸의 남편감으로는 적격자가 아닙니다."

단도직입적인 거절에 왕은 오히려 당황하고 부끄러웠다.

태자는 부왕의 부름을 받고 달려왔다.

"아바마마, 몹시 슬프고 괴로워 보이십니다. 무슨 사연인지 들려주십시오."

왕은 여러 가지 생각 끝에 단다파니에게 딸을 태자의 아내로 달라고 했으나 거절당했다고 털어 놓았다. 태자는 얼굴에 웃음을 띠며 말했다.

"공연한 걱정을 하고 계셨군요. 아바마마, 저보다 더 재능 있고 힘 센 남자는 카필라 성 안에는 드물 것입니다. 저와 겨룰 사람을 모두 모아 주십시오. 저의 재능과 힘을 보여드리겠습니다."

부왕은 아들의 말을 듣고 안도의 숨을 쉬었다. 태자의 제의에 따라 일주일 뒤 카필라 성의 건장한 젊은이들이 다 모여 여러 가지 시합을 치렀다. 아무도 싯달타의 적수가 되지 못하였다. 이를 지켜본 단다파니는 속으로 외쳤다.

'저같이 훌륭한 젊은이와 내 딸이 부부가 된다면 얼마나 자랑스럽고 영광스러운 일인가. 하마터면 큰 보물을 잃는 큰 실수를 저지를 뻔하였구나!'

단다파니는 대왕에게 사과하고 청혼을 받아들일 것을 오히려 간청하였다 한다.

∞ 출가동기

카필라 성의 동남쪽에 한 정사(精舍)가 있다. 정사 안에 태자가 백마를 타고 허공을 나르는 상이 있다. 즉 태자의 유성출가한 장소이다. 성의 4대문 밖에 정사가 있다. 그 안에 노인, 병자, 죽은 자, 사문의 4개상이 있다. 이것은 태자가 출가한 동기는 이 4개문에서 나와 노인, 병자, 죽은 자, 사문(沙門)을 만나 제행무상(諸行無常)함을 들은 나머지 속세의 번뇌가 싫어져서 출가하게 된 것을 상중한 것이다.

다시 말하자면 동문에서 노인을, 남문에서 병자를, 서문에서 죽은 자를, 북문에서 사문을 만나, 세상이란 고해임으로 출가하여 도를 이루면 공덕이 무량함을 알게 된 것이다. 허나 알고 보면 지금까지 만난 4 사람은 신통력으로 변신하여 나타난 정거천(淨居天)의 화신이었다.

성의 서북쪽에 수 천기의 적은 졸탑(卒塔)이 있다. 이것은 코사라 국의 유리왕이 카필라 성을 공격하여 샤카족들을 참살한 흔적인 셈이다.

현장은 '시체를 쌓은 것이 풀 무더기 같고 피는 흘러 못을 이뤘다'고 기록했다. 작은 탑이 있는 서남쪽에, 4개의 작은 탑이 있다.

이것은 코사라 국의 공격군을 물리친 병사의 무덤이다. 그것은 전쟁을 싫어하는 샤카족 사람들이 "우리 종족은 전륜성왕(轉輪聖王)의 혈통을 받아 석존과 동족이다. 흉폭한 행동으로 사람을 죽이는 짓을 해서는 안 된다. 왜 항전을 해서 일족을 욕보이고 우리나라의

명예를 손상케 했는가? 그 죄는 크다."며 4 사람을 북방으로 추방
시켰다. 그 결과 한 사람을 간다라의 북쪽 우데야나 왕, 한 사람을
바미야국 왕, 한 사람을 파미르 고원 안에 있는 히마타라국 왕, 한
사람을 샴미국 왕이 되여 혈통을 보존했다.

성의 북쪽 3.4리 니구로다 숲이 있는 곳에 아소카 왕이 세운 탑
이었다.

∞ 출가한 곳

룸비니를 떠난 현장은 황야와 울창한 숲을 5백여 리가서 라마국
으로 향했다. 이 나라의 도성은 폐허가 되어 인적이 없었다. 옛 성
의 동남쪽에 이 나라 선왕이 석존 입멸 후 사리를 8등분한 것 중 1
등분을 분배받았다. 근 100척 정도의 탑이 있다. 그 탑이 때때로
방광하는 기적을 보여 주었다. 그 사리를 아소카왕이 발굴하여 다
시 분배하고자 했으나 다른 7곳은 발굴했으나 이 탑마는 용왕의
원으로 발굴하지 못했다 한다. 그리고 이 나라는 부처님의 어머니
인 마야부인의 고향인데 '서역기'에는 언급이 없다. 그러나 머지않
은 곳에 마야부인의 고향이라는 기념탑이 있다. 또 선왕이 세운 사
리탑에서 100리 동쪽에 아소카 왕이 세운 탑이 있는데 이곳은 싯
달다 태자가 야반에 성을 넘어 이곳까지 와서 옷을 갈아입고 영락
을 풀고 머리를 잘라 시종에게 주고 이별한 곳이며 석가낙식(釋迦落
飾)을 기념한 성지이다. 그곳은 아주 으슥한 숲 속이라 누구의 눈에

도 띄지 않는 곳이다. 태자는 시종 잔다카와 작별하면서 '이곳은 내가 세간이란 그물에서 벗어나고 가족이란 속박에서도 떠나 최후의 타는 것도 버리는 곳이다'라고 생각하고 태자의 보관 속에서 보물을 꺼내어 시자를 향해 "너는 이 보물을 가지고 돌아가 부왕에게 지금 여기서 멀리 세상을 숨고져 하는 것은 부모를 등지는 것이 아니라 세간의 무상함을 끊고 모든 번뇌를 여이고져 함이라고 전해 주길 부탁한다." 그러자 잔다카가 슬픈 목소리로 "어떠한 생각으로 타는 것까지 버리고 어찌 돌아오시려 합니까?"라고 하자 태자는 몇 번이고 잘 타이르는 것이었다. 그곳에서 18.90여리 동남쪽 광야를 지나 니구로다 숲 속으로 들어갔다. 그 큰 숲 속을 벗어나면 구시나가라에 이르게 된다.

∞ 고행과 유영굴(留影窟)의 전설

인도인은 원래부터 고행 그 자체를 수행으로 보는 특징을 가진 국민들이며 세계에서 그 유례가 없을 정도의 다양한 고행 방법을 창출했다.

고행의 원어 '타파스'는 '열'을 뜻한다. 인도인들은 고행을 실천하면 신체에 열이 축적되어 그 열의 힘으로 자신의 목적이 성취된다고 생각하였다. 그 근거는 가장 강력한 세력을 가진 우레신인 인드라의 고행에 의하여 성력(聖力)을 얻었다는 '리그베다'의 기록에 의한 것이다. 후에 힌두교에서는 최고 원리인 브라만의 고행으로 열이 발생하여 우주와 모든 세계가 생겼다는 창조설을 만들었다.

아마 이 창조설이 기독교에 영향을 미쳤는지도 모른다. 그만큼 인도의 고행 사상은 철저한 것이고 고행에 얽힌 전설은 수없이 다양하고 많다.

태자 역시 두 스승을 따라 고행을 위해 숲으로 들어갔다. 다음은 ≪안반수의경(安般守意經)≫ 첫 머리에 나오는 구절이다.

"먼저 태자께서 지월국에 계실 때, 안반수의(호흡법)를 90일간 행하셨다."

안반은 입식과 출식(들이마시는 숨과 내쉬는 숨)을 뜻한다. 이것을 볼 때, 부처님의 고행은 호흡법, 즉 요가행부터 시작되었음을 알 수 있다.

요가란 둘을 하나로 동여매는 것을 뜻한다. 어떤 목적을 위하여 마음을 끌어매는 힘을 집중하는 것으로 그 목적은 명상에 의해서 적정의 신비경에 들어가 절대자와 합일을 실현하는 것이다. 그러므로 요가는 두뇌나 심정으로만 되는 것이 아니라 육체 전부를 바치지 않으면 안 된다. 그 방법에는 두 가지가 있다. 하나는 좌선행(坐禪行)이고 다른 하나는 역근행(易筋行)이다.

역근행을 현대의 체조 같은 것으로 알고 있지만 실은 그렇지 않다. 부처님의 28대 법손인 보리달마(菩提達摩)가 남인도에서 중국까지 불법을 전하였는데 불법(좌선법)뿐만 아니라 부처님께 전수받은 호흡법과 역근행인 권법을 소림사 제자들에게 전해주었다.

일정 시간 동안 숨을 멈추고 정신을 집중시키는 지식선(止息禪)은 오히려 부처님을 괴롭혔다. 지식선은 혈액 부조를 일으킨다는 사실을 뒤늦게 깨닫고 ≪안반수의경≫에 강력히 경고하였다. 또 코와

입으로 드나드는 숨을 차단하고 귀로 공기를 통하는 방법도 큰 피해만 입고 중지하였다고 한다.

태자의 또 다른 고행은 절식과 단식이다. 절식은 하루에 보리와 삼 씨 한 알로 연명하는 것이고 단식은 10일, 15일 동안 음식을 조금도 먹지 않는 것이다.

몸은 대부분 알몸이었으며 음식은 야채와 생쌀·참깨가루·풀·열매·떨어진 과일만 먹었고, 물고기·고기·술은 먹지 않았다. 옷은 삼옷이나 나무껍질만 걸쳤으며 누구의 식사 초대도 거절하였다. 잠은 항상 남이 보이지 않는 숲 속 묘지에서 해골과 함께 잤다. 때로는 세속적인 남녀 간의 쾌락에 마음이 흐려지기도 하고 현재 생활이 과연 정당한가 생각하기도 하였다. 엄습하는 고독과 사나운 짐승들의 공포에 시달린 때도 있었다. 이런 여러 가지 유혹과 의문과 미혹과 공포 등이 악마 파순의 모습으로 나타나 부처님을 회유, 희롱하는 것이었다. 또한 이 고통을 참고 수행하는 목적에 대한 회의도 만만치 않았다.

이 같은 정신적인 고통과 갈등 속에서 몸은 80세 노인처럼 등이 휘어 걷지 못하고 네 발로 기어야 했으며 앉으려면 뒤로 벌렁 나자빠지는 지경에 이르게 되었다. 3세기경의 작품으로 간다라 지방에서 출토된 고행상을 보면 두 눈이 푹 패고 가슴뼈나 혈관이 피부 위로 솟아오른 처참한 모습이었다. 이와 같이 태자의 격렬한 고행은 인류 역사상 전무후무한 대표적인 인간의 진리 탐구에 대한 위대한 승리의 표본이라고 할 수 있다. 경전의 기록에 의하면 부처님의 몸은 피골이 상접하였고 얼굴이 잿빛으로 변했지만 그래도 깨닫지 못하였다고 했다.

극한 상황에서 6년을 보낸 태자는 육체적 고행만으로는 도저히 올바른 지혜를 얻지 못한다는 것을 깨닫고 일단 고행을 포기하기로 하였다. 그러나 다시 '만일 내가 여기서 고행을 포기한다면 그것은 원래 나의 목적을 포기하는 것과 같다. 다른 방법을 모색하여 다시 수행해야겠다'고 결심하고 장소를 옮기기로 하였다. 그리하여 찾아간 곳이 뒷날 전정각산(前正覺山)이라 불리게 된 곳이다. 전정각산이란 부처님이 깨닫기 전에 수행하던 산이란 뜻이며 이 산은 붓다가야에서 보이는 산이다.

태자는 한 동굴을 발견하고, 그곳에서 깨달음을 이루어야겠다는 생각으로 최후의 고행처라 결심하고 좌선을 시작하였다. 그러나 웬일인지 산이 갑자기 요란스럽게 진동하기 시작했다. 부처님은 이상한 생각이 들어 망설이고 있을 때, 하늘에서 그 장소는 그대의 수행처가 아니니 저 산기슭에 있는 마을로 가서 수행을 완성하라는 소리가 들렸다.

전정각산에는 옛날부터 한 마리 용이 살고 있었다. 용이 생각하기를 부처님이 이곳에서 깨달음을 얻는다면 이 산에서 깨달은 인연으로 자신도 구제받을 수 있을 것이라고 즐거워 하였는데 태자가 그곳을 떠나려는 것을 알고 태자 앞에 나타나 슬피 울면서 만일 이곳을 떠나시려거든 이곳에 머물렀다는 기념으로 동굴 안에 그 모습이라도 남겨 달라고 간청하였다.

태자는 쾌히 승낙하고 동굴 안에다 자기의 그림자를 남겨 놓고 떠났다. 그 후 이 굴을 유영굴(留影窟), 즉 그림자가 머물러 있는 굴이라 불렀다. 뒷날 신심이 돈독한 사람이 찾아오면 굴속에 부처님의 모습이 되살아났다는 전설이 있다.

4세기경 법현 스님이 이곳을 찾았을 때 부처님의 그림자를 친견하였다 한다. 그러나 7세기경 그 전설을 듣고 찾아온 현장 법사는 그림자를 보지 못하였다고 한다. 현장의 기록에는 아소카 왕이 건립한 스투파에 관한 것과 산 위에는 벽돌을 쌓은 탑터가 7개나 남아 있고 그 앞으로는 모하나 강과 네란자라가 있는데 그 건너편에 성도한 곳인 붓다가야가 있다고 기록했다.

❀ 성도지

전정각산에 그림자를 남겨 놓고 네란자라 강을 건너 바라문 촌인 우루벨라 마을을 찾아가 핍팔라수(보리수 : 菩提樹) 아래 길상초를 깔고 최후의 선정에 들었다. 이 우루벨라 마을은 울창한 산림, 잔잔히 흐르는 강, 잘 쌓아놓은 제방, 4곳의 부유한 촌락이 보이는 아주 좋은 지역이란 기록이 있다.

뒤에 부처님은 그곳이 호감이 갔던지 노력하려고 애쓰는 수행자들이 수행하기에 적합한 곳이라고 찬탄했다고 한다. 뒷날 이곳을 고행림(苦行林)이라 불렀다. 수자타의 우유죽으로 기력을 되찾은 태자는 다시 수행을 시작했다. 태자는 21일간의 선정 중 알라라 칼라마 선인의 음성도 들었고 악마 파순의 위협과 유혹이 많았다. 악마는 바람과 폭우로 위협하고 미녀들이 나타나 갖은 교태로 유혹하기도 했다. 심지어 18억이나 되는 부하를 이끌고 와서 태자에게 선전 포고를 하는 것이었다. "어떤 일이 있어도 기필코 도(道)를 이루지 못하게 하겠다.”며 갖은 위협을 하는 것이었다. 그러나 태자는 지혜의 의지력으로 그들의 유혹이나 위협을 물리쳤다.

여하튼 태자는 조금도 동요하지 않고 정진에 정진을 거듭한 끝에 드디어 대망의 깨달음을 이루게 됐다. 그 순간 마왕은 땅에 엎드려 굴복하고 그 대지는 6갈래로 진동했으며 찬란한 광명이 온 천지를 비추니 달과 태양이 그 빛을 잃었다고 기록했다.

마침내 이 지구상에 처음으로 새 진리를 발견하고 성인이 된 부처님에 의해 새로운 종교가 탄생하게 됐고 뒤에 학자들에 의해 불교(佛敎)라는 이름이 생기게 됐다. 원래 종교라는 명칭은 150여 년 전 학자들이 만든 이름으로 불교니 기독교니 하는 명칭을 쓰게 됐다.

∞ 녹야원은 불교의 출발지며 초전법륜지

현장은 부처님의 발자취를 찾아 여러 곳을 돌아다녔다. 사라나트는 불교의 출발점인 동시에 정점(頂点)인 도시이다.

첫 탄생지인 룸비니에서부터 위대한 생을 마감하신 쿠시나가라에 이르기까지 갠지스 강을 몇 번이나 건너 이곳저곳 그의 발자취를 찾아 여러 곳을 헤매어야 했다.

그러한 현장이 시간의 흐름을 거슬러 찾아간 사라나트에서 부다가야에 이르는 길에는 수없이 많은 예기치 못한 사건과 매우 아름다운 산과 강과 숲과 촌락과 오솔길들, 부처님이 걸어간 발자취 마다 교훈이 담긴 삶에 대한 진솔함을 뒤돌아보게 하는 긴 여정이기도 했다.

그중 부처님의 삶의 일부를 새겨 놓은 동굴의 벽화들은 투루판, 쿠사, 아잔타, 돈황까지 연계되어 있었다.

동굴 벽화는 세월의 흐름을 말해주듯 곳곳이 흐려지고 손상을 입었지만 정성스런 흔적이 역력히 빛나고 있었다. 그뿐이랴. 그 이면에 배어있는 고행으로 이룩한 깨달음을 육감으로 느낀 현장은 한 걸음 한 걸음마다 극적인 부처님의 삶에 얽힌 사건들을 하나하나 더듬는 고행을 마다하지 않았던 것이 분명하다. 현장은 수많은 유적을 답사하면서 느끼고 감상한 것을 적었다.

현장은 사라나트에서 근접한 한 숲을 찾았다. 아름다운 전생 설화 중에 등장하는 곳이다.

녹야원(鹿野苑)은 태자가 성불하여 처음으로 다섯 수행자에게 설법하신 곳이다. 녹야원은 예부터 종교도시로 많은 수행자들이 모이기 때문에 같이 수행하던 다섯 수행자를 만나기 위해서였다.

정반왕은 출가한 아들이 염려되어 믿을만한 친척 다섯 사람들에게 태자의 동정을 살필 것을 명령했다.

왕명을 받은 5사람은 일단 출가하기로 결의했으나 의견은 갈렸다. 그것은 깨닫기 위해 고행을 하느냐, 아니면 쾌락 중에서도 깨달을 수 있느냐는 것이었다.

그 중 2사람은 안락 중에서도 "깨달을 수 있을 것"이라는 반면 "3 사람은 고행하지 않으면 안 된다."고 하며 그들은 결론을 내지 못했다.

그 무렵 태자는 단식하면서 고행 중이었다. 그 모습을 지켜 본 2사람은 "깨달음이란 안락 중에서도 있을 텐데 태자가 행하는 것은 진실한 수행법이 아니니 그대로 있을 수 없다.”면서 태자 곁을 떠나기로 했다.

6년간이나 고행을 계속한 태자는 깨닫지 못하자 다른 방법을 찾기 위해 먼저 체력을 회복하기 위해 강가에 나가 목욕한 후 수자타에게서 우유죽 공양을 받았다.

이 우유죽은 600두의 소젖을 300두의 젖소에게 먹이고 300두의 소젖을 150두에게, 150두의 소젖을 60두, 60두의 소젖을 30두의 소에게 먹여서 짠 우유를 정제한 것이 제호이다. 이 제호를 좋은 갈분을 타서 큰 가마솥에 미음같이 끓이면 우유죽이 된다. 나약한 병자나 굶주린 사람에게는 한 모금 물이 그대로 감로수이듯이 6년간 고행으로 지칠 대로 지친 태자에게는 생명수 같은 보약이었을 것이다.

그러나 수자타의 우유죽 공양을 받아 마시는 광경을 본 세 사람은 낙담하면서 말하길 “눈앞에 깨달음이 있을 터인데 그것을 못 참고 6년 고행을 하루아침에 그만두다니 참으로 안타까워.” 하면서 멀리 떠난 두 사람을 찾아 나섰다.

5사람은 태자를 비난하기를 왕궁에서 태어나 호의호식하다가 고행한다는 것은 처음부터 잘못 생각한 것이라고 폄하하는 것이었다.

한 사람이 말하길 초지일관 못하는 태자는 아무것도 할 수 없는 사람이라는 것을 진작 알았어야 한다고 하자 안락논자인 2 사람은 “이제야 알았는가? 그는 실패자다. 원래 귀한 지위에 물든 사람이 왕위를 버리고 비천한 생활을 할 수 있겠는가? 이만하면 볼 장 다 본 것이 아닌가? 더 이상 기대한다는 것은 어리석은 짓이다.”며 다섯 사람은 태자를 버리고 녹야원으로 떠나고 말았던 것이다.

그러나 그들의 생각과는 달리 수자타의 우유죽으로 생기를 되찾은 태자는 대망의 깨달음을 성취하고 법천왕의 권청을 받아들인 후 첫 설법의 대상으로 첫 스승인 웃다가 라나붓다를 찾았으나 그는 7일 전에 또 한 사람인 아라라·가라마 역시 5일 전에 죽었음을 알게 됐다.

그 결과 자신을 버리고 떠난 5사람이 있는 녹야원으로 찾아가기로 했다. 그곳에서 녹야원까지는 약 10일 이상이 걸리는 먼 거리였다. 녹야원에서 싯달다가 오는 것을 본 그들은 "태자가 온다. 고행을 참지 못하여 타락한 그가 오면 못 본 채 하자."고 합의 했다.

그러나 태자가 가까이 오자 그 모습이 엄숙하고 당당한 위용이며 미간에서 광명이 은은히 빛나고 전신은 금색으로 찬란해 보였다. 그들은 그 모습에 서로 앞 다투어 합장하고 예배드리면서 앉을 자리와 발 씻을 물까지 떠나 드리는 것이었다. 부처님이 된 태자에게서 사제법의 진리를 들은 5 사람 중 제일 먼저 아야고진여는 '아라한과'를 증득하였고 마지막으로는 아설시가 득도했다고 한다. 그런 연유로 이곳이 초전법륜지가 되었고 불교 교단이 탄생한 곳이기도 하다. 그곳에 아소카 왕이 세운 석주가 있었으나 현재는 하부만이 법왕탑 근처에 남아있다.

∞ 열반지(쿠시나가라)

부처님은 80세가 되어 열반에 들 것을 예언하시고 카쿳다 강에서 마지막 목욕을 하셨다. 아난아 쿠시나가라 사라 나무숲을 향해 가자고 하신 뒤 "아난아! 나는 이미 80세가 되어 늙었다. 이제 삶을 접으려고 한다. 아난아, 비유하자면 낡은 몸을 수레가 가죽 끈의 도움으로 몸을 억지로 움직이듯 내 몸도 그와 같다."고 말씀하셨다.

사라 나무숲에 도착한 부처님은 "아난아, 이 한 쌍의 사라나무 사이에서 열반의 세계에 들 것이다. 머리는 북쪽, 얼굴은 남쪽, 즉 북두남면(北頭南面)이 되도록 침상을 준비해라. 나는 피로하여 누워서 쉬고 싶다."고 말씀했다. 침상이 준비되자 부처님은 오른쪽 허리를 아래로 하고 발을 포개고 사자가 눕는 듯한 모습으로 누웠다. 그 때 사라나무는 제철도 아닌데 갑자기 꽃이 피고 주위에 있던 모든 나무들도 꽃을 피웠다. 활짝 핀 꽃잎이 부처님의 전신에 한 잎, 두 잎 떨어지는 중에 부처님은 열반에 드셨다.

현장은 부처님의 마지막 생을 마감한 쿠시나가라에서 경천동지하리만큼 감격적이고 감동적인 전설을 듣게 되었다. 현장이 그곳에 도착했을 때의 일이다. 천 여 년의 세월은 모든 것을 다 변화시켜 옛 모습은 어렴풋이나마도 가늠할 수 없을 만큼 황폐해진 중에 사당(祠堂) 하나만 초라한 몰골을 하고 있었다. 그때 그 지방에 오랫동안 살고 있는 한 브라만에게서 도저히 믿기지 않는 깜짝 놀랄만한 전설 아닌 사실을 들었다. 다름 아닌 이곳에 이상한 늙은 비구승 한 분이 있었는데 그는 예부터 부처님 사리탑을 정성껏 청소도 하고 수시로 어루만지며 지키고 있었으나, 아무도 그의 행적이나 내력을 아는 사람이 없었다. 하루는 여전히 청소하고 있는 그 비구에게 다가가 "스님은 어디서 왔으며 이탑과는 무슨 관계가 있으며 출신은 어디냐?"고 물었다.

　한참 망설이던 그 노승은 "예, 나는 이 탑의 주인이신 부처님의 아들 라후라입니다. 이 탑묘가 너무나 황폐한 것을 보니 마음이 너무 아파 이곳을 떠나지 못하고 이렇게 지킨 것이 오늘에 이르렀습니다. 언젠가 이 지방이 번창하여 많은 사람들이 찾아들 때까지 이곳을 지키고 있을 것입니다."란 말을 남기고 자취를 감춘 후 다시는 보지 못했다는 것이다.

　라후라는 부처님의 외아들로서 동진 출가하여 많은 일화를 남긴 인물이다. 인욕행과 계율을 잘 지키고 오온이 공함을 관하다가 마침내 홀연히 깨치게 되었다. 그는 한동안 그 기쁨을 즐기면서 부처님과 사리붓다에게 감사함을 느꼈다. 그 후 부처님이 인가하신 밀행제일의 아라한이 된 분이다.

　일설에는 열반에 들지 않고 부처님의 사리탑을 보살폈다는 전설이 있으나 현장으로서는 이곳에서 직접 그 전설을 접하고 보니 천여 년 간이나 그 같은 효행을 했다는 것은 인류역사상 전무후무하고 영원히 빛날 금자탑이라 할 수 있다. 구시나가라에는 부처님 전생에 보살 수행때의 본생당이있다. 한 마리 꿩이 왕으로 변신하여 숲에 불을 끈 치왕본생담 또 하나는 여러 사슴을 살려 준 구생본생담이다. 언제나 남을 구제하는데 앞장서서 이타행을 실천한 곳에 기념탑이 세워져 있다.

　부처님이 열반에 드신 후 뒤늦게 온 카사파는 열반에 드신 부처님이 금관에 모셔지고 향나무 위에 안치된 후 향유를 뿌려 다비(화장)를 시작하였다. 그러나 금관을 둘러 싼 나무숲에 불이 붙지 않아 모두가 이상하게 생각했다. 그때 부처님께서는 두 발을 금관 밖으로 내미시는 것이었다. 참으로 불가사의한 광경에 모두가 깜짝 놀랐다는 기록이 전해 온다.

현장은 이곳에 와서 부처님께 공양하기 위해 파 놓은 맑은 물이 넘치는 우물터를 보았고 그것을 기념하기 위해 아소카 왕이 세운 탑이 있었는데 현재는 볼 수가 없다.

∞ 춘다의 공양

현장은 이곳에 와서 처음으로 춘다의 옛 집터를 방문했다. 부처님을 중심으로 한 비구들의 생활은 금전을 가질 수도, 사물을 비축할 수도 없고 신자들이 보시하는 것에 국한 되어 있었다. 마침 부처님은 걸식하러 나가실 때가 되었는데 그곳 대장간 아들 춘다의 집에서 공양 받게 되었다. 춘다는 정성을 다하여 음식을 준비하였다. 그런데 공교롭게도 음식 안에 돼지고기와 버섯이 들어있는 요리였다. 부처님이 맛을 보시니 좀 상했던지 제자들은 먹지 못하게 하시고 혼자 드신 후 갑자기 복통이 심했다. 피가 섞인 설사를 하시는 것을 본 제자들이 불평을 하자 춘다를 불러 말씀하시길 "나는 출가하여 많은 식사를 보시 받은 음덕으로 오늘까지 잘 살아올 수 있었다. 그 중에 최초의 공양과 최후의 공양이 가장 존귀하다. 처음 공양자는 깨달음을 얻기 전 보시해 준 가야 촌장의 딸 수쟈타며, 그리고 최후의 공양자는 춘다이다. 그 존귀한 공양을 지금 받게 됐다. 그것을 해준 춘다에게 감사하다."고 말씀하자, 부처님의 그 말에 제자들이 춘다에 대한 서운한 마음이 누그러졌다. 부처님의 깊으신 배려에 감격한 춘다는 부처님께 귀의하였다 한다.

성의 서북 3.4리에 발제하를 건는 현장은 그 서쪽 가까이에 있는 사라림으로 갔다. 잎은 크고 광택이 있었다. 흔히 사라쌍수라 불리는 특히 잎이 크고 높은 4개의 나무 밑이 부처님이 열반에 드신 곳에 참배했다.

현재 그곳에는 큰 정사가 있고 그 안에 부처님의 열반상이 안치돼 있었다. 그 열반상은 오래 전에 땅 속에 묻혀 있던 것을 1876년 발굴됐다. 신장 6.1m 적사암이며 5세기경 굽타왕조시대 제작품이다.

불멸 2천 5백년(1956)의 대행사 때 비루마·현·미안마인에 의해 황금색으로 채색했다. 대좌 중앙 정면에는 최후의 제자가 된 슈리다의 뒷모습과 발아래서 땅을 치며 슬피 우는 아난 존자상이 조각되어 있다.

부처님 머리 목침 아래는 부처님에게 최후로 공양을 드린 춘다가 사죄하고 있는 상이 보인다.

∞ 샤카족의 멸망

샤가족의 멸망 원인은 부처님의 큰 후원자이던 파세나디 왕의 후계자인 유리왕에 의해 참극이 벌어진다. 이유는 불행하게도 파세나디 왕은 당시 세력을 이용하여 미남 미녀가 많은 샤카족 중 왕족이나 귀족들의 자녀를 왕비로 삼기를 원하여 샤카족에게 청혼을 하였다. 그 청혼을 거절할 수 없었던 샤카족들은 자신들의 딸 대신 왕족, 즉 부처님의 넷째 동생인 마하남과 하녀 사이에서 태어난 딸을 왕족으로 속여 코살라국 왕비로 시집보냈다.

그 몸에서 태어난 아이가 바로 비두다바유리이다. 그가 성장하면서 외가인 카필라 성에 갔을 때 샤카족 사람들은 그를 천민의 자식이라고 경멸하고 모욕을 주었다. 그때 어린 왕자의 가슴에는 원한의 싹이 심어졌던 것이다. 부왕인 파세나디 재세시에는 어쩔 수 없이 울분을 참고 있었다. 그러나 부왕이 죽고 왕위를 계승한 비두다바는 즉시 군대를 동원하여 카필라 성 정벌에 나섰다. 그때 부처님은 이미 노년에 접어든 시기였으나 자신의 조국이 멸망하는 것은 차마 보고만 있을 수 없다는 생각 끝에 비두다바, 즉 유리왕의 군대가 진격해 오는 길목에 있는 말라 죽어가는 니그로다나무 옆 땡볕에 앉아 그를 기다리고 있었다. 많은 병력을 이끌고 오던 유리왕은 나무 그늘을 마다하고 작열하는 태양 아래 앉아있는 부처님을 발견하게 된다.

부왕이 그토록 존경하고 사모하던 위대한 부처님이 지금 아주 늙은 노인이 되어 슬픈 모습으로 자신을 기다리고 있는 뜻을 직감한 유리왕은 부처님에게 정중하게 예배를 올렸다.

"성자시여, 어찌하여 그늘을 마다하시고 이처럼 더운 불볕 밑에 앉아 계십니까?"

"대왕이여, 동족이 없는 것은 그늘이 없는 것과 똑같습니다."

부처님의 대답을 들은 유리왕은 즉각 군대를 철수하기를 세 번(일설에는 두 번)이나 반복했다 한다. 그러나 어린 소년의 가슴에 깊이 아로 새겨진 원한의 불길은 좀처럼 사그러질 줄 몰랐다. 참고 참고 또 참아도 도저히 억제할 수 없어 네 번째 정벌의 칼을 뽑아

들었다. 만일 이번에도 부처님이 계시면 할 수 없이 복수를 포기겠다는 생각으로 달려온 유리왕은 자신의 눈을 의심하였다. 이번에도 틀림없이 땡볕에서 자기를 기다리고 있는 줄 알았던 부처님의 모습이 보이지 않았다. 유리왕은 더 망설일 이유가 없었다. 그에게는 아무것도 거리낄 것이 없고, 오직 복수하겠다는 일념뿐이었다. 밀물처럼 쳐들어온 군대는 부처님 대신 왕위에 오른 밧디야 왕을 시해하고 모든 백성을 가릴 것 없이 모조리 살해하고 말았다. 금은보석으로 호화롭게 꾸며 놓은 궁전은 삽시간에 불바다가 되었다. 마침내 카필라 성은 폐허가 됐다.

이같이 철저한 살육 속에서도 기적적으로 살아남은 두 그룹이 있었다. 그것은 부처님의 가르침과 깊은 관계가 있다. 살아남은 한 그룹은 부처님은 거짓말을 경계했는데 이 가르침을 지킨 샤카족 사람들 목에 칼을 들어낸 병사들이 물었다.

"너희들이 샤카족이냐? 코살라족이냐?" 만일 정직하게 샤카족이라고 대답하면 그 자리에서 죽임들 당하는 판이었다. 이 광경을 지켜본 샤카족의 한 장로는 너무나 참혹하다고 생각한 나머지 한 방편을 생각해 냈다. 인도 사람에게는 예나 지금이나 즐겨 씹는 담배풀이 있다. 이 풀은 이 앓는 데 씹거나 다라니를 외울 때 씹는다고 한다. 이것을 씹고 있으면 대답을 하지 않아도 거짓말이 되지 않는다는 것이다. 극소수이긴 하나 그 씹는 담배풀 덕분에 살아남았다 한다.

하지만 안타깝게도 위대한 성자를 탄생시킨 샤카족은 극소수만 살아남은 채 인도 역사에서 빛을 보지 못한 처지가 되고 말았다. 그런가 하면 참혹하게 샤카족을 멸망시킨 코사라국 역시 얼마 후

마다가국에 멸망당해서 마우리야 왕조의 일부로 남게 되었으니 너무나 정확한 인과응보를 증명함이라 하지 않을 수 없다.

∞ 보리수의 성쇠

금강좌 위의 보리수란 핍팔라 나무이다. 부처님 재세시에는 수백척의 높이였으나, 몇 차례 벌채 당했음에도 아직도 4·5장은 된다. 부처님이 그 아래서 깨달음을 얻었기 때문에 보리수(菩提樹)라 한다. 줄기는 황백색, 가지와 잎은 파란데 일년 내내 잎이 떨어지지 않고 윤이 난다. 해마다 여래의 열반 일에는 잎이 모두 떨어지지만 조금 지나면 다시 원상 복구된다. 그 날에는 여러 나라 군왕이나 승려, 속인 등 수천만 명이 모여들어 향수나 향유를 붓는다. 그리고 음악을 연주하고 향화를 차려 놓고 등불을 밝히고 주야로 공양을 올린다.

여래가 적멸한 다음 아소카 왕이 처음 즉위해서는 사도를 믿었기 때문에 부처님 유적을 파괴했다. 군대를 동원하여 스스로 나서서 보리수를 벌채한 다음 토막 내어 쌓아 놓고 바라문에게 태우게 하여 하늘에 제사 지냈다. 그런데 연기나 불꽃이 아직 가라 않지 않은 사이에 두 개의 나무가 솟아올라 불꽃 속에서 잎을 피우기 시작하는 것이었다. 그래서 이를 회보리수(灰菩提樹)라 부르게 됐다. 아소카 왕은 그와 같은 이변을 보고서 스스로 잘못을 후회했다. 그리하여 남은 향유를 모두 뿌리에 뿌렸더니 이튿날 아침에 나무는 본래 모습대로 회복되었다 한다.

왕은 이와 같은 불가사의한 일을 보고 매우 기뻐하면서 스스로 공양을 올리고, 돌아가는 것조차 잊을 정도였다. 그러나 왕비는 본래 외도를 깊이 믿었기 때문에 밤중에 남몰래 사람을 시켜 다시 그 나무를 자르게 했다. 아소카 왕이 아침에 예배드리러 갔더니 그루터기만 남아 있는지라 매우 슬퍼하면서 기도드리고 향유를 뿌렸더니 그날이 저물기 전에 그전과 같이 자라났다. 왕은 깊이 느낀 바 있어 돌담장을 쌓았다. 그 높이가 10여 척인데 지금도 남아 있다.

그러나 후에 샤사카 왕이 외도를 깊이 믿고 불교를 배척한 나머지 사원을 아주 파괴했다. 그러면서 보리수도 잘라버리고 뿌리까지 파헤치기 위해 수맥이 있는 곳까지 갔으나 뿌리는 캐내지 못했다. 그래서 불을 질러 태운 다음 고구마 즙을 뿌려 말려서 남은 싹을 깡그리 없애려고 했다. 수개월 후 아소카 왕의 말손인 마가타국의 푸르나바르만 왕이 그 말을 듣고 찾아와 "불타께서 이미 이 세상을 떠나시며 보리수만 남겼을 뿐인데 다시 이 나무까지 잘라버린다면 중생은 무엇을 보아야 한다는 말인가?" 하고 탄식하면서 슬퍼하며 소의 젖을 뿌렸더니 하룻밤이 지나자 나무가 되살아 높이 1장이나 되었다. 그래서 푸르나바르만 왕은 후세 외도들이 또다시 벌채할까 우려하여 높이 2장 둘레 4m 돌담으로 둘러 놓았다. 지금은 1장 남짓 위로 솟아있다.

∞ 날란다사의 유래

날란다(당(唐)에서는 시무염이라 했다)

날란다사의 연기를 말하면 이 가람의 남쪽 암마(망고나무동산)숲 속에 연못이 있고 날란다라는 용이 살고 있었기 때문에 날란다 마을이라 했고 절 이름도 날란다사라 했다 한다. 또 일설에는 옛날 여래가 보살행을 닦을 때 대국왕이 되어 이곳에 나라를 세우고 중생을 불쌍히 여겨 백성에게 베풀어 주는 것을 즐거움으로 삼았다. 그래서 왕의 덕을 찬미하여 시무염(베푸는 것을 싫어하지 않았다)이라 불렀고 절 이름으로 삼은 것이다. 또 사리불과 목련존자도 이곳 출신이며 이곳은 선정삼매를 닦는 데도 적합한 장소며 5백인의 상인들이 부처님께 이 동산을 기증하였다 한다. 부처님도 3개월간 머물면서 설법하셨고 마가다 국왕도 많은 원조를 했다. 때문에 기원 전후 불교 연구의 중심지로 발전하게 되었다. 5세기에 굽타왕조 제4대 샤크라디타제일 왕은 불심(신심)이 돈독하여 3보를 존중하여 성스러운 이곳에 절을 짓게 되었는데 공사중 용의 몸에 상처를 입히게 되었다. 그때 점을 잘 치는 니르그란타라는 외도가 있었는데 이곳은 훌륭한 명승지로 절을 지으면 5인도(五印度)에서 제일가는 가람이 될 것이며 천 년이 넘어도 번성할 것이다. 그러나 후일 피를 흘리는 자가 많을 것이다. 그것은 용에게 상처를 입혔기 때문이라고 예언했다.

그 후 6대에 이르러서는 가람을 확대하여 장엄한 대가람이 되었다. 간략히 설명하자면 전가람의 주위는 벽돌로 둘러쌓고 하나의 사원을 만들었는데 통틀어 하나의 문을 만들고 정원은 따로따로 여덟 개의 팔원을 만들었고 내부에 들어가면 보대는 별처럼 늘어섰다. 이곳저곳에 옥루(玉樓)가 솟아있고 높은 건물은 마치 운무 위에 선 듯 해와 달은 주야로 난간을 비쳐주고 그 사이로 맑은 물은 서서히 흐르고 그 위에서는 푸른 연꽃이 떠 있다. 곳곳에 향나무와 망고나무가 심어져 있다. 승방은 4층 건물이며 대들보와 서까래는 동물모양으로 장식했다. 기둥은 붉게 칠했으며 여러 가지를 골고루 조각하고 초석은 옥돌로 아름답게 새겼다. 용마루는 태양에 빛나고 바침목은 당초문양을 수놓았다. 인도에는 많은 가람이 있으나 이 절을 능가할 사찰은 없다고 하였다.

∞ 현장 날란다사에 가다

붓다가야에서 9일간 성지를 순례한 현장에게 10일 되던 날 80km 거리의 날란다사에서 4사람의 승려가 영접하러 왔다. 그들을 따라간 곳이 목련존자가 태어난 장소였다. 그곳에 공양하고 있을 때 2백여 명의 승려와 천여 명의 신자가 깃발과 일산 꽃과 향을 들고 요란스럽게 영접하러 온 그들을 따라 날란다사에 가게 됐다.

서문에서 언급한대로 익주 공혜사(益州空惠寺)에서 한 노승이 병으로 신음하고 있었다. 현장은 차마 못 본채 하고 그대로 떠날 수 없어 바쁜 일정이었지만 수일간 정성을 다해 간병한 결과 차도가 있었다. 그때 현장이 인도에 갈 뜻을 밝히자 노승은 천축(인도)에 가자면 10명 중 두세명 만이 살아남을 수 있는 어려운 길인데도 왜 가느냐고 묻자 현장은 3가지 목적을 말하자 그러면 내가 한 가지 경을 일러 줄 터이니 열심히 독송하고 가면 병에 걸리지 않고 어떤 난관도 피할 수 있어 무사히 다녀올 수 있을 것이라며 일러 준 것이 원전(범어)인 반야심경이었다. 현장은 그날부터 잠시도 잊지 않고 계속해서 외웠다 한다.

그 결과로 몇 번의 죽을 고비를 넘고 넘어 3년여 만에 날란다사에 도착하게 됐다. 그런데 날란다사 정문 앞에 한 노승이 서 있는 것을 본 현장은 자신의 눈을 의심했다. 혹시나 하는 생각으로 재차 노승을 본 현장은 3년 전 공혜사에서 자신이 정성껏 간호해드린 그 노승이 틀림이 없었다.

현장은 한편으로는 놀랍기도 하고 또 한편으로는 하도 반가워 "스님" 하고 부르는 순간 노승은 빙그레 웃음을 띤 인자한 모습으로 "이제사 오시는가. 내가 바로 관세음보살일세." 하고 자취를 감추었다 한다.

그때 현장은 관세음보살의 불가사의한 신통력에 감읍하고 세세생생 보은할 것을 다짐했다.

현장은 젊은 승려 20여 인과 함께 정법장(正法藏)을 친견하게 되었다. 정법장 계현논사(戒賢論師)는 106세의 고령으로 날란다사의 상징적 존재였다. 모든 사람들은 계현논사를 정법장이란 존칭을 붙였다. 장안 승광사에서 익히 듣던 계현논사를 뵙겠다는 생각에 부풀어 오른 감정을 억누르며 정법장 앞에 선 현장은 인도의 예법대로 무릎과 팔로 조금씩 나아가 이마를 공손하게 숙인 후 예배하고 정중히 인사를 올렸다.

정법장(이하 논사라 함)은 여러 사람을 같이 앉게 한 후 서서히 입을 열어 현장에게 말하기를,

"그대는 어느 나라에서 왔는가?"

"예, 대당국에서 온 현장이라 합니다. 스승에게서 유가사지론(瑜伽師地論)을 배우기를 원하고 찾아 왔습니다."

그 대답을 듣자마자 논사의 눈에서 눈물이 비오듯 하는 것이었다. 스님은 옆에 있던 생질인 각현에게 "그대가 3년 전의 내 사정을 잘 알고 있으니 그대로 모두에게 얘기해 주었으면 하네."

그의 나이도 74세나 된 노승이었다.

"그러면 제가 대신해서 말하겠습니다. 논사께서는 20년 전부터 류마치스에 걸렸습니다. 때때로 발작하면 수족에 격렬한 통증이 일어나 마치 불에 데이거나 칼로 쿡쿡 찌르는 것 같은 참기 어려운 고통에 시달렸습니다. 3년 전이었습니다. 너무나 심한 고통을 이기지 못해 죽기를 원한 나머지 단식을 시작했습니다. 그러자 어느 날 밤 꿈에 3인의 천인이 나타났습니다. 한분은 황금색, 한분은 유리색(푸른색), 한분은 은색의 옷을 걸쳤는데 그 복장은 아름답고 가벼워 바람에 휘날리며 빛났습니다. 가까이 다가와 말씀하시기를 '경전에는 몸에 고통이 있다고 싫어하지 말라고 했지 자살하라고 하지는 않았다. 그대는 과거세에 국왕이었을 때 많은 사람을 죽이고 괴롭히고 고통을 준 죄 값을 받고 있는 것이다. 그 죄를 마음으로 참회하라. 그리고 고통을 참고 견디며 경론을 세상에 널리 펴는 것이 죄를 소멸하는 길이다. 지금 그 고통이 싫다고 자살하면 그 고통은 영원히 계속하여 없어지지 않을 것이다'라고 하였습니다."

논사는 그 말을 듣고 몇 번이고 예배를 올리자 금색 옷을 입은

분이 유리색 옷을 입은 분을 가르키며 "그대는 이분을 아는가? 이분은 자씨보살이니라." 또 은색 옷을 입은 분을 가르키며 "이 분은 관자재보살이다."고 말씀하시는 것이었다. 감격한 논사는 미륵보살에게 예배한 후 "저는 항상 도솔천에 태어나기를 원했습니다만 저의 원이 이뤄질 수 있겠습니까?"고 물었다. "그대는 바른 법을 널리 전했다. 사후에 그 원을 이룰 수 있을 것이다."라고 대답하는 것이었다.

그때 금빛 옷을 입은 천인은 "나는 문수보살이다. 나는 그대가 헛되이 몸을 버리려고 함으로 그것은 이익 됨이 없음을 그대에게 일깨워 주고 마음을 바꿀 것을 권하고자 왔으니 내 말대로 유가사지론 등 정법을 선양하여 모르는 사람들에게 널리 펴게 되면 그대의 몸은 점차 고통에서 벗어나게 될 것이다. 그리고 3년 후면 대당국에서 한 사람의 승려가 대법을 유통시키기를 원하여 그대에게 배우기 위해 이곳에 오고 있다. 그대는 그가 오거든 잘 가르쳐 주도록 하라."

논사는 "삼가 가르침에 따르겠습니다."고 대답하자 3분의 보살의 모습이 사라지는 것이었다. 그 뒤부터 논사의 고통은 사라졌다는 설명에 모두 놀라며 실화 같은 꿈 얘기에 감탄해 마지않았다. 설명을 들은 현장은 솟구치는 감격을 억누르며 다시 논사에게 예를 올린 후 "지금의 말씀에 감동하고 두려움을 느꼈습니다. 만일 보살님들이 지적한 자가 저라면 전심전력하여 공부하겠사오니 부디 자비심으로 지도해 주시길 간절히 원하옵니다."고 진심으로 간청하였다. 그러자,

"법사여, 그대는 몇 년 걸려 이곳에 왔는가?"

"예, 3년 걸렸습니다."

"꼭 꿈 그대로구나."

논사는 여러 가지 가르침을 말씀하시고 법사를 환영하여 사제(師弟)의 정을 돈독히 하였다.

그 후부터 그곳에서 관자재보살(관세음)과 미륵신앙이 널리 퍼지게 되었고 또 반야심경이 유명해져 독송자가 증가하게 됐다.

7일 뒤 각현스님의 안내로 승방 4층에서 공양을 받고 논사가 계신 북쪽에 있는 고급실을 배정받았다. 그리고 매일 20개의 빈탕나무 열매와 20개의 육두구 그리고 장뇌 1온스와 마하살리라는 쌀 한줌을 지급받게 되었다.

현장에게는 분에 넘칠 정도의 우대를 받게 된 셈이었다. 그 외에 청소인과 바라문의 비서가 안내해 주고 방안일까지 면제해 주는 것이었다. 그리고 외출할 때는 코끼리가 끄는 가마에 타는 것도 허락해 주는 대우는 나란다사에서는 10여인 밖에 없을 정도였다.

그 당시 승려는 1만 여명 모두 재능이 뛰어나고 학식이 높은 사람들만 모였다. 또 대승은 물론 소승 18부도 같이 배웠다. 그 외에 베다서와 인명(논리학), 성명(음운학), 의방명(의학), 교명(예술학 수학 공학), 주술까지 연구하였다. 경론 20부를 수득한 사람이 천여 명 30부를 수득한 사람이 5백인 50부를 수득한 사람은 현장을 합해 10인이 있었다.

계현논사만이 일체의 경론을 다 연구했기 때문에 고승대덕으로 모든 사람에게 존경받는 인물이었다.

강의는 매일 100여 곳에서 열리고 학승들은 조금도 쉴 틈이 없이 연찬을 거듭해야 했다. 아침부터 저녁까지 노소를 가릴 것 없이 서로 경책하고 도우고 협력했다. 때문에 덕이 높고 학문에 능한 사람들만 모였기 때문에 인도 전역에서 가장 모범적인 사원으로 존경받는 사찰이었다.

그런 연유로 7백년의 역사가 유지되었고 한 사람의 죄인도 발생하지 않았다고 한다. 이교도의 학자라도 명성을 얻고자 하면 이 절에서 다시 의의(義意)를 따져 물은 다음에야 명성을 칭찬 받게 되었다. 그런 연유로 이 절에서 배웠다는 것을 허위로 꾸며도 상대방이 예우를 정중히 해 줄 정도였다 한다. 따라서 외국이나 외도들까지 이 절에서 배웠다는 간판을 따기 위해 많은 사람들이 모여들었다고 한다.

그러나 입문시험을 어렵게 통과하여 입학하였다 해도 중도 탈락자가 10명중 3, 4명은 되었다고 한다. 남은 박학자도 점점 난해한 질문으로 예봉을 겪게 되었기 때문에 명성을 잃고 도태당하는 승려가 많았다. 그런 연유로 국왕은 이 절을 존중하게 되어 백여 마을의 장원(莊園)을 희사받게 되었다. 장원에 속한 2백여 호에서 쌀과 부식, 우유 등을 헌납 받아 학승들은 4사(四事 : 의·식·침구·약)를 자족하게 되어 학업에 전념케 되었다.

현장은 이곳에서 5년간 체류하면서 계현논사에게서 직접 강의를 듣고 마음껏 공부할 수 있었다 그 사이에 근처에 있는 왕사성과 영취산 등과 주변의 부처님 유적을 참배하고 견문하게 되었다.

영취산은 마가타국의 왕사성 동북쪽에 있으며 부처님이 이곳에서 '법화경'과 '무량수경'을 설하신 곳이다.

현장은 붓다가야에서 날란다로 가는 도중 왕사성(王舍城)을 지나갔다. 이곳은 석존시대에는 중인도 마가타국의 수도였으며 빈비사라왕이 통치하고 있었다.

처음은 상모궁성이라 하였으며 주위는 5개산이 둘러쌓여서 부등 오변형으로 되었으나 후에 성 북쪽의 평지로 옮겼다. 3개성을 쌓은 연유는 빈비사라왕 때 큰 화재로 성이 불타서 폐허가 되었는데 비 야리왕이 침입한다는 소문에 성을 쌓았다 한다.

그러니까 5개산이 둘러있어서 천연의 튼튼한 요새인 셈이었다. 갠지스 강유역으로서 땅은 비옥하고 산맥이 막아서서 갠지스 강의 범람 피해도 없고 농업의 적지였다. 때문에 기원전 6, 7세기경에는 상공업의 중심지였다.

∞ 빈비사라왕과의 만남

하루는 빈비사라왕이 우연히 태자의 모습을 보게 되었다.

"저 수행자는 누구인가? 마치 신과 같이 성스럽구나. 한번 만나 봐야겠구나." 하고 신하에게서 그의 처소를 알게 된 왕은 단신으로 그를 찾아왔다.

"당신을 만나게 되어 매우 기쁘오. 외람된 말이지만 왜 이런 고 행을 하는지요? 그대가 바라는 것은 모두 채워 드릴테이니 저의 궁 전으로 가는 것이 어떻겠소?"

"저는 고행잡니다. 모든 것을 다 버리고 세속을 떠났는데 무엇이 필요하겠습니까?"

"그러나 당신은 젊고 유능해 보입니다. 모든 부귀와 권세와 명예와 쾌락을 다 차지할 수 있습니다."

"대왕이여, 저는 이미 그런 관능적인 쾌락과는 아무 상관이 없는 사람입니다. 더 이상 드릴 말씀이 없습니다."

"그렇다면 이 세상에 대한 하등의 욕망도 없다는 뜻입니까?"

"그렇습니다. 이 세상에 존재하는 모든 것은 하나도 영원한 것은 없기 때문입니다. 무상하고 유한한 삶 속에서 인간들은 왜 괴로워 합니까? 그 괴로움의 원인은 무엇입니까? 그 괴로움의 싹은 자신의 욕망이 이뤄지지 않기 때문이 아닙니까? 인간은 누구나 죽지 않고 영원하기를 바랍니다. 그러나 그렇게 되지 않습니다. 또 부와 권세 와 명예를 희구합니다. 허나 그것 역시 뜻대로 되지 않습니다. 자 신의 욕망 충족을 위해 남을 해치거나 살생까지 서슴지 않고 남의 평화와 행복을 짓밟습니다. 이 같은 현상이 계속 되풀이 되어 왔습 니다. 그것은 자기의 이기심에 의한 욕망 때문이며 그 욕망을 버리 지 않는 한 이 세상에 평화와 안정은 이뤄지지 않고 생사가 되풀이 되는 윤회의 굴레에서 벗어날 길이 없습니다. 대왕이여, 이 몸은 기필코 이 세상 모든 존재들이 평등과 자유 속에서 나름대로의 행 복을 누릴 수 있는 그 진리를 기필코 발견하는 것이 제 의무며 제 원이기도 합니다. 그런 이유로 대왕의 청을 받아들일 수가 없습니 다. 이해해 주십시오."

"당신의 고행 목적에 감탄했습니다. 최고의 예경을 드립니다. 당 신의 출신을 알고 싶습니다. 말씀해 주십시오."

"대왕이여, 저는 카필라국 출신이며 숫도다나 왕이 저의 아버지 입니다."

"아, 이럴 수가 그렇게 귀한 신분임을 몰라보고 어리석은 행동을 저질러 부끄럽습니다. 언젠가 당신의 큰 소망이 이뤄지는 날 이 몸에게 꼭 그 가르침을 주십시오."

대왕은 태자에게 사과한 후 3번 절하고 돌아갔다. 그 후 불교의 큰 후원자가 됐다.

✆ 불교최초의 가람 죽림정사

왕사성 북문 밖 가까운 곳에 죽림정사(竹林精舍)가 있다. 그곳은 부처님의 설법을 듣기 위해 국왕과 고관대작과 당시 큰 재벌인 가란다(迦蘭陀) 장자도 법회에 참가하게 되었다. 가란다 장자는 처음에는 외도를 믿었기 때문에 그들에게 죽원을 기증하였다가 뒤에 부처님을 만나 설법을 듣고 난 후 곧 독신자가 된 후 외도에게 죽원을 기증한 것을 후회하고 있었다. 그러자 천인과 야차 등이 가란다 장자의 진심을 알고 외도들에게 가란다 장자가 죽원에 부처님 정사를 세우고저 한다, 그러니 너희들은 속히 물러가라, 그렇지 않으면 큰 재난을 피할 수 없을 것이라고 협박하자 외도들은 분개하고 원한을 품고 사라졌다고 한다.

장자는 그곳에 정자를 세운 후 부처님을 영접하였다. 부처님은 장자의 보시를 받아 들였다. 이것이 불교교단 최초의 정사가 되었다. 죽림정사 북쪽에 가란다 못이 있다. 물은 맑고 청정하여 8공덕이 갖추어져 있었으나 부처님 입멸 후 못이 말라버렸다 한다. 그 후 세워진 절이 기원정사이다. 기원정사는 그곳 부호인 수달장자

(須達長者)가 부처님과 제자들이 설법하고 수도하도록 지은 절이며 7층 가람으로 자못 장려했다.

현장이 그 곳을 들렸을 때는 벌써 황폐화된 후였다.

앞에서 언급한 왕사성에는 5개산이 있다. 그 산 정상마다 정사가 있고 불교수행 도량이었다. 이 5개산과 같은 모습이 중국 산서성 오대현 동북에 있는 산으로 동서남북중 5개봉이 높이 솟아있다.

맨 꼭대기에는 나무가 없었으나 흙을 모아 높은 대와 같이 쌓았으므로 5대산이라 불렀다. 여름에는 덥지 않기 때문에 청량산이라 하였다. 1봉마다 1만 문수보살이 상주한다 하여 5만 문수도량으로 유명하다.

우리나라의 경우 강원도 평창군에 5대산이 있으며 중앙인 중대에 부처님의 진신사리를 모신 적멸보궁이 있다. 문수보살과 중국 무착스님 문수보살과 신라자장율사와의 일화는 유명하다.

또 기원정사의 동쪽에 2층의 큰 강당 즉 동원정사가 있다. 이 절 역시 부처님과 제자들을 위해 기증한 절이다. 이 정사를 녹자모강당(鹿子母講堂)이라 하는데 인도 앙가국 장자의 딸인 비사카가 사위성의 장자인 녹자에게 시집가게 되었다. 그는 180만 금을 내고 목건련 존자가 감독해서 지은 절로 부처님께 바친 절로 유명하다.

⑳ 취상탑과 사리불탑

왕사성 북문을 나서면 1개의 탑이 있다. 이곳은 부처님의 사촌동생인 제바달다가 세존을 살해하려 했던 곳이다.

제바달다는 세존의 제자였으나 어려서부터 욕심이 많아 출가 전에도 싯달다 태자와 경쟁한 일이 많았고 출가 후엔 부처님을 시기하여 빈비사라왕의 아들인 아사세 왕과 공모하여 술 취한 코끼리를 세존에게 대들게 한 장본인이다. 그러나 세존은 손끝으로 5마리의 사자를 만들어 내놓았기 때문에 술 취한 코끼리는 갑자기 세존 앞에 두 무릎을 꿇었다고 한다.

이 취상탑 동북쪽에는 사리자가 부처님의 설법을 듣고 대오한 장소가 있다. 사리불은 반야심경에서 관자재보살의 대고중으로 유명하고 특히 부처님에게서 반야심경을 직접 배운 것이 유명하다.

사리불의 기념탑 북쪽에는 외도였던 승밀탑(勝密塔)이 있다.

승밀은 사견(邪見)에 빠진 외도로서 그는 부처님을 백성들이 존경하고 따르므로 자신들의 의지처를 잃게 되자 동지들을 선동하여 부처님을 살해하기 위해 그들의 집으로 초대하여 연회를 베풀고 대문 안에는 큰 함정을 파 놓은 후 그 안에는 불을 피워 놓고 함정 위로는 썩은 나무를 걸친 다음 흙으로 위장하고 음식물에는 독을 섞어놓게 했다.

만일 불구멍의 화를 면하면 반드시 독을 넣은 음식에는 걸려들게 될 것이라고 했다. 승밀의 계획대로 다 준비가 된 것을 아는 사람들은 부처님께 가시지 말도록 간청하였다.

세존은 "걱정할 것 없다. 여래의 몸은 그 무엇으로도 상할 수가 없다."면서 초대에 응하셨다. 세존이 대문의 디딤돌을 딛자 불구덩이는 연못으로 변하여 맑은 물위에는 연꽃이 가득 피어났다.

이를 본 승밀은 당황해 하면서 동지에게

"술수로서 화를 면했으나 아직 독이 든 음식이 있다."며 그들을 안심시켰다.

그러나 세존은 독이 든 음식을 맛있게 잡수신 후 그를 위하여 심심미묘한 묘법을 설하시었다. 승밀은 세존의 설법을 다 듣고 깊이 사죄하고 부처님의 제자가 되었다.

또 승밀탑 동북에 해당하는 산성 골짜기에도 탑이 있다. 이곳은 기바가 세존을 위해 설법당을 세우고 담을 둘러 꽃과 과실수를 심어놓은 곳이다. 세존 재세시에도 이곳에 자주 머무르신 일이 많았다고 한다. 지금도 그의 집터가 남아있다.

기바는 유명한 의사로서 세존의 풍병, 아나율의 소경된 것, 아난의 창병 등을 치료한 세존의 제자로서 동양의학의 역사에도 개조의 한사람으로 알려져 있다. 인도 의학은 예부터 발달하였으며 한나라 때부터 삼국시대까지 중국 의학에 많은 영향을 끼친 분으로 알려져 있다.

᪭ 영취산(靈鷲山)

영취산은 기사굴산을 번역한 것으로 중인도 마가타국 왕사성 동북에 있는 다보산 동쪽 중앙에 별도로 솟은 바위산이다. 이 산에는 신선들이 살았고 독수리가 많이 있었기 때문에 영취산 또는 추봉추대라고 했다. 또 산의 모양이 독수리의 머리와 비슷하므로 붙여진 이름이기도 하다.

세존께서는 이 산이 마음에 드셨던지 정상에서 자주 설법하셨다고 한다. 큰 범음(梵音 : 범음성이라고도 한다. 맑고 깨끗한 음성이라는 뜻으로 불보살의 음성, 곧 설법하시는 소리)으로 설법하시면 몇 천 명 이상이 잘 들었다고 한다. 이곳에서 반야경·법화경·대무량수경·관무량수경 등을 설하셨다고 한다.

당시 빈비사라왕도 청법하기 위해서 많은 사람들을 동원하여 산 정상까지 길을 닦고 돌계단을 만들었다. 길 넓이는 10여 걸음 잇수는 5~6리 길이나 된다. 도중에는 2개의 탑이 있는데 하나는 하승(下乘, 즉 이곳까지는 임금이 연을 타고 올 수 있으나 이곳부터는 걸어서 올라가야 한다는 표적이다.

또 하나는 범퇴(凡退), 즉 임금과 범부와 구별하여 임금 혼자 올라가야 한다는 표적이기도 하다. 이것은 비록 그 나라 임금이라 해도 부처님 앞에서는 임금이 아닌 한사람의 신자로 받아 들였다는 것이다.

지금도 이 길은 정비되어 하승한 장소는 남아있다. 인도에서는 성자를 만나는 장소에는 국왕이라 할지라도 자신이 친견하러 가는 관습이 남아있다. 이는 성자(성인)는 국왕보다 인격적으로 더 존경하는 일반인들의 관습에서 비롯된 것이다.

이와 같은 역사를 간직한 영취산도 이슬람교도의 침입으로 여지없이 파괴되고 말았다. 오직 현장의 대당서역기의 기록에 의하여 영취산임이 확인될 뿐이다.

영취산 정상에 세존이 계셨던 정사가 있다. 현장이 참배할 당시에는 정사터를 확인하였으나 그 뒤 없어졌다고 한다. 그 동쪽에는 세존께서 거닐던 돌길 옆에도 큰 돌이 있었다고 한다. 그곳에서 아

래로 내려가시던 세존에게 위에서 제바달다가 돌을 굴러 살해하고
자 한 장소이기도 하다.

또 그 남쪽 벼랑아래는 법화경을 설하신 장소가 있다. 정사의 남
쪽 낭떠러지 옆에는 큰 석실과 몇 개의 작은 석실이 있다. 세존께
서 제자들과 선정에 드신 곳이며 서북쪽 석실에서 선정에 든 아난
이 수행경험이 얕았으므로 악마의 위협을 받았다. 큰 수리가 날개
를 치며 큰소리로 아난을 위협하자 아난이 놀라 소리치는 것을 들
으신 세존이 신통력으로 아난의 머리를 쓰다듬으시며 "악마는 허
깨비와 같은 것이다. 놀랄 것이 없다."고 말씀하시자 아난은 안정
을 찾아 편안하게 선정을 계속했다고 한다.

또 동북쪽의 돌바위 사이에는 세존이 옷을 말리시던 바위도 있
고 그 옆 돌위에는 윤상(輪相)의 문양이 뚜렷하지는 않으나 부처님
의 자취가 남아 있다.

영취산 서쪽 다보산은 높이가 5백m 정도지만 7일간 법화경을
설하실 때 다보여래(多寶如來)가 출현하신 곳으로 전해져 오기 때문
에 다보산이란 이름이 붙여졌다고 한다.

영취산 서남쪽 산성의 북문 서쪽에 비풀라산이 있고 그 남쪽에
는 많은 온천이 있다. 온천 좌우에는 탑과 정사터가 남아 있다. 또
온천 서쪽 석실은 행자들이 수행한 곳이라고 한다. 때로는 괴물의
형상을 한 사자와 용과 뱀 등의 모습을 보고 착란증을 일으킨 자도
있었다고 한다.

그때 한 비구가 석장을 흔들며 석실로 들어가 단을 만들고 소재
주(消災呪)를 외우자 한 소녀가 나타나 "존자가 주문을 외우는 소리
를 내면 불길이 밖에서 들어와 우리들 집을 태우고 우리 가족에게

고통을 줍니다. 그러니 제발 두 번 다시 주문을 외우지 마십시오.”
라고 하자 행자는 “내가 듣기에는 어떤 행자가 여기서 지옥 아귀
축생의 3악도에 있는 그들을 구제해 주려고 했는데 괴물이 나타난
것을 보고 경악한 나머지 죽었다는데 그것은 너희들의 소행이 아
니냐. 내가 주문을 외우는 것은 나를 방어하는 수단일 뿐 남을 해
롭게 하기 위한 것은 아니다.”고 말하자 “잘 알았습니다. 저희들은
죄업이 중하여 근신하겠으니 존자께서도 주문을 외는 것을 그만
두십시오.”

그 후부터 주문을 외우지 않아도 아무 일이 없었다고 한다.

80 죽림정사 주변의 유적들

죽림정사는 앞에서 언급한 바 있으나 창건주에 대해 두 가지 설
이 있다.

가란타 장자 창건설과 빈비사라 왕의 창건설이 그것이나 역사적
으로 고증할 길이 없어 아쉬움이 남을 뿐이다.

최초의 가람은 죽림정사며 다음이 기원정사 그 다음이 기원정사
동쪽에 있는 동원정사, 즉 녹자모강당이 그것이다.

죽림정사 북쪽에는 가란다 연못이 있다. 세존은 이곳에서 종종
설법하셨다고 한다. 연못에는 8공덕을 갖춘 물이 있었으나 세존 입
멸 후에는 연못이 말라 버렸다고 한다. 8공덕수란 여러 설이 있으
나 구사론에는 달고 차고 부드럽고 가볍고 깨끗하고 냄새가 없고

마실 때 목이 상하는 일이 없고 마시고 나서 배탈 나는 일이 없다.

연못 서쪽에는 아소카(아육)왕이 세운 60여 척의 탑과 50여 척의 석주가 있다. 탑에는 사적이 새겨져 있고 석주위에는 코끼리가 조각되어 있다.

이 죽림정사 역시 13세기경 불교가 쇠망하게 됨에 따라 오래 방치되어 있었다고 대당서역기에 기록되어 있다.

가란다 죽원 동쪽에 아사세왕이 세운 불사리탑이 있다. 부처님이 열반하신 후 나온 사리를 8나라 왕이 8등분한 사리 중 마다가국에도 인연이 있어 1등분을 받아 세운 탑이다.

아사세 태자는 빈비사라왕을 아버지로 위데희(왕후)를 어머니로 태어났다. 왕이 늙도록 아들이 없어 걱정하여 신에게 기원하였는데 어떤 관상가가 말하기를 "비부라 산에 있는 선인이 죽으면 당신의 아들로 태어날 것이다."고 하였다. 그러나 언제 죽을지 그때까지 기다릴 수 없어서 선인을 죽였다. 그러자 부인이 곧 아기를 잉태하게 되었다. 선인은 억울하게 살해당했기 때문에 아이는 태어나기 전부터 원을 품었다는 뜻으로 미생원(未生怨)이라 했다.

아이가 탄생할 때 관상을 보였더니 아이가 원을 품었다고 하면서 그러니 높은 누각을 짓고 그 위에서 아이를 낳아 떨어뜨리라고 일러줬다. 그대로 시행하였으나 손가락 하나만을 다쳤을 뿐 무사했다.

태자는 장성한 후 데바달다를 만나게 됐다. 부처님의 사촌 동생이며 제자인 그는 부처님께 교단을 자기에게 물려주기를 간청하였으나 거절당하자 새 교단을 조직하려는 그에게 태자는 꼬임을 받아 부왕을 죽이고 어머니를 가두는 등 오역죄를 저질렀다. 그러나 뒤에 후회하고 부처님께 귀의하여 교단의 외호자가 되어 첫 결집을 돕는 등 큰 사업을 완성하고 불멸 후 24년에 죽었다(이 사건은 관무량수경에 잘 설해져 있다).

이 아사세왕이 세운 불사리탑 옆에는 아난존자의 반신사리탑이 있다. 이 탑의 유래는 아난존자가 열반에 들려 하자 밀교 외호국인 마가다 국왕과 베살리의 릿차비족 사람들이 아난존자의 사리를 서로 모셔 가려고 싸우게 됐다.

이 사실을 알게 된 아난존자는 "내가 열반에 들어 내 뼈를 두 나라에 나누어 주어 평화롭게 살게 하겠다."며 두 나라 접경인 갠지스 강가에 배를 띄워 놓고 두 나라 사람들에게 이제부터는 싸우지 말고 평화롭게 살 것을 당부하고 그들이 보는 앞에서 허공으로 높이 치솟아 올라 현란한 빛을 발하면서 화광삼매의 선정에 든 채 열반에 들었다. 화광삼매란 몸에서 불을 내뿜는 삼매 또는 불의 빛에 쌓여서 명상하고 있는 것을 말한다.

아난은 맹렬한 불꽃 속에서 1천과의 사리를 각각 5백과씩 동쪽과 서쪽으로 나뉘어 비처럼 뿌려졌다 .

이 사리를 나누어 모셔간 두 나라는 반신 사리탑을 만들어 봉안하고 다투지 않고 평화스럽게 지냈다고 한다.

⑳ 기원정사의 연기

기원정사(祇園精舍)는 선시(善施)장자가 세웠다. 장자는 인정이 많고 총명한 사람이었다. 특히 재산 모으는데 재주가 남달랐다. 빈민

주제에 재산을 아끼지 않았고 더구나 고독한 노인에게 정성을 쏟았다. 그래서 사람들이 그의 덕을 칭찬하여 급고독(給孤獨)장자라는 존칭을 붙였다. 장자가 장사차 마가다 국에 갔다가 마침 부처님께서 죽림정사에서 설법하시는 것을 듣고 감동하여 그 자리에서 신자가 됐다. 그리고 자기 나라에 오셔서 설법해 주십사고 간청했다. 부처님의 승낙을 받은 장자는 사리불과 함께 귀국하여 좋은 장소를 물색하기 시작했다.

그러나 마땅한 장소가 없어서 고심하던 중 아주 적당한 곳을 발견했는데 공교롭게도 그 나라 기타(祇陀) 태자의 소유였다. 장자는 태자에게 땅을 팔 것을 부탁했다. 그러나 쉽게 승낙하지 않았다. 여러 번 간청했으나 승낙하지 않은 것이었다. 그렇다고 쉽게 물러서지 않고 끈질기게 교섭을 거듭하자 기타태자는 농담 삼아 "그렇다면 꼭 필요한 만치 그 땅을 금으로 덮으면 팔겠다."는 것이었다.

그 말을 들은 장자는 즉시 금을 가져다가 깔기 시작했다. 하지만 땅이 넓은 지라 금이 모자랐다.

낭패해하는 장자의 모습을 본 태자는 "자, 그만두십시오. 잘 알았습니다. 그만하면 당신의 정성에 감동했습니다. 이 기회에 저도 선근을 심고자 하니 내 망고 숲을 기증하겠소. 그러니 두 사람이 힘을 합쳐 정사를 지어 보시합시다." 하고 제안하는 것이었다.

그리하여 지은 곳이 기원정사이다. 부처님이 그곳에 오셔서 아난존자에게 이 정사는 기타태자와 숲을 기증하고 급고장자가 땅을 사서 지었으니 그 이름을 기수급고득원이라 하는 것이 좋겠다고 명명하게 되었고 줄여서 기원정사 또 기원이라 부르게 됐다.

현장은 부처님 재세시에 전해오는 몇 가지 기록을 남긴 것도 보았으나 정사는 폐허가 되었고 동문 좌우에 70여 개나 되는 아소카 왕이 세운 석주만 남아 있었다.

❀ 계현논사의 가람

　계현논사는 사마타타국의 왕족으로 바라문 종성이었다. 젊을 때부터 학문을 많이 닦으면서 훌륭한 뜻이 있었다. 인도의 각지를 돌면서 훌륭한 학자를 찾던 중 날란다사에 와서 호법보살(護法菩薩)을 만나 불법을 듣고 눈이 트이어 출가를 원하고 깨달음의 뜻을 묻고 해탈의 방법을 묻는 등 부처님의 미묘하고 깊은 뜻을 터득하게 되면서 그 이름이 널리 외국에까지 알려지게 됐다. 그 당시 남인도의 한 외도가 호법논사의 명성을 듣고 자만심과 질투심이 생겨 북을 치면서 논쟁을 요청했다. "저는 남인도 사람입니다. 왕의 나라에 대논사가 있다는 말을 들었습니다. 저는 불민합니다만 그분과 논쟁을 벌였으면 합니다."고 요청하자, 왕은 흔쾌히 승낙하고 사신을 호법보살에게 보내며 "남인도의 외도가 천리를 멀다 않고 논쟁하기를 원하고 있습니다. 아무쪼록 토론장으로 나와 주시기를 바랍니다."고 부탁했다.

　왕의 전갈을 받은 호법은 곧 염의(법복)를 걸치고 나가려고 하자 제자 중 계현이 나와서 "어찌하여 급히 나가시는 것입니까?"고 물었다. 호법은 "불타께서 적멸하시어 불법을 전승하는 것이 소원해지는데 외도는 개미떼 같이 모여들고 외도 무리는 벌떼 같이 성가

시게 군다. 그러므로 나는 이제 그들의 논리를 타파하려고 한다.”고하자 계현은 “삼가 여러 가지 논리를 들어온 터이므로 제가 나가서 외도를 논파하고자 하오니 허락해 주십시오.” 하고 말했다.

호법은 계현이 영특한 사람임을 알고 있기 때문에 즉시 허락했다. 이때 계현의 나의 고작 서른이었다. 사람들은 그가 너무 젊은 것을 가벼이 여기고 혼자서 그 일을 맡기가 어려운 것이 아닌가 염려하는 것이었다. 호법은 사람들이 불안해하는 것을 알고 그 염려를 풀기위해 “재능이 탁월한 점을 귀히 여길 일이지 나이에 관계할 일이 아니니 재능 면에 있어서 외도를 논파하는 것은 이미 정해져 있소.” 하고 단호히 말하는 것이었다.

토론 날이 되자 원근의 많은 사람들이 노소 할 것 없이 몰려왔다. 외도는 먼저 대지(大旨)를 명백하게 말하고 미세한 부분까지 논술했다. 그러나 계현은 이로(理路)에 따라 상대방의 내용을 찔렀으며 그 논리는 깊고 유현한 것이었기 때문에 외도는 변론에 궁하여 치욕을 느끼고 패퇴하고 말았다. 그리하여 왕은 그 공에 보답하기 위해 이 마을을 하사하려 하자 논사는 “염의를 입은 출가자는 걸식만으로 만족함을 알고 스스로 몸을 맑게 하여 자신을 지키고 있습니다. 설사 마을을 얻는다고 해도 무엇을 하겠습니까?”고 사양했다.

왕은 “부처님께서 이 세상에서 자취를 감추신 다음 고해를 건너는 지혜의 배도 함께 없어졌는데 이를 표창하는 것을 분명히 하지 않으면 후학들을 격려할 수가 없게 됩니다. 정법을 널리 펴기 위함이라 생각하고 아무쪼록 받아주시기 바랍니다.”고 간청함으로 논사는 할 수 없이 이 마음을 받게 됐다. 그리하여 가람을 세우고 그 마을 사람들을 감사하게 봉양했다 한다.

಄ 호법의 출가에 얽힌 전설

칸차푸라 성은 호법의 출생지다. 또 중국 선종의 종조인 달마대사도 이곳 출신이다. 어려서부터 기량이 뛰어났고 도량이 컸다. 스무 살 때 왕비의 간천으로 억지로 결혼하게 됐다. 그러나 호법은 오래 전부터 욕망을 버리는 수행을 해왔기 때문에 여자를 사랑하는 마음이 일어나지 않았다. 오직 학문을 계속하고자 하는 생각뿐이었다.

그날 밤 마음이 울적해서 불상 앞에서 기도드리며 어쩔 수 없는 이 난관을 피하게 해달라고 기원하였더니 지성이면 감천이었던지 난데없이 신이 나타나 그를 등에 업고 수백리 밖에 있는 가람의 법당 안에 내려놓았다.

왕은 그 사실을 듣고 명을 내려 원근에 그 종적은 탐색하게 하였다. 그 결과 호법이 신의 등에 업혀 피신하게 된 이유를 알고 그를 존경하여 정법을 세워 많은 저술을 남기도록 했다. 그는 정명잡론 2만5천 송을 지었고 광백론, 유식론을 저술하고 인명론 수십 부의 주석서도 지었다. 그것들은 널리 읽혀질 정도로 덕 높은 대덕으로 추앙받게 되었다.

∞ 제일결집(第一結集)

죽림정사에서 서남쪽으로 5~6리 가면 남산 북쪽의 큰 죽림 속에 키 큰 석실이 있다. 마하가섭존자(摩訶迦葉尊者)가 9백99명(일설에는 5백명 실은 474명이라는 설도 있다)의 대아라한과 함께 부처님이 열반에 든 90일 뒤 경율론 3장(三藏)을 결집한 곳이다. 그 앞에 낡은 건물 기초가 남아 있다. 미생원 왕(아사세왕)이 결집에 참석한 대아라한들을 위해 이 건물을 세웠다. 애초에 대가섭존자가 숲 속에서 좌선 중 문득 광명이 번떡이더니 대지가 진동하는 것이었다.

무슨 일로 이런 이상한 일이 일어나는가 하면서 천안통으로 살펴보았더니 부처님이 사라쌍수 사이에서 열반에 드시는 모습이 보였다. 서둘러 제자들에게 명하여 쿠시성으로 가는 도중 범지(외도)들을 만났다. 그들은 "당신들의 대사(大師)께서 열반에 드시자 천인과 대중들이 공양을 성대하게 하였습니다."고 하자 가섭존자는 "혜일(慧日)이 돌아가셨으니 세계는 어두워졌다. 중생들을 선도할 분이 벌써 이 세상을 버렸으니 중생은 타락할 것이다."고 말하자 게으른 자들 중 우파난다라는 비구가 "여래가 입멸하셨으니 우리들은 안락하게 됐습니다. 만일 죄를 범하는 자가 있다 해도 누가 이를 벌할 수 있겠습니까?"라고 말하는 것이었다.

이 말을 들은 가섭존자는 깊이 슬퍼하면서 부처님의 가르침을 속히 결집(편집)하여 그 가르침에 준거해서 죄를 범한 자들을 단속해야겠다고 생각했다. 그리하여 우선 부처님의 열반처로 가서 부처님을 뵈옵고 예배를 드렸다. 이때 선가에서 말하는 3곳에서 법을 전해 준 것을 교외별전(敎外別傳)이라 하며 마지막이 곽시쌍부(널 속에서 두 발을 내보이심)이다.

좀 더 부연하면 늦게 도착한 가섭존자가 "어떻게 하면 자비하신 성관(聖棺)이 열릴 수 있겠는가?"라고 말하자 대중이 말하기를 "부처님께서 열반하신지 27일이나 지나 손괴될까 두려운데 어떻게 관을 열 수 있겠느냐?"고 하였다.

가섭이 말하기를 "여래의 몸은 금강처럼 견고하여 항상 즐겁고 참다운 나며 깨끗하여 상하거나 괴멸하지 않는다."고 말하자 이때 항상 자비하시고 평등하신 여래께서 가섭을 위하시기 때문에 관이 저절로 열렸다고 대열반경 후분기 감다비품에 있다.

다비식을 끝내고 사리도 8등분한 후 연후 90일 만에 부처님의 가르침인 법장(法藏)을 결집하게 됐다.

그는 수메루 산에 올라 대간타를 치면서 "이제 왕사성에서 부처님의 가르침에 대하여 일을 벌이려 하고 있습니다. 성과(聖果)를 증득한 사람들은 곧장 집합하여 주기 바랍니다."고 외쳤다.

간타 소리와 가섭존자의 소리는 삼천대천세계에 미침으로서 신통을 얻는 사람들은 이 소리를 듣고 빠짐없이 모여들었다.

그리하여 3명(三明)을 갖추고 6신통을 지녔으며 부처님의 가르침에 오류가 없이 알며 변재에 막힘이 없는 상덕(上德)만을 결집에 참가케 하였다.

그 외에 아라한과를 증득하지 못한 사람이나 학습 중인 사람은 돌아가게 했다. 그렇게 해서 999명이 남았다. 아난은 아직 학지(學智 : 깨달음의 경지에 이르기 위해 학습중인 것)에 있었으나 그곳에 남았다. 그러자 가섭은 아난을 불러 "그대는 아직 번뇌를 끊지 못하지 않았는가? 어서 나가도록 하라.”고 말했다.

아난은 “저는 여래를 모시고서 여러 해를 보냈습니다만 이제 부처님의 가르침을 결집함에 제가 배척당한다면 저는 의지할 곳이 없게 됩니다.”고 대답하자 가섭은 “그런 것은 걱정하지 말라. 그대는 부처님의 법을 많이 듣긴 했지만 애욕(번뇌)이 아직 남아있고 번뇌의 기색이 사라지지 않았다.”고 말하자 아난은 조용한 곳으로 물러간 다음 무학(배울 것 없는 깨달음의 경지)에 들어가려고 노력했으나 쉽게 깨달음을 얻지 못했다.

그때 하도 피로에 지쳐 잠깐 조는 사이에 나한과를 증득했다. 그리하여 아난은 결집회장으로 나가 문을 두드렸다.

가섭존자는 “그대는 번뇌를 씻어 냈는가? 그렇다면 신통력으로서 문을 통과하지 말고 들어오도록 하라.”고 말하는 것이었다. 아난은 그 명령대로 열쇠 구멍으로 들어가 성승(聖乘)등에게 인사하고 말석에 앉았다. 이때가 안거 시작 전날인 5월 14일이었다. 가섭은 소리 높여 “잘 생각하고 분명히 듣기 바랍니다. 아난은 부처님 법을 잘 들었음은 여래도 칭찬했던 일입니다. 그러므로 그는 경장(經藏)을 결집하고 우바리는 율장(律藏)을 결집하고 나 가섭은 아비달마장, 즉 논장(論藏)을 결집하도록 하겠습니다.”고 말했다.

그리하여 우기 3개월 동안 3장을 결집했다. 가섭존자는 모든 대중의 상좌인(上座人)이었기 때문에 이 결집을 사좌부 결집이라고 한다. 그러나 사실은 3장이 아닐 경·율 2장만 결집했다 한다.

대가섭의 결집처(석실)인 서북쪽에 탑이 있다. 아난이 쫓겨난 후 이곳에서 좌선하며 나한과를 증득했다고 한다.

아난이 증득한 곳에서 20여리 가면 탑이 있다. 아소카왕이 세운 것으로 대중부(大衆部)가 결집한 곳이다. 학습중인 자, 증과를 얻은 자 등 수백 수천 명이 가섭의 결집에 참석하지 못하고 이곳까지 와서는 "여래가 재세 시에는 똑같이 스승에게서 배웠는데 여래가 입멸하시자 우리는 따돌림을 당해 버렸다. 그러나 불은에 보답하기 위해서는 부처님의 가르침을 집대성해야 할 것이다."고 서로들 말했다.

그리하여 바사가를 중심으로 범승(凡乘) 성승(聖乘)이 집합하여 여기서는 경장, 율장, 논장, 잡집장(雜集藏), 금주장(禁呪藏)까지 집대성하여 별도로 5장을 결집했다. 그리고 이 결집은 범성양중(凡聖兩衆)이 회동했기 때문에 이를 대중부 결집이라고 한다.

첫 번째 결집 방법은 처음 우바리존자가 계율을 아난이 경전을 독송하면 대중이 하나하나 검토한 뒤 의견일치를 본 후 교단명의로 결정했다. 그리하여 만들어진 것이 경·율·론 2장이며 오늘날까지 전해오게 됐다.

당시에는 문자를 쓰지 않는 시대였기 때문에 아난존자가 여러 대덕을 향해 "나는 이같이 들었다(여시아문)."로 시작하는 형식이 있다.

이것은 현재의 파리경전인 남방불교에서는 믿지만 그 전설에 대해서는 여러 이론과 비판이 있다.

제2결집(7백결집)은 불멸 후 백년 경 계율에 대한 이견이 생겨 비사리에서 야사(耶舍)가 상수가 되어 7백 비구가 모여 율장을 결집했다고 한다.

제3결집(1천인결집)은 부처님 입멸 후 2백년 경 아소카왕이 수도인 화씨성에서 목건련제수가 상수가 되어 1천 비구를 모아 경 율 론 5장 전부를 집성(集成)하였다.

제1, 2회는 북방과 남방의 두 불교에 전해지지만 제3회는 남방불교에만 전해 오고 있다.

제4결집은 2세기경 가시카왕 시대에 협존자(協尊者)와 세우(世友)가 중심이 되어 카시미르국의 5백 비구가 모여 3장을 해석한 것이 대비바사론이 되었다고 하나 남방불교에서는 받아들이지 않는다.

날란타 사원으로 돌아가다

왕사성의 성지순례를 마친 현장은 날란타사로 돌아왔다. 계현논사는 현장을 위해 유가사지론을 연속 강의할 것을 발표하였다. 그러자 수천 명의 학승들이 청강할 것을 원하면서 모여들었다.

개강한 후 얼마 되지 않은 어느 날 한 사람의 바라문이 불쑥 찾아와 큰 소리로 웃기도 하고 울기도 하자 원주가 누구냐고 묻자,

"나는 젊었을 때 보타낙가산의 관자재보살 전에 나는 왕이 되고 싶다고 원을 세우고 열심히 수행하고 있었습니다." 그러나 보살이 나타나 그를 질책하면서 "그대는 그런 원을 세워서는 안 된다. 뒷날 반드시 나란타 사원의 계현논사가 대당국 승려를 위해 강의할 것이다. 그대는 그 강의를 듣고 그 가르침을 따르면 뒤에는 반드시 부처님을 친견하게 될 것이다. 그러니 임금이 될 생각을 해서는 안 된다고 일러 주었습니다.

그런데 지금 바로 옛날 들었던 대당국의 승려가 계현논사의 강의를 듣고 있으니 관음보살이 말씀하신 그대로여서 너무 신기하여 그만 정신없이 소란을 피웠습니다. 참으로 드릴 말씀이 없습니다. 부디 용서해 주십시오."

계현논사는 그 말을 듣고 그에게도 청강을 하게 했다. 그는 열심히 청강하였고 15개월 동안 연속한 강의가 끝나자 논사께서는 제자와 같이 바라문을 계일(戒日)왕에게 보냈다. 계일왕은 기특한 인물로 여겨 그에게 3개 마을을 하사하였다.

현장은 5년간 무엇을 배웠는가 하면, 불교학이 첫째 목적이었으므로 유가사지론을 3번 아비달마순정리론을 1번, 현양성교론, 대승아비달마잡집론 각 1번, 인명론, 성명론, 집량론 각 2번, 증론, 백론 각 3번씩을 들었다.

구사론, 아비달마대비바사론, 육족론에 대해서는 가시미르에서 자세히 연구하고 왔기 때문에 청강하지는 않았다. 다만 의문점만을 질문할 뿐이었다.

또 그 외 인도의 고전학과 언어학도 연구했다. 이 책들은 천지개벽의 옛적에 바라문신(神 : 범천)이 천인에게 전수했기 때문에 범서(梵書)라 한다. 성명기론을 번역한 언어학 책은 백만송(百萬頌)이나 되고 뒤에 제석천이 10만 송으로 줄였고 또다시 간다라라국의 언어학자 빠니니가 8천 송으로 줄였다.

송(頌)은 암기하기 쉽도록 시(詩)와 같이 짧게 압축한 것으로 산스크리트어의 서사시 형식에서 따온 것이다.

인도의 서사시는 32음절을 일송(一頌)으로 된 것을 한문의 경전에서는 5자를 일구(一句)로 하여 4구를 일송으로 축약하여 번역하였다. 중국에서는 흔히 5언절구나 7언절구로 되어 있다.

유식교의에서는 세친이 만든 유식 30송이 근본 경전이 되어있다. 그것이 바로 유식30론이다.

이 유식 30송은 세친 최후의 저술로서 5언 4구 게송30 10인의 논사가 제각각 30송을 해석 한 것을 현장은 그 10인의 논(論)을 참고하여 계현논사와 호법(護法)보살의 논을 중심하여 번역했다.

여러 번역을 뒤섞어 번역한 것을 합유역(合糅繹)이라 한다.

대당서역기를 보면 현장은 언어의 재능이 뛰어났음을 알 수 있다. 아마 중국에서부터 산스크리트어를 능하게 읽은 것 같다. 인도에 가서 더 연마하기 위해 문법학을 연구한 것 같다. 그러므로 인도의 두 가지 언어를 구사할 능력을 갖추었기 때문에 강의를 듣고 경전에 대한 토론도 하고 그곳 학승들과 거리낌 없이 논한 것으로 추정할 수 있다.

따라서 그만한 실력이 있었기 때문에 현장의 번역은 종래의 번역과 다른 점이 있었다. 그러나 누구 하나 반론을 제기하는 학승은 없었다. 그런 연유로 현장역은 신역(新譯), 그 이전 번역은 구역(舊譯)이라 한다.

예를 들면 구역은 관세음보살이라 번역한 것을 현장은 반야심경에서 관자재보살이라고 달리 번역한 것을 들 수 있다.

৪১ 동인도 순례

날란다사에서 5년간(630~635) 수학한 현장은 귀국해서 역경사업을 할 수 있도록 계현논사의 승낙을 받고 인도 각 지방을 순례하기로 했다(635~638).

이라냐파르바타국으로 가는 도중에 가쁘다 가람이 있고 그 남쪽에 고립되어 있는 산이 있다. 산은 높이 솟아있고 수림은 깊으며 맑은 계곡물은 넘쳐흐르는데 아름다운 꽃들은 만발하여 향기는 코를 찌르는 그 산속에 인도 원산인 백단향나무로 조각한 관자재보살상이 모셔져 있는데 영험이 있다는 소문이 자자했다.

현장은 여러 가지 꽃을 사서 화환을 만들어서 관자재보살을 향해 3가지 원을 빌었다.

1. 이곳에서 배움을 마치고 본국으로 돌아가는 도중에 어려움을 없을 것 같으면 원컨대 이 화환이 보살님 손에 얹히도록 해 주십시오.
2. 수행한 복혜(福慧)에 의해 언젠가는 도리천(도솔천)에 태어나 자씨보살(미륵보살)에게 가도록 해 주십시오. 그렇게 되겠으면 아무쪼록 꽃이여, 보살의 양팔에 얹히게 해 주십시오.
3. 경전에 중생 중에 1분의 불성도 없는 자가 있다고 했는데 현장은 지금 유무를 모르겠습니다. 만일 저에게 불성이 있어 수행하면 성불할 수 있다면 원컨대 꽃이여, 보살님의 목에 걸리게 해 주십시오.

이렇게 빌면서 꽃다발을 던진 결과 모두 원대로 되었다. 현장은 기뻐 어쩔 줄 몰라 수없이 예배를 드렸다. 옆에서 그 광경을 지켜본 참배자나 절을 지키던 승려들도 경탄하면서 손뼉을 치고 발장단에 맞춰 춤을 추면서 "이와 같은 일은 본 적도 들은 적도 없습니다. 장차 성불하시거든 모쪼록 오늘의 이 인연을 생각하여 먼저 저희들을 제도해 주십시오." 하고 간청하는 것이었다.

그곳을 떠나 이라나파르바타국에 이르렀다.

이 나라의 도성 북쪽은 갠지스강을 바라보며 주위가 20여 리인데 농업을 성대히 하고 꽃과 과일이 풍부했다.

이웃나라 왕이 이 나라 국왕을 폐하고 도성을 승려들에게 보시하고 2개의 가람을 세웠다. 그곳에는 1천여 명의 승려들을 주석케 했다. 모두 소승의 설일체유부를 학습하고 있었다.

그 중에 두 사람의 대덕이 있었다. 현장은 그곳에서 1년간 머물면서 대비바사론과 아비달마순정리론을 배웠고 체류하는 동안 그 나라 유적을 둘러보았다.

이곳은 부처님의 제자인 문이백억(聞二佰億)이 태어난 곳이다.

옛적에 이곳에 거부장자가 있었는데 다 늦도록 자식이 없어 애태우고 기다리다 만년이 되어 아들이 태어났음을 알린 사람에게 하도 기뻐서 일금 2백억을 주었기 때문에 아들에게 문이백억이란 기묘한 이름이 붙여지게 되었다.

장자는 그 아들이 하도 귀여운 나머지 땅을 밟지 못하게 키우다 보니 발바닥에 한자 가까이나 되는 황금 털이 자라게 되었다. 부처님이 목련존자에게 그 아이를 가르치게 했다. 장자의 집안은 원래 태양신을 믿었기 때문에 목련존자는 신통력으로 일륜(日輪) 속에서 나타났다. 장자나 그 아들은 목련을 태양신으로 알고 숭배하고 향반을 보시하고 돌아가게 됐다.

그런데 향반 냄새가 어찌나 강한지 왕사성 구석구석에 퍼지고 빈비사라왕에게까지 그 냄새가 미치게 되었다. 왕은 이상한 향내를 신하에게 물었더니 죽림정사에 있는 목련존자와 장자의 아들에 대한 얘기를 들은 왕은 장자의 아들과 부처님이 계신 성안으로 들어가게 되었다.

왕사성에 들어온 문이백억은 먼저 부처님께 예를 드리고 왕에 대한 예의를 배웠다.

왕이 발바닥 털을 보고자 하거든 다리를 꼬고 앉아라. 다리를 펴면 국법에 사형에 해당된다고 가르침을 배웠기 때문에 그대로 했다. 왕이 발바닥 털을 보고자 생각했는데 문이백억은 다리를 꼬고 앉아있어서 왕은 그의 예의바름을 칭찬하고 돌아가게 했다. 때문에 부처님 처소로 온 문이백억은 부처의 설법을 듣고 출가하여 열심히 수행하게 되었다. 너무나 열심히 수행하면서 걷다보니 발에서 피가 나게 되었다.

그때 부처님은 "선남자여, 재가 시에 북을 치고 가야금을 뜯은 일이 있었던가?"고 물었다.

"예, 있습니다." 하고 대답하자 부처님은 "그렇다면 알 것이다. 현(絃)이 급하게 흐르면 소리가 맞지 않고 현이 너무 느리면 박자가 악절에 화합하지 않는다. 현이 급하지도 않고 느리지도 않을 때 비로소 알맞은 음이 나게 된다. 수행 역시 그와 같다. 급하면 몸이 피로하여 마음이 말을 듣지 않고 마음이 늘어져 뜻이 빗나가게 될 것이니라."고 말씀하셨다.

그는 부처님의 가르침대로 노력한 얼마 후 크게 깨달을 수 있었다.

이 나라 서쪽에 갠지스강 남쪽에 작은 산은 첩첩준령이다. 부처님이 3개월 동안 안거하시면서 박쿨라 야차를 항복시켰다. 옛날 부처님은 야차를 항복시키면서 사람을 죽여 그 고기를 먹지 말라고 일렀던 곳이며 그들은 부처님의 가르침대로 수행하면서 하늘에 태어날 수 있었다. 이 산 이곳저곳에 불적(부처님흔적)이 남아있다. 또 서쪽에 7~8개의 온천이 있다. 현장은 예정에 없었던 이곳에서 1년간 수학한 것이 귀국 후 번역하는데 큰 도움이 될 것 같아 2분의 대덕에게서 수학한 후 감사의 예를 올리면서 헤어짐을 아쉬워했다고 한다.

✑ 참파국

이 나라에는 재미있는 2가지 전설이 있다.

하나는 천지개벽 시절 인류의 조상들은 돌에 굴을 파고 살았다. 그런데 천녀가 인간세상에 내려와 갠지스 강가에 놀면서 수령(물의 정령)과 교감해서 임신하게 됐다. 4명의 아들을 낳았는데 아들들은 인도 각지에 살게 하고 나라를 통치하게 했다. 그 나라 도성을 한 아들이 건설했는데 모든 도성 중 첫째였다고 한다.

또 하나는 부처님 이전의 전설이다.

어떤 소치는 사람이 수백 두의 소를 방목했는데 소 1마리가 매일 어디로 가는 것이었다. 그러나 해질 무렵이면 돌아오는데 몸뚱이가 반짝반짝 빛나며 소리가 변해진 탓으로 다른 소들이 두려워서 옆에 가려하지 않으므로 주인은 이상하게 생각하고 하루는 그 소 뒤를 쫓아가 보았다. 소는 어떤 바위 속으로 들어가는 것이었다. 그래서 뒤를 따라 어두운 굴에 들어가기를 5리 정도 들어가니 갑자기 밝고 아름다운 광경이 벌어지는 것이었다. 그곳에는 태양이 빛나고 꽃향기가 진동하고 여러 과일나무에는 황금빛 열매가 주렁주렁 달려있어 저절로 군침이 도는 것이었다. 그 열매를 하나 따가지고 소와 같이 돌아오려고 들어갔던 돌 구멍 근처에 왔을 때 한 귀신이 나타나 열매를 빼앗아 버렸다.

마을로 돌아와 유명한 의사에게 그 얘기를 했더니 "그 과일은 먹어서는 안 되는 것이다. 그러나 한 개쯤 가지고 왔으면 좋았을 것이다."라고 아쉬워하는 것이었다.

그래서 그 사람은 다음날 소와 같이 그 곳에 가서 과일 한 알을 따서 몰래 가지고 오려하자 귀신이 나타나 빼앗으려 하므로 엉겁결에 입에 넣어 버렸다. 그러자 귀신은 목을 조이며 빼내려고 하자 그만 삼켜 버리고 말았다.

그러자 갑자기 몸이 커져서 들어간 곳으로 나올 수 없게 되었다. 그 후 오랜 세월이 흘러 그 사람은 인간 모습을 한 돌이 되고 말았다고 한다.

후세의 어떤 왕이 "그 돌은 보통 돌같이 보이지만 신령이 깃들어 있어 약이 될 수도 있으니 석공을 보내 돌을 쪼아오게 하라."고 명령을 했다.

그러나 10여 일간이나 몇 사람이 돌을 쪼아내려 했으나 한 조각도 뗄 수가 없었다는 전설이 전해오고 있다.

♨ 불교의 제2고향 간다라국

예부터 이곳 땅에는 유명한 인재가 배출된 곳이다 무착, 세친, 법구, 여의, 협존자 등이다.

성 밖 동남쪽 8~9리에 높이 백여척 되는 핍팔라수(보리수)가 있다.

석가여래는 이 나무 아래서 아난에게 "내가 간지 4백년 뒤에 일세에 뛰어난 왕이 나와 카니시카라 이름하고 여기서 멀지 않는 곳에 수토파를 세울 것이다. 내 골육 사리는 여기에 모두 모일 것이다."라고 말씀하셨다.

핍팔라수 남쪽에 수토파가 있다. 카니시카 왕이 세운 것이다. 왕은 여래가 입멸한 뒤 4백 년째에 잠부주를 통일했다. 왕은 죄와 복을 믿지 않고 부처님의 가르침을 모멸했다. 하루는 들로 사냥을 나갔다가 흰 토끼를 만났는데 토끼를 쫓아 그곳까지 갔던바 토끼가 보이지 않게 되었다. 그런데 목동이 숲 속에서 작은 수토파를 쌓고 있었는데 그 높이가 3척 정도였다.

왕은 "너는 무엇을 하고 있느냐?"고 물었다. 목동은 옛날 석가모니불이 밝은 지혜를 가지고 "반드시 어떤 국왕이 '이곳에 수토파를 세울 것이다. 내 몸의 사리 대부분은 그 안에 모실 것이다'고 예언을 하셨습니다. 대왕은 빼어난 덕을 전세에 심었고 이는 또한 옛날 석가의 예언과 똑같습니다. 훌륭한 공덕과 큰 복운으로 이 시기를 잘 만나셨습니다. 그래서 저는 이 말씀을 알려드리려 한 것입니다."고 대답한 홀연히 사라지는 것이었다.

왕은 이 말을 듣고 크게 기뻐하며 자기 이름이 성인의 예언과 맞는 것을 자랑하면서 그것이 인연이 되어 부처님의 가르침을 깊이 경모하게 되었다.

그는 불교에 귀의하여 불교진흥에 힘썼다. 아소카왕과 같이 높이 일컬어지는 임금으로 경전 결집을 협·세우·법구·묘음 등 5백 성자를 모아 가습미라국에서 3장을 결집했다. 또 주석하여 대비바사론 2백 권을 지었다. 마음(心)은 그의 스승이라 한다.

간다라는 여러 우여곡절 끝에 빅토리아 왕조의 희랍인 왕 메난

도로스가 불교에 귀의하여 불교를 적극 장려했다. 미린다왕문경으로 불리는 팔리어 본전이 바로 메닌도로스(미린다)왕이 나가세나(나선)비구와 문답한 묘리(妙理)를 기록한 것이다. 내용인 즉 왕이 불교에 대해 어려운 것을 물으면 나선비구는 낱낱이 밝혀 세간에 알려진 사실을 들어 증거하면서 논리적으로 불교 교리에로 귀납하여 그 이치를 분명하게 말한 유명한 대화로 알려져 있다.

앞에서 언급한 카시니카왕은 인도를 침입한 여러 이민족 중 진정한 인도의 지배자로 인정되어 왔다. 그는 제2의 아소카왕으로 불릴 만큼 종교적 열정을 가지고 있어 적극적인 불교 정책을 편 왕으로 이 시기가 간다라 불교 예술의 전성기에 해당된다. 그러나 페르시아의 공격을 받은 이후 멸망의 길로 접어들었다(A.D. 3세기 중엽).

그 후 흉노족에 의한 박해로 1천 6백여 동에 이르는 사원이 약탈당하고 90만 명의 신도가 살해당했다.

A.D. 630년에 현장이 이곳에 들렸을 때는 불교 유적이 모두 파괴되었다고 기록되어 있다. 하지만 B.C. 1세기에서 A.D. 6세기까지 불교미술은 번영했다.

불상은 카니시카 왕조 때 처음 만들어졌다. 그 증거로는 카니시카 1세가 만든 동전에 불상이 조각됐다. 그 동전(금화) 뒷면에는 석가 입상과 미륵보살의 좌상이 조각되어 있다. 이것은 카니시카왕이 불교를 쿠샨왕조의 공식 종교로 선포한 증거이다.

그러나 그 원인은 쿠샨족의 왕의 신격화와 조상들의 영혼 숭배가 그 기원이 된다. 말하자면 그들의 신앙심은 왕의 신격화와 조상들의 영혼 숭배였기 때문이다. 또한 이란계 유목민족에게는 영웅적인 국왕이나 왕가의 시조를 신과 같은 존재로 보고 그 초상을 만들어 신전이나 궁전에 모시고 예배드려 왔다. 그 흔적은 여러 곳에서 발견된다. 그리고 죽은 사람의 혼은 초상에 깃들어져 자손의 대접을 받으며 자손과 함께 대화를 주고받고 자손에게 번영을 주고 자손이 잘 되는가 살펴본다. 때문에 죽은 자의 생전 모습을 그대로 초상화하여 영원히 살아서 활동한다고 생각한 것이다.

이란계의 조로아스트교도들에 의해 영혼의 거주처라는 뜻에서 초상을 인간의 모습으로 표현하게 된 동기이다.

따라서 조로아스트교도들은 죽은 자의 뼈를 소중하게 납골 그릇에 담아 신년 첫날에 제사(공양)지냈다. 그것은 죽은 자가 다시 뼈와 살과 피를 열어 재생(부활)하도록 하기 위함이었다. 이와 같은 생각을 가진 그들이 불교로 개종함으로서 자연적으로 초상의 조각으로 발전하는 계기가 되었다. 그 조각 기술은 알렉산드 대왕이 남겨놓은 그리스인과 빅토리아 왕국의 지중해 쪽에 전파하게 된 것이다.

앞에서 언급한 이란계 쿠산족은 뛰어난 자가 죽으면 그 조상(彫像)을 만들어 모셨으므로 그들이 불교도가 되었으니 불교의 창시자인 여래의 초상(불상)을 만들어 모시는 일은 당연한 일이었다. 이것이 불상을 만들게 된 첫 동기인 것이다.

따라서 부처님의 초상과 그의 행적 등을 불탑에 조각하게 되었다. 그렇다고 그것으로 만족하지 않고 새로운 불타관을 정립하게 된다. 즉 부처의 3신관(三身觀)이 그것이다.

법신, 응신, 보신의 출현은 인간이 이 세상에 태어나기 전부터 존재하는 영원불멸의 존재로서 3신의 불타관과 맞먹는다. 그러니까 3신불 중 법신은 영원불멸의 영혼불이며, 응신은 역사상의 몸으로 이 세상에 태어났다가 인간 몸으로 떠나간 불이 영혼불이며, 보신은 수행한 공덕으로 사후 세계로 돌아간 영혼불로 인식했던 것이다.

이같은 인생관을 가진 쿠샨족이 조로아스트교에서 불교로 개종하여 불교를 새롭게 변화시켰다. 왜냐하면 죽은 자의 초상을 거부한 인도 불교와 죽은 자의 초상을 긍정하는 불교로 변화하면서 뒤에 대승불교로 발전하게 된 것이다.

그러면 왜 인도에서는 불상이 만들어지지 않았는가?

그것은 인도에는 예부터 윤회사상의 관념이 강했기 때문이다.

모든 우주 삼라만상은 끝없이 생사를 되풀이 한다는 관념이 지배적인 탓에 죽은 자든 산 자든 초상이 필요 없었다. 그렇기 때문에 윤회사상을 믿는 불교들에게서 부처님의 초상(불상)이 나올 수 없는 것은 당연했다. 불교도들에게 중요한 것은 불상이 아닌 부처님이 설하신 법(진리)이 제일이었다. 때문에 고대 인도 불교 건축에서는 불상을 찾아볼 수가 없다.

하지만 세월의 변천에 따라 불교도들도 생각을 달리 하게 된다. 그렇다고 불상부터 조성한 것은 아니다. 간다라에서도 처음에는 세속적인 부조물이 만들어졌고 그 뒤 불전 부조물에 부처상이 출현하면서 차차 독립적인 불상 조각이 시작하게 됐다.

그 뒤에 불탑이 만들어지고 불탑과 사리함에 거위나 새 모양의 부조물이 조각되는 등으로 발전하게 됐다.

사마타타국

이 나라는 계현논사의 출생지이다.

가람은 30여 곳, 승려는 2천여 명 정도인데 그들은 대승불교가 아닌 소승의 상좌부를 공부하고 있었다. 또 이교도가 많고 아소카 왕의 탑이 있다. 그 근처에 정사가 있고 청옥으로 조각한 8척 정도의 불상이 있는데 아주 아름다운 원만상으로 때때로 영험을 보인다고 한다.

옛날 여래는 천인들을 위해 이곳에서 7일 동안 묘법을 설했고 옆에는 과거 4불의 좌소와 산책했던 유적이 남아있다.

현장은 이 나라에서 동북과 동서에 있는 여섯 나라의 국명만 소개했다. 현재의 미얀마, 타이, 캄보디아, 베트남 등이다.

이 나라는 산천이 길을 가로 막고 있기 때문에 직접 가보지 않고 사람들의 소문으로 그 풍속과 경계를 알 수 있었다.

ଓ 칼링가를 정복한 아소카왕

칼링가국은 옛적에는 사람이 하도 많아 거리를 가려면 서로 어깨가 부딪칠 정도였고 차를 타면 자주 충돌할 지경이었다고 한다. 그런데 5신통을 갖춘 선인이 있었는데 굴속에서 살면서 자연의 섭리를 배우면서 수양하고 있었다. 그러다가 성정을 더럽히는 일이 있어 신통력을 잃게 되었다. 그 후 사람을 저주하는 주술로서 어른 아이 현명한 자나 어리석은 자나 모두 몰살했다. 그로 인해 나라가 폐허가 되었다가 오랜 세월이 지나 겨우 사람이 살게 되었으나 인가가 드문 실정이었다.

국경의 큰 산 영마루 위에는 돌로 쌓은 백여 척이나 되는 탑이 있다. 이것은 겁초(劫初)에 인간의 수명이 무량수였을 때 한 독각이 입적한 곳이라 한다.

특히 이곳은 서역기에는 한마디도 언급이 없으나 아소카왕의 치열한 전쟁터였다.

이 나라는 보병 6만 기병 1천 상군(象軍 : 코끼리) 7백을 갖춘 막강한 군대를 갖춘 강대국이었다. 마우리아 왕조에게는 매우 위협적인 존재였다. 그래서 아소카왕이 즉위 9년째 되던 해에 칼팅카를 정복하면서 10만의 희생자를 냈다. 전쟁이 끝난 후 전쟁으로 인해 쌍방간에 전상자의 참상을 목격한 왕은 큰 충격을 받았다.

'나는 왜 이런 잔혹한 싸움판을 벌렸단 말인가. 백년도 못 살 내가 왜 그랬는가. 애지중지 귀한 자식을 잃은 부모들의 통곡소리, 사랑하는 부부들의 생사이별의 비통한 넋두리, 형제, 자매, 친지들의 이별의 통곡소리, 부모 잃은 고아들의 애통한 저 울음소리들은 바로 나를 원망하고 저주하는 비명소리가 아닌가. 그뿐인가. 전쟁터에서 눈과 팔다리와 모든 희망을 잃은 저 병사들의 원성은 구천에 사무칠 것이 아닌가.

어리석은 정복욕과 용서받지 못할 만용으로 그 많은 사람들의 생명과 재산과 행복을 모두 여지없이 약탈한 살인자가 바로 내가 아닌가. 이러고도 누구를 무엇을 위한 싸움이었다고 말할 수 있단 말인가.

세상에 나같은 악인이 또 있을까? 자신의 희생으로 전 인류에서 행복을 추구하는 성자도 있지 않은가.'

그렇다. 사랑하는 처자식과 부귀영화가 보장된 왕관마저 버리고 사람으로서는 하기 어려운 고행을 감행한 나머지 우주의 대진리를 깨닫고서도 45년이란 장구한 세월동안 인류의 평등과 평화와 행복의 길을 열어주기 위해 그것도 호의호식이 아닌 풍찬노숙에 걸식으로 만족하고 더구나 안락한 궁전이 아닌 길거리에서 일생을 마감한 그는 어떠한가. 돌이켜 보면 그의 삶은 자신의 영광과 행복의 추구가 아니었기 때문에 얼마나 위대하고 그 성스러운 정신이야말로 영원히 빛날 것이 아닌가.

그 생각에 사로 잡혀 전전긍긍 신음하던 아소카왕은 갑자기 뇌리를 스쳐가는 한줄기 섬광을 느꼈다.

'아! 세존이시여 이 죄 많은 중생을 용서해 주실 수 있사옵니까?

아! 세존이시여 저주받은 이 악인을 받아 주실 수 있사옵니까?

이제부터라도 세존의 거룩한 가르침에 귀의하여 이 목숨이 다하는 그날까지 불법을 위해 신명을 다 바칠 것을 맹세하겠습니다, 세존이시여!'

그 후 크게 참회하고 불교 신봉자가 되어 선정을 베풀기 시작하면서 자신의 심정을 석벽이나 석주 등에 새긴 조칙(詔勅)을 남겼다. 거기에는 다음과 같은 내용이 조각되어 있다.

신들에게서 사랑받은 왕은 관정8년 칼링가를 정복했다. 15만의 포로, 10만 명의 살해, 또 배수의 코끼리가 죽었다. 짐은 칼링가의 정복을 통탄하는 바이다. 따라서 칼링가와 합병 이후 짐은 열심히 법(진리)을 보호하고 법에 귀의 또는 법의 가르침을 선양한다.

그 이유는 아직 정복하지 않은 나라를 정복할 것 같으면 사람을 살육하고 사로잡는 피할 수 없을 것이다. 그렇게 되면 짐에게는 깊은 슬픔과 회한이 아닐 수 없는 일이라 하겠다. 그렇지만 짐에게는 그와 같은 걱정을 느끼게 하는 다른 이유가 있다.

그것은 어느 나라건 한결같이 정성을 다하여 신앙을 갖는다면 연장자에게는 존경을 부모에게는 순종하고 붕우, 지기, 동료, 친척, 노예나 하인은 정당하게 대접하고 바라문, 수행자, 제종파의 신자들과 주민들과 같은 사람들에게까지 잔학한 살육, 또 사랑하고 아끼는 사람들과 이별하게 되는 비극이었기 때문이다.

그렇게 된다면 비록 생명을 보호하는 사람이 되어도 그 슬픔은 가시지 않을 것이다. 남은 피해는 붕우, 지기, 동료나 친척에게 미치고 잔학을 자행한 사람에게도 미칠 것이다. 이와 같은 재앙을 받는다는 것은 짐으로서는 진실로 통탄할 일이다. 어떠한 나라에도 바라문이나 수행자 외에 다른 자를 포함한 집단이 있다. 또 어떤 종교든 믿지 않는 사람도 있다.

칼링가에 있어서 살육과 포로가 되고 또 죽음에 이르는 사람들의 백분의 일천 분의 일의 상실도 지금의 짐에게는 깊은 회한사(悔恨事)이다.

지금부터는 비유하자면 누가 해를 한다 해도 짐은 참을 수 있고 굳게 참고 인욕할 것이다.

이 조칙은 칼링가 전쟁터의 암벽에 새겨져 있다.

전쟁이란 이 지상에 있어서는 안 될 가장 두려운 악마라고 할까? 우리는 역사를 통해 역력히 그 참상을 읽을 수 있고 배웠다. 1, 2 사람의 욕망을 채우기 위해 세상을 온통 아비규환의 수라장으로 만드는 인간은 인간이기 이전에 살인귀라 하겠다.

아소카왕은 B.C. 2세기에 전 인도를 통일하고 불교를 보호한 왕으로 알려져 있다. 왕은 B.C. 321년 인도에 공작왕조를 개창한 전타굴다 대왕의 손자 빈두사라 왕의 아들로 출생하여 어려서 성품이 거칠고 사나워서 부왕의 사랑을 받지 못했다. 덕차시라국에 반란이 일어나자 정복 귀순시켰다. 부왕의 붕어 후 배다른 형인 수사마를 죽이고 즉위했다.

즉위 8년에 가릉가를 정복해서 포로 15만 살육, 10만 기타 무고한 인명을 살상하는 대참사를 목격하고 참회한 후 불교에 귀의했다.

동서남북의 방대한 영토에 8만4천의 절과 8만4천의 보탑에 사리를 모셨다. 또 정법의 선포를 위해 바위와 돌기둥에 법칙을 새기고 불타의 유적을 순례했다. 즉위 17년에 제3차의 결집(結集)을 주도하고 희랍 5개국에 전도승을 파견하는가 하면 26년 동안 26회의 특사를 내리는 등 정법육성에 힘을 다했다.

그래도 인과법칙은 어김없는 법, 퇴임 후에는 불우했다고 한다.

현장은 서북으로 되돌아서 1,800백여 리의 산과 밀림을 지나 남 코사라국으로 갔다. 그 나라는 대승불교의 공사상을 확립한 용수(기원전 2~3세기)의 출생지며 그곳에는 용수의 언덕이라 명명한 유명한 불교 유적이 있다.

대승불교의 기원은 이 지방의 민중 신앙에서 일어났다고 한다.

2세기에 쿠산 왕조 때 가니색가왕은 중인도를 정복한 대가로 불교 시인인 마명(馬鳴)을 간다라로 데려 갔다. 그 후 간다라는 대승불교가 크게 발달하게 되었다.

용수에게는 유명한 제자 제바(提婆)가 있다.

이곳은 부처님이 대신통력으로 외도들을 항복받은 곳이며 뒤에 용수가 주석하여 교화 활동을 편 곳으로 알려져 있다.

∞ 아소카 왕의 불교귀의

다시 언급하자면 아소카 왕이 집권이후 국내는 물론 시리아, 이집트, 마케도니아 등 5개국에 불교의 정법을 선포하기 위해 사신을 파견했다. 그가 불교에 귀의하게 된 동기는 앞에서 언급한 대로 죄 없는 사람들이 전쟁의 참화를 입은 처참한 모습을 보고, 자기 한 사람의 욕망을 채우기 위해 그 같은 많은 사람들에게 불행을 겪게 한 죄책감에 신음하게 됐고 그것이 불교를 귀의하게 된 원인이었다.

그는 그 후 1년 반 동안 승가(교단)에서 불교 수행한 결과 즉위 10년인 그때 크게 깨달은 바 있어 법의 순례(성지순례)를 시작하였고 불교 유적지를 유행하면서 불교를 유포전법을 위해 헌신하게 됐다. 즉위 27년경까지 장장 15년간이나 계속했다. 이것이 유명한 아소카 왕의 마애법칙(磨崖法則 : 암벽이나 석벽, 석주에 법칙을 새긴 것)으로 남아있다. 예로부터 역사에 대한 기록이 없는 인도에 이 마애법칙은 참으로 귀중한 국보임은 말할 것이 없다. 특히 불교에 미친 영향은 무가보(無價寶)라 하겠다. 만일 그런 유물이 없다면 당시의 상황을 입증할 만한 자료가 없기 때문에 그 중요성이 돋보인다 하겠다.

마애법칙에는 대·소 두 종류가 있다. 대 법칙은 주로 국경 지방에 세워졌다. 현재 7개소가 발견되었다. 그 내용은 14장의 법칙을 기록한 가장 긴 것이며 대표적인 법칙이다.

소 법칙은 중인도와 남인도 등 7개소에서 발견되었는데 아소카 왕의 불교 수행 내용이 기록되어 있다. 또 법칙 제3장에는 불·

법·승 삼보를 존중해야 하며 정법이 오래 지속되기를 위해서 7가지 법을 열거하고 염불할 것도 권장한 내용이 담겨있다.

이 7가지는 약간의 이설이 있지만 주로 비구·비구니들의 바람직한 자세와 재가신자 등의 윤리적 생활 방식이 중심이 된 아주 쉬운 가르침이 새겨진 소 마애법이 바리라터에서 발견되었다. 석주(石柱 : 돌기둥) 법칙에도 대소 두 종류가 있다.

대 석주법칙은 7장, 또 6장의 법칙을 새겼고 주로 중인도 지방의 6개소에서 발견되었다. 또 승가(교단)의 파괴에 대한 경고가 새겨졌고 불교 말고도 국민에게 알리는 시정 방침과 고급 관리나 지도층에게 다르마의 준수를 명령한 것도 있다. 그런가 하면 이 법칙문은 백성들이 쉽게 읽을 수 있도록 각 지방의 문자와 언어 습관에 따라 씌어졌다. 그것은 부처님이 그 지방 언어로 설법한 방식을 택한 것이다. 아소카왕은 '다르마'의 이념에 따라 정책을 수행하는 과정에서 몸소 각 지방을 방문하여 각 종교인에게 골고루 보시하였고 백성들과의 직접 대화를 통하여 '다르마'를 가르쳐 주기도 했었다.

한편 석주법칙 7장에는 불교의 교단에 관한 사문을 담당한 대법관 제도를 두었고, 바라문·사명외도·자이나교에도 사무담당 대법관을 임명한 사실이 적혀있다.

고대 인도에서 종교가 발달한 원인 중의 하나는 통치권자인 왕이 종교 교단이나 그 집단에 토지나 촌락을 기증하여 그 수익으로 교단을 운영하도록 한 관습이 있었기 때문이다. 그리고 세금 징수에 관리가 개입조차 못하도록 규정해 놓았다. 또 왕 자신은 철저한 불교도이면서도 다른 종교를 무시하거나 탄압하는 일이 없었고 오히려 각 종교를 공평하게 보살피고 후원해 주었다. 그것이 다르마

(법) 정치가 발전하는 것으로 믿었다.

아소카 왕은 왕사의 권유로 8만 4천개의 불탑을 건립하였다. 그리고 왕자와 왕녀를 출가시켜 교법의 상속자를 만들었고 아들 마힌다를 스리랑카에 처음으로 불교를 전하게 한 것은 특기할 만하다. 한편 왕녀와 남편이 스리랑카로 가면서 부처님 송곳니(불치) 1개를 모시고 갔다. 그때 스리랑카 왕은 기증받은 불치를 봉안하고 불치제를 매년 성대한 연중행사로 현재까지 봉행하고 있다. 또 당시 많은 이교들이 불교 교단에 들어와 정법을 손상시키는 일이 있었기에 1천 비구를 화씨성(華氏城)에 모아 제3결집(B.C. 251)을 시행케 했다. 아소카 왕이 불교도가 됨으로써 불교사상에 근거하여 만민평등을 이념으로 한 '다르마'를 선포하고, 그 사실을 성역과 석주에 남겼다는 것은 인도문명사의 발전에 크게 기여한 것이 된다. 빔비사라 왕 외에도 사바티의 파씨나디 왕, 발씨국의 우데나 왕 등 수많은 왕과 귀족들은 물론 장자 거사들이 부처님에게 귀의하였다는 기록도 있다.

아소카 왕이 불교를 도입한 것은 B.C. 256년이며, 처음은 소승불교가 들어왔고 그리스인들도 불교도가 되었다. 그들은 인도 그리스인, 또는 박트리아 그리스인으로 불린다.

그 후 쿠산족들은 그들을 물리치고 대승불교를 전파했다. 쿠산족들의 신앙은 원래의 왕의 신격화와 조상들의 영혼숭배였다. 이런 현상은 이란계 유목 민족에게서 공통적으로 볼 수 있는 현상이었다. 그러나 대승불교를 받아들인 후 날란다에 대승불교대학을, 닥실라의 줄리안 사원이 2번째로 큰 대승불교대학이다.

이곳에서 접한 소·대승불교의 차이점은, 소승불교는 '선택된 소수만이 개인적 구원을 얻을 수 있다'고 강조한다. 그들의 주장은 '누구나 깨달음의 경지에 이룰 수 있으며 윤회에서 벗어날 수 있다'고, 즉 '끝없이 고통 받는 자아라는 영혼의 순환'을 말한다. 그러나 이런 관점을 동의하면서도 다른 의견을 갖고 있다.

대승불교가 만들어낸 방대한 인도 그리스 미술을 설명하는 점에서 그랬다는 것이다. 또 소승불교는 부처의 가르침을 중요시 하고 대승불교는 부처의 형상을 중요시한다. 소승에서 부처는 철학자, 대승에서는 신비주의적 교주며 부처는 신이 된다. 그러므로 부처는 예배의 대상이며 그 형상에 예배한다. 그래서 형상이 필요하며 불상의 조성이 이뤄지게 됐다. 그런 연유로 2백 년간 이곳을 지배했던 그리스인들이 아폴로 신의 머리를 그대로 활용해서 간다라 미술을 발전시켰다. 그로인해 간다라는 불교 전체에 영향을 미쳤다.

그리고 바미안 동굴의 그림들은 스와르에서 온 장인들 손에 의해 만들어 졌다. 이것이 바로 간다라 불교에서 나온 것이며, 간다라 미술의 한 지류가 중국으로 가게 되며 부처님의 전생에 관한 설화, 즉 본생담이나 팔상성도 등이 전해져서 석굴사원이 만들어졌고 한국을 거쳐 일본으로 건너가게 된 것이다. 그리스인들은 불교를 믿음으로써 그 영향으로 중앙아시아 미술 대부분이 그레코로만의 영향을 받은 이유이다.

겹겹이 주름진 토기, 아폴로의 얼굴을 한 부처 등 이것은 인도의 고도의 조각인 우아한 콘트라포스트와 결합되어 나타난 것이다. 바미안이나 돈황에서 볼 수 있는 힌두교의 신들과 비슷하다. 간다라의 미술이 널리 퍼지게 된 데는 부유한 상인들이 공덕을 쌓기 위해 인도에서 박트리아를 거쳐 장안까지 뻗어 있는 실크로드를 따라

새 사원을 건축했기 때문이었다.

현장은 고고학자의 자세로 옛 유적들을 답사하고 사리탑의 수와 승려의 영향력에 대해서 기록했다. 그러나 그가 다녀간 천 4백년이 지난 지금 그곳은 불교가 완전히 사라졌다. 다만 정부에서 중요 유적은 보호하고 유물은 박물관에 비치해 놓았을 뿐이다. 현장은 무너진 사리탑을 생각하며 다음과 같은 전설을 기록했다.

'남쪽 바닷가에 썩은 나무가 한 그루 있는데 수백 마리의 박쥐가 나무 구멍 안에서 살고 있었다. 한번은 상인 몇 명이 나무 아래에 자리 잡고 앉아 있었다. 차가운 바람이 불어오자 그들은 춥고 배가 고파 나무 밑등에 땔감을 쌓아놓고 불을 지폈다. 불길은 나무에 번져 점점 타들어 갔다. 이때 상인중 한사람이 자신의 불침번이 끝난 후 "아비달마 피타카"의 한 부분을 읊기 시작했다. 박쥐들은 불길 속에서도 아름다운 소리에 고통을 견디며 밖으로 나오지 않았다. 얼마 후 박쥐들은 죽은 후 인간으로 환생하게 되었다. 이 박쥐 인간들은 모두 수행자가 되었고 지혜가 증장되어 경전 읊는 소리를 들으면서 마침내 깨닫게 되었다.'

현장은 아무런 의심 없이 그대로 기록을 남겼다. 그리고 최고의 걸작품은 단식중인 싯달타의 고행상이다. 마치 경전 소리를 듣다 죽어간 박쥐들처럼 굶주림 속에서 선정삼매의 안정 상태를 유지하고 있는 싯달타상은 어쩌면 인간의 참모습을 보여줌이라 할 수 있는 것 같다.

∞ 안드라국과 아마라타국

이곳에는 아소카왕의 영향으로 일찍부터 불교가 일어났다. 여기에는 왕이 세운 탑이 있다.

옛날 부처님이 여기서 설법하는 가운데 대신통력을 보여 많은 사람을 제도하시었다.

또 이곳에서 진나(陳那)가 인명론을 지었다. 진나는 세존의 덕에 감동하여 출가한 사람으로 유식학에 유명한 학자 중의 한사람이다. 애초에는 노력해도 이해하기 어려운데도 포기하지 않고 인명론을 깊이 연구했다.

현장은 귀국해서 진나의 관소연연론을 번역했다.

진나는 왕의 권유로 소승이 존경하는 무학과(아라한과)를 증득하려고 생각했다. 그때 묘길상보살은 진나의 생각한 바를 알아차리고 "애석한 일입니다. 어찌하여 광대한 마음을 버리고 협소한 마음으로 내 한 몸만 생각하며 이타의 마음을 버리려 합니까? 대리를 위하고자 한다면 자씨보살(미륵보살)이 만든 유가사지론을 널리 세상에 전파할 일입니다. 후학을 인도할 것 같으면 그 이익이 심히 클 것입니다."라고 충고했다.

진나는 그 가르침을 받아들여 인명론을 깊이 연구한 끝에 인명론을 널리 폈다. 진나는 그 글의 뜻이 미묘하고 어려운 점을 감안하여 인문론을 지어 후학들을 지도했다. 그 후 유가사지론도 널리 유포하게 됐다.

여기서 천여리를 가면 다냐카타국이다.

이 나라에는 동서의 산에 동산사와 서산사라는 가람이 있다. 그 나라의 전 임금이 건립한 것으로 산신을 믿는 영산으로서 성인과 현자의 쉼터였다고 한다. 불멸한 후 천 명의 승려가 수행하여 아라한과를 얻었다. 그 뒤 천년은 상좌부와 대중부의 승려가 같이 살았으나 어떤 이유에서인지 100년 정도는 승려가 없어서 가람은 황폐해지고 맹수만 우글거려 행인도 다니기를 꺼릴 정도였다. 성의 남쪽에 큰 산이 있고 청변논사(淸辨論師)가 들어가 미륵보살이 성불하기를 기다리는 동굴이 있다. 청변논사는 호법의 명성을 듣고 그와 논의하고자 하였다. 그러나 호법은 "인생은 환영과 같고 신명은 무상하다. 매일 수행정진하고 있어서 담론할 시간이 없다."는 대답에 만나기를 그만 두었다. 할 수 없이 고향에 돌아온 청변은 미륵보살을 만나기를 원했다. 조용하게 관음상 앞에서 수심다라니를 외우며 곡기를 끊고 물만 마시며 3년간 집금강신 앞에서 수행하자 집금강신이 나타나 비법을 가르쳐 주며 '이 암석 안에 아수라 궁이 있다. 법대로 소원하면 석벽이 열릴 것이다. 열리거든 곧바로 안으로 들어가 자씨보살이 세상에 오기를 기다리라'고 말했다.

논사는 지시대로 비법을 열심히 외우면서 3년이 지나 겨자(芥子)에 주문을 걸고서(겨자는 밀교에서 재난소멸에 쓰임) 암석을 쳤더니 홀연히 벽이 열렸다. 논사는 사람들에게 "나는 오랫동안 자씨를 기다리고 기원했습니다."라고 하며 여러 사람이 덕을 같이 하기 위해 예배하기를 권했다.

현장은 청변보살의 대승장진론을 번역했고 또 청변이 쓴 다라니는 일본에서 유학 간 지통에게 번역하게 했다. 현장은 여기서 두 사람의 승려를 만났다. 법사는 3개월간 머무르면서 그들에게서 대중부의 근본아비달마론을 배우고 그들에게는 대승의 경론을 가르쳐 주었다.

그들과 의기투합하여 그곳의 성지를 순례했다. 그곳에서 서남쪽으로 천여 리 가면 초다국이 있다.

성의 동남쪽에 아소카왕이 세운 불탑이 있다. 옛날 여래가 이곳에서 대신통력을 나타내어 심심미묘한 설법으로 외도들을 설복하고 천인들을 제도한 곳이다.

⊗ 우사국의 나한입정의 전설

성의 서쪽으로 이백여 리를 가면 큰 산이 있다. 그 정상에는 큰 탑이 있는데 수백 년 전 산 절벽이 붕괴되었을 때 그 안에 한 아라한이 선정에 들어 있었다. 몸집은 크고 모습은 말랐으며 머리카락과 수염은 길게 자라 어깨를 덮어 얼굴을 가릴 정도였다. 사냥꾼이 이를 발견하고 왕에게 알렸던바 왕이 몸소 아라한을 찾아갔다.

왕은 한 비구에게 아라한이 언제 깨어나는가를 물었다.

"이렇게 머리카락과 수염이 자라고 가사를 입은 것을 보면 멸진정에 든 아라한 같습니다. 멸진정에 들기 위해서는 처음에 기한이 있는데 간타의 소리를 듣게 된다든지 혹 햇빛이 비치는 것을 기다리게 됩니다. 그러다가 이 신호가 있을 때 선정에서 깨어나게 됩니다. 만일 신호가 없으면 고요하여 조금도 움직이지 않습니다. 그러나 정(定 : 선정)의 힘으로 몸을 유지하므로 몸이 부서지지는 않습니다. 그러나 단식(사람이 사용하는 음식)을 하는 신체는 정에서 갑자기 나오면 죽어버립니다. 때문에 소유(우유를 끓여 만든 기름을 먹기도 하고 몸에 바르기도 함)를 몸에 발라 윤기를 낸 다음에 간타를 울려서 정에 들어있는 마음에 신호를 보내도록 합니다."라고 대답했다.

왕은 손수 소유를 발라 준 다음 간타를 울린 후 얼마 지나지 않아 아라한은 눈을 떴다.

잠시 후 왕은 "당신은 누구요? 모습은 비천한데 가사를 걸치고 있으니?" 하고 묻자 "저는 비구입니다."라고 대답하자 왕은 "아라한이여, 당신은 완벽한 깨달음의 경지에 이르렀는가?"라고 묻자 아라한은 수천 년 전 한 아라한이 열반에 들었다는 말은 들은 적은 있다며 "제 스승인 카샤바여래(과거7불 중 제6, 현재현겁 중 제 3불)는 지금 어느 곳에 계십니까?" 하고 물었으므로 "대열반에 드신 지가 이미 오래 되었다."고 대답하자 놀라는 모습으로 애석한 표정을 짓더니 "그러면 석가여래는 이미 출현했습니까?"라고 물었다.

벌써 출현하시어 중생을 인도한 다음 열반에 드셨다고 대답하자 그는 한 동안 머리를 숙이고 있다가 조용히 일어나서 허공으로 솟구쳐 올라가 스스로 몸을 불살라 훨훨 타버렸다.

이 광경을 목격한 왕은 그 신비함에 놀라는 한편 거룩한 불법에 감탄한 나머지 아라한의 뼈(사리)를 수습하여 탑을 세웠다.

∞ 데바와 나한과의 대론

성 서쪽에 낡은 가람이 있다. 이곳이 데바(제파)가 이 가람에 웃타라란 아라한이 6신통을 얻고 8해탈을 갖추고 있다는 것을 알고 멀리서 그곳에 와서 나한의 숙소에 들렀다.

나한은 침대 하나가 놓여 있을 뿐이라 데바가 앉을 곳이 없었다. 그래서 낙엽을 주워 모아 앉았다. 나한은 선정에 들었다가 밤이 깊어서야 겨우 선정에서 깨어났다. 그러자 데바는 의문점을 말하면서 설명을 부탁했다. 나한은 질문에 응해 해석을 했고 데바는 나한의 설명에 이어 질문을 계속했다. 7번째 질문에 입을 다물고 대답을 하지 않다가 슬며시 도솔천 즉 미륵보살에게 올라가 보살에게 물었다. 보살은 그 설명을 해 준 다음 이어 "그 데바라는 사람은 겁초부터 수행하고 있으며 현재 현겁 중에 부처님 자리를 이을 분이요, 그대의 함이 미칠 수 있는 사람이 아니니 깊이 존경하도록 하오." 하고 일렀다.

그는 손가락을 퉁길 아주 짧은 동안에 본래 자리로 되돌아와서 질문에 답했다. 그러자 데바는 "이는 자씨보살의 성지에 의한 해석이지 당신이 깨달은 것이 아니지 않는가?" 하고 묻자 나한은 "그렇습니다. 사실인즉 자씨보살의 생각입니다." 하고 대답했다.

그런 연후 나한은 자리에서 내려가 사과를 드리면서 마음으로 감탄했다.

⑳ 아잔타 석굴의 전설

인도에는 천2백 개나 되는 석굴사원이 있다. 그 많은 석굴이 대부분 데칸고원에 집중되어 있다. 그 중 유명한 것이 아잔타 석굴이다. 이 사원은 아찰라 아라한이 세웠다 한다.

아찰라는 서인도 사람으로 그 어머니가 돌아가셨는데 어느 나라에 태어났는가 관했더니 바로 이 나라에 여자로 태어났음을 알게 되었다.

그래서 아찰라는 걸식하면서 그 어머니의 생가에까지 갔는데 한 부인이 먹을 것을 보시했다. 그런데 그 부인의 젖가슴에서 젖이 흐르는 것이었다. 그것을 본 집안사람들은 불길한 징조라며 싫어하는 모습들이었다. 그러자 아찰라는 전생의 모자 관계였음을 설명하자 그 부인은 깨달음을 얻었다고 한다. 아찰라는 낳아준 은혜를 보답하기 위해 가람을 세웠다.

높이 백여 척의 큰 가람의 정사 안에는 70여 척의 불상을 모시고 그 위에는 일곱 겹의 닫집이 있는데 3척 정도의 허공에 떠있다고 한다. 전설에 의하면 나한인 아찰라의 원력이거나 신통력인지 그 원인은 알 수가 없다고 한다.

정사의 4둘레는 석벽을 조각했는데 여래가 그 옛날 보살행을 한 전생설화로서 깨달음을 얻은 길상의 적멸에 든 신령한 감응 등을 조각해 놓았다.

가람 문 밖의 남북 좌우에는 각기 한 마리의 들코끼리가 때로는 큰 소리로 울부짖는데 그 소리에 대지가 진동한다는 것이다. 옛날 그 가람에는 진나(陳那)가 때때로 머문 적이 있다고 한다.

석굴의 용도를 말하자면 인도는 원래 더운 나라이기 때문에 서늘한 자연 동굴을 이용하거나 아니면 인공 석굴을 만들어 주거지로 살아온 습관이 있었다.

인도 석굴 사원은 기둥을 벌려 세우거나 내부를 장식한 베루샤 풍의 기법을 도입하면서 인도 독자적인 표현을 하게 되었다. 불교 석굴 사원은 불탑을 중심으로 한 것과 승려의 주거처를 만든 석굴 등인데 이것들은 단독이 아니라 결합한 형식으로 조성했으며 시대에 따라 형식이 변하게 되었다.

이와 같은 석굴 사원의 형식은 서방 여러 나라에 전해졌으며 파키스탄 간다라 아프카니스탄 석굴과 이어서 중국의 돈황의 막고굴 운강의 용문 석굴로 이어졌다.

앞에서 말한 아잔타 석굴에는 불탑, 불상, 벽화 등 여러 형식이 있는데 조립 연대는 두 가지 설이 있다.

불탑 신앙은 상좌부(상좌부 B.C. 2세기~A.D. 1세기경)이며 불상에게 예배한 대승불교시대(5세기~9세기경)로 나누어져 있다.

가장 오래된 굴은 제 9굴로 B.C. 2세기경이라 한다.

∞ 에로라 석굴

아잔타 석굴에 필적할만한 에로라 석굴이 있다. 아잔타 석굴은 불탑, 불상, 벽화 등 여러 가지 형식인 반면 에로라 석굴은 조각이 아주 뛰어난 것이 특징이다.

얕은 산언덕 측면에 서쪽을 향해 옆으로 파나갔다. 굴은 전부 34 개 굴이지만 제1~12굴까지는 불교사원이며 제 13~30굴까지는 힌두사원이다. 또 제 31~34굴까지는 자이나 사원으로 되어 있다. 불교 사원인 제1~4굴까지는 7세기 초에 만들어졌고 제5~10까지는 7세기 후반 작품이다. 제11~12굴은 밀교형식을 띠었으나 8세기 후반에서 9세기에 걸쳐 조성되었다.

제10굴은 불탑 전면에는 의자에 앉은 주불과 좌우의 협시는 미륵과 관음보살의 3존 형식을 취했다. 특히 34개 석굴 중 압권은 제16굴이다. 거대한 바위 산 하나를 조각 재료로 삼아 위에서부터 아래로 깎아 만든 석굴 사원이다.

그 구조는 중앙의 불전은 마치 산만치 거대한 코끼리와 사자가 떠받치고 있다. 길이는 81m, 폭 47m, 높이 33m나 된다. 757년 시작, 979년에야 완공되었으니 무려 222년이나 걸렸다. 굴 입구로 가면 양 측에 큰 코끼리가 좌우로 대칭해 서 있으나 굴 공간에 있는 것이 아니라 양 옆의 바위를 쪼아 만들었기 때문에 참으로 장관을 이루어 경탄을 넘어서 아연실색할 정도이다. 무어든 빨리 빨리 서두는 우리 민족에 비해 인도나 대륙인들의 느긋하고 지칠 줄 모르는 그들의 기질을 엿볼 수 있는 예술품이라 하겠다.

∞ 바라문과의 토론

말라바국은 토지가 비옥하여 농업이 번창하였고 초목도 무성하여 꽃과 과일이 풍성하였다. 사람 성질은 순박하고 언어 역시 우아하고 고상했으며 덕과 인(仁)을 존경하고 현명한 사람이 많아서 문화와 예술 등이 뛰어났다.

전 인도 중에서 우수한 인재가 모인 곳이라 하여 마다국과 이 나라를 손꼽을 정도였다. 따라서 종교는 정법과 사법이 뒤섞여 다른 나라와 다름이 없었다.

불교 사원은 수백 개로 승려 2만여 명, 힌두교 역시 몇 백 개며 몸에다 잿가루를 칠한 행자도 많았다.

그러나 기록을 보면 60년 전에 있던 계일왕(가노쥬의 계일왕과는 동명이인)은 재능과 학식이 풍부한 모든 것을 사랑하고 불법승을 숭배하고 평생 동안 화내는 적이 없었으며 살생하는 일을 피하기 위해 말이나 소에게 먹이는 물도 벌레를 걸러 낸 뒤 먹이도록 했다.

재위 50년 동안 국민도 감화를 받아 살생은 하지 않았기 때문에 짐승들도 사람을 잘 따랐다. 성 옆에 세워진 정사에는 과거칠불을 모시고 매년 무차대회를 열어 여러 나라의 승려까지 초청하여 보시 공양을 하였으며 왕이 죽은 뒤까지 대대로 이어져 오고 있었다.

성 서북쪽에는 바라문 촌이 있는데 그곳에는 비가 아무리 와도 저장되지 않는 큰 구멍이 있었다. 그런데 한 바라문이 자신의 재능을 믿고 남을 업신여기는 말을 서슴지 않는 등 오만하였다. 그는 태어날 때부터 영재 중에 영재로 모든 학문에 뛰어났기 때문에 왕도 대단히 그를 존경했고 백성들도 역시 그리 여겨 그 이름이 널리 퍼지게 되었다.

바라문은 말하기를 "나는 세상 사람들을 위하여 이 세상에 태어났다. 성교(聖敎)를 가르쳐 범속을 이끌고 있다. 저 대자재천 바수데나 나라연천 불세존같은 사람에게 가르치는 길을 이어받아 도상 등을 만들어 놓고 존경하고 있다. 이제 나의 덕은 그들을 능가하고 명성 또한 그들과 비할 바가 없다."고 말하며 빨간 전단나무로 앞에서 말한 4분상을 조각하여 의자의 4다리를 만들어 가는 곳마다 따라 다니게 하는 등 그의 오만함이 충천하기 이를 데가 없었다.

그때 서인도에 현애(賢愛)라는 사람이 있었는데 바라문이 그에게 토론을 신청했다. 국왕 입회하에 토론한 결과 그 바라문이 패하고 말았다. 국왕은 바라문에게 벌을 주기로 했다. 그때 현애는 국왕에게 가벼운 벌을 주기를 간청하여 바라문에게 말을 타고 시장을 돌게 했다. 그는 모욕과 부끄러움을 참지 못해 피를 토했다. 그러나 현애는 바라문을 향해 "당신의 명성은 널리 알려져 있습니다. 명성과 치욕 등은 당신의 진리를 결정합니다. 세간의 평판 따위는 실체를 나타내는 것이 아닙니다."고 위로를 했지만 바라문은 더욱 분개를 하면서 오히려 현애를 꾸짖고 대승불교를 비방하고 선성(先聖)을 경멸하자 갑자기 땅이 갈라지면서 바라문은 산 채로 큰 구멍 속으로 떨어져 버렸다는 전설을 들은 현장은 말라바국을 떠나 아다리국, 캇타국, 우아라비국 등에도 들렀다.

이 나라들은 재벌들이 많아 경제적 지원과 두터운 신앙심이 있는 사람이 많은 탓인지 날란다 사원에 필적할 만한 큰 불교 사원이 있다.

그곳은 덕혜와 견혜 등 2분의 유식 논사가 있었고 그 교론을 널리 유포했다. 현장 역시 그 교설을 잘 알고 있었다.

이 두 사람은 이미 날란다 사원에서 유식학을 배운 사람들로, 덕혜는 안혜의 사람이며 안혜는 남인도 출신으로서 무착의 아비달마잡집론을 합유하여 만들었다. 이 책은 현장도 번역하게 된다.

호법이나 안혜는 동시대인으로 날란다에서 덕혜와 같이 유식을 배운 법우이기도 하다. 그렇지만 호법은 안혜가 용수의 중관파의 사상에 동조하는 태도에 비판적이었다. 그것은 호법은 무착·세친의 정통을 계승한 입장이었기 때문이다. 현장은 중국에 있을 때 안혜계의 유식을 배웠기 때문에 유식의 동향을 알아보기 위해 그곳에 들렀을 것으로 추측된다.

현장은 여행을 계속했는데 서역기와 법사전과는 코스가 좀 다른 점이 있다. 법사전 쪽이 무리가 없는 것 같아 그를 따라 살펴보기로 했다.

인도에서 현재의 파키스탄을 향해 처음 도착한 곳이 아반다국이다. 국왕은 없고 신두국의 통치하에 있었다. 풍속은 순박하고 불교를 믿었으며 가람은 80여 개 승려는 5천여 명이었으며 소승의 정량부를 배우고 있었다. 세존이 이곳까지 와서 교화활동을 했기 때문에 아소카왕이 6개의 탑을 세웠다.

여기서 서쪽으로 2천여 리 가면 란가타국이 있다. 이 나라 역시 국왕이 없고 베루샤국에 예속되어 있었다. 불교 사원은 100여 개, 승려는 6천여 대승 소승을 겸해서 배우고 있었다. 이곳에서 발길을 돌려 인더스강을 건너 천7백여 리를 북상해서 다시 신두국으로 되돌아갔다.

그사이에 피타샤일국, 아반다국 등 2나라를 통과하였기 때문에 아소카왕이 세운 탑을 볼 수 있었다. 세존이 이곳에 머무를 때 너무 추워 제자들에게 세 겹의 옷을 입게 하고 신발도 허락하였다. 또 숲 속을 산책한 곳도 있고 머리카락과 손톱을 모신 탑도 있다.

신두국은 불법을 믿는 자가 많았다.

정사는 100여 개, 만여 명의 소승은 대부분 정량부를 공부하고 있었고 국왕은 신기하게도 수다라(노예종족) 출신이며 순박하여 불법을 잘 숭배하였다.

부처님은 때때로 이 나라에 오셨기 때문에 아소카왕이 불탑을 세웠다.

신두국을 출발하여 인더스강을 건너 900여 리를 가면 무라삼부르국이 있다. 이곳은 이전에 현장이 도적을 만났던 탁카국에 예속되어 있었다.

이 나라는 불법을 믿는 사람은 적고 가람도 많지 않다. 그것은 태양신을 열심히 믿기 때문이며 태양신상은 황금으로 주조한 후 갖은 보석으로 장식해 놓았다. 영험이 있기 때문에 전 인도에서 왕족과 호족들이 보물을 보시하여 건물을 세우고 빈곤자나 병자에게는 식사와 약을 주어 구제하고 있었다.

이곳에서 동북으로 700백여 리를 가면 파르바타국이 있다. 파르바타국은 탁카국에 예속되어 있었고 가람은 10여 개며 대소승을 같이 공부하는 승려가 천여 명이 있었다.

성 옆에는 낙뢰로 폐허가 된 대가람이 있고 승려 1백여 명이 대승불교를 공부하고 있었다. 이 가람에는 호법의 제자인 최승자논사가 유가사지식론을 저술한 곳이며 현장이 이를 번역했다.

또 이 가람은 앞에서 말한 현애와 덕광이 출가한 곳이다. 덕광은 처음은 유식을 배우고 있었으나 아비달마대비사론을 읽은 뒤 소승으로 전향하였다. 소승에서 대승으로 바꾼 세친과는 반대였다.

이 나라에 뛰어난 2, 3사람의 대덕이 있었다. 현장은 그들을 찾아갔다가 그들의 깊은 학식에 놀랐다고 한다.

그곳에서 소승의 정량부의 근본아비달마, 섭정법론, 교실론 등 날란다에서 배우지 않은 것을 깊이 배우게 되었다. 그동안 여러 나라를 순방한 현장은 다시 날란다로 돌아갈 결심을 하고 각지를 순방한 결과를 날란다에서 배운 교학을 밖에 나가 냉정히 살펴 볼 수 있었다.

또 자신의 눈으로 확인하지 않으면 안 될 인도 불교와 힌두교의 내용을 알게 되었고 유식파와 중관파의 견해 차이와 인명의 중요성을 깨닫게 되었다. 그러니까 날란다 이외에서 새로운 교학을 배우게 된 셈이다.

이곳에서 여행을 생각하면서 여행에서 얻은 자료와 기록을 정리하는 데 2년을 체류하게 되었다.

4년 이상의 장기 여행을 끝낸 현장은 다시 날란다 사원으로 귀환하게 되었다. 다행한 것은 그때까지도 계현논사는 건강한 모습으로 현장을 따뜻하게 맞아 주었다. 참으로 여행복과 스승복 외에도 학문복까지 겸비한 행운아라고 하겠다.

어쩌면 어느 보살의 화현이 아닐지도 모르겠다.

∞ 현장 바라문의 파대승론을 논파하다

날란다로 돌아온 현장은 소승교와 인명론, 성명론 등을 충분히 연구해야 할 필요가 있을 것 같아 이곳저곳 대덕을 찾아 다녔다.

지현(智賢)에게는 2달, 승군(勝軍)거사에게는 2년간을 유식결택론, 의의이론, 성무외론, 십이인연론, 장엄경론의 강의를 받았고 유가론, 인명론의 의문점을 질문하는 등 깊이 이해하게 되었다.

승군 밑에서 수학하고 있던 정월 초 어느 날 밤에 불가사의한 꿈을 꾸었다. 날란다 사원이 황폐해지고 물소들이 헤매이고 승려의 모습은 하나도 없었다. 서문으로 들어가 4층을 올려다 보았더니 황금색으로 빛나는 한사람이 서있었다. 얼굴은 단정하고 방안은 광명이 가득하여 너무 기뻐서 올라가 보려해도 올라갈 수가 없었다. 제발 올라가게 해달라고 간청하자 "나는 문수보살이다. 그대는 아직 전세의 죄업이 있기 때문에 올라올 수 없다."고 말하며 절 밖을 가리키며 "저것을 보아라."라고 말하므로 현장이 밖을 보니 붉은 불꽃이 모든 마을을 뒤덮어 주위는 모두 재로 변해 있었다.

그러나 그 분은 "그대는 속히 이곳을 떠나 귀국하시오. 지금부터 10년 후면 계일왕(戒日王)도 붕어할 것이며 인도에는 내란이 일어나 악인들끼리 다투게 될 것이니 그대는 이 일을 잊어서는 안 된다."고 말을 끝내자 그 모습은 이미 사라지고 없었다. 이상하다고 생각한 현장은 승군거사에게 꿈 얘기를 했더니 "이 3계는 무상한 것이다. 어쩌면 장차 그렇게 될는지도 모른다. 이는 보살님의 계시니 자신이 잘 생각하라."고 대답하는 것이었다.

현장은 날란다에 돌아왔을 때도 계현논사로부터 이상한 꿈 애기를 들었기 때문에 다소 불안한 느낌이 들었다.

확실하게도 현장이 귀국한 후(650~655)에 계일왕이 죽었다.

때는 정월이라 그 지방의 관습대로 붓다가야의 사리 참배에 승군거사와 동행했다. 친견한 사리가 너무나 크기 때문에 사람들은 진짜 사리인지 의심을 하자 사리탑 안에서 찬란한 오색광명을 발해 참배객들은 송구하게 생각하고 사죄의 예배를 올렸다.

8일 간의 참배를 끝내고 날란다로 돌아오자 계현논사로부터 섭대승론과 유식결택론을 강의하라는 지시를 받았다.

그때 사자광이란 대덕이 학승들에게 용수의 중론과 제바의 백론을 강의하면서 무착의 유가론을 공격하고 있었다.

현장은 양론에는 모순이 없다는 생각으로 질문을 했다. 그러자 사자광은 그에 대한 대답을 하지 못하자 학승들은 현장을 스승으로 알고 공부하게 되었다. 그 후 현장은 회종론 3천 송을 지어 계현논사에게 보였더니 참으로 훌륭한 책이라며 극찬을 받게 되어 널리 보급하게 된다. 그렇게 되자 사자광은 부끄러움을 참지 못해 그곳을 떠나 앙갚음을 하기 위해 동인도의 한 고승에게 부탁하였는데 그가 날란다로 와서 현장을 보고는 그 위엄에 눌려 그대로 돌아가고 말았다. 그로 인해 현장의 명성은 더 높아졌다.

사자광이 아직 날란다사에 있을 때 하루샤루다니왕은 사원 옆에다 한 정사를 세웠다. 그것을 질투한 우타국의 소승 승려들이 왕에게 대승불교는 공화외도로서 석존이 설한 가르침이 아니라고 비방하면서 국왕의 대승교에 대한 신뢰를 철회하게 하려 했다.

그때 남인도 왕의 관정사인 늙은 바라문이 파대승론(破大乘論)

700송을 지어 왕에게 보이며,

"우리들의 종지는 이렇습니다. 이 중에서 단 1자(字)도 대승인이 논파할 수 없을 것입니다."라며 자신만만해 했다.

왕이 그들에게 "듣기로는 여우나 쥐는 혼자일 때는 자신을 사자보다 강하다고 하지만 사자를 만나면 금방 죽을 것 같이 벌벌 떠는 것 같이 그대들 역시 대승의 대덕을 만나지 못했기 때문에 소승만을 고집하고 있는 것이다. 만일 대승의 대덕을 만나면 곧 여우나 쥐새끼처럼 될 것이다."고 말하는 것이었다.

그러나 승려들은 입을 모아 "국왕께서는 그렇게 의심스러우면 대승대덕을 불러 대론하여 시비를 가려주십시오."라고 말하자 왕은 곧 날란다의 계현논사에게 편지를 보낸다.

"나는 우타국 왕입니다. 소승의 승려들이 자기들의 편견을 고집하고 대승을 비방하고 있으니 그대로 둔다면 해가 많을 것입니다. 그들은 스님들과 논쟁하고자 하오니 허락해 주십시오. 따라서 자타의 종지에 능통하고 내외학에 밝은 대덕 4분을 우타국에 보내 주십시오."

왕의 친서를 본 계현논사는 대중을 모아 회의한 끝에 해혜, 지광, 사자광, 현장 등 4분의 대덕을 선정하여 우타국 왕의 요청을 받아들이기로 했다.

그때 해혜 등이 근심하자 현장은 "소승제부의 3장은 내가 본국에서 익힌바 있고 카슈미르에 들어간 이래 각지에서 배워서 잘 알고 있으니 그들이 그 가르침으로 대승의 교의를 논하고자 해도 어림없습니다. 제가 천학비재하지만 반드시 논파해 보이겠으니 조금도 염려할 것이 없습니다. 더구나 저는 대당국 승려이니 당신들의 명성을 조금도 손상될 것이 없을 것입니다."라고 하자 모두 기뻐하였다.

그때 마침 순세파(順世派)의 외도가 날란다사에 논쟁을 청하면서 40조의 의문을 제시하였다.

"만일 단 1조(條)라도 이 논의를 파하는 사람이 있다면 제 목을 바쳐 사죄하겠다."고 호언장담하는 것이었다.

그런 입장에서 현장이 나서서 논파하자 그는 묵묵히 앉았다가 "제가 졌습니다. 처음 약속대로 처형해 주십시오."라고 하자 현장은 "우리들은 다 같은 부처님 제자입니다. 결코 인명을 해하여서는 안 됩니다. 그 대신 당신을 내 심부름꾼으로 쓰겠으니 내 지시에 따르시오."라고 하자 바라문은 기뻐하면서 현장의 명을 따르기로 했다. 그 광경을 지켜 본 사람들은 모두 감동했다.

현장은 우타국에 가기 위해 소승의 파대승론 700송을 읽어보니 몇 곳에 의문이 발견되어 그 바라문에게 "그대는 파대승론을 들어 본 적이 있는가?"라고 묻자 5회 정도 들어 본 적이 있다고 하자 현장은 바라문에게 강의해 줄 것을 명하자 바라문은 "저는 사용인입니다. 제가 어찌 법사님께 강의를 할 수 있겠습니까?"라고 사양하자 "이 파대승론은 타종의 근본으로 내가 읽어 본 적이 없으니 사양 말고 들려 달라."고 하자 바라문은 "그러면 밤중에 오십시오. 타인이 알면 법사님의 명예가 손상될 수 있습니다."라고 말하므로 밤에 가서 바라문에게서 강의를 들었다.

그리하여 현장은 드디어 그 논지를 알게 되어 잘못된 점을 대승의 이론으로 밝혀 파악견론(破惡見論) 1,600송을 만들었다.

이것을 계현논사와 다른 논사에게 보였더니 "이 논으로 그들의 물음을 따지면 어떤 논객도 견딜 수 없을 것이다."라며 모두가 훌륭한 논법이라고 찬성하는 것이었다.

현장은 바라문에게 "그대는 논쟁에 져서 부끄러운 사용인이 되었으나 이제는 이곳에 있을 이유가 없다. 자유의 몸이 되었으니 마음대로 가라."고 허락하자 바라문은 깊이 감사하며 동인도 카마루파국에 가서 쿠마라왕에게 그 사실을 전하자 그곳 왕은 대단히 기뻐하며 사신을 보내 현장을 초청하게 되었다.

☙ 쿠마라왕과 계일왕의 초청

쿠마라왕의 사신이 오기 전 현장은 꿈의 계시도 있어 서서히 귀국할 생각으로 고민에 빠지게 된다. 현장은 출국 시에도 하홍달이라는 점사에게 여행의 가능성을 점친 일이 있었다. 양자택일해야 할 경우 누구라도 불안감을 느끼게 된다. 그때는 신불의 가피력을 바라게 된다.

현장은 여러 가지 고민을 하지 않을 수 없었으나 문수대성의 계시도 있어 결국 귀국할 결심을 굳히고 경전과 불상을 모셔갈 준비를 시작했다. 그 사실을 눈치 챈 사람들은 한사코 같이 살 것을 권유했다.

결국 계현논사도 그 사실을 알게 되어 현장을 불렀다.

"스님의 의중은 결정되었는가?"라고 물었다.

"이 나라는 부처님이 태어난 곳입니다. 저도 당연히 좋아하고 살고 싶습니다. 다만 제가 인도에 온 목적은 정법을 구하여 널리 많은 사람들에게 알리고 그들을 구제하기 위해서입니다. 이곳에 와서 논사님에게서 많은 교육을 받았고 각지의 성적도 순례하였으니 대부분 목적이 달성되었습니다. 참으로 영광스러운 체류였고 이 이상 기쁨이 또 있겠습니까? 되도록이면 빨리 귀국해서 가르쳐 주신 경전을 번역하여 많은 사람들이 보고 배우고 알게 하여 논사님의 은혜를 갚고 싶습니다."라고 명쾌하게 대답했다. 그러자 논사는 크게 흐뭇해하면서 "그것은 바른 보살의 마음이다. 나도 마음으로 바라는 바이다. 자유롭게 귀국 준비를 하라. 다른 사람들도 현장을 무리하게 갈 길을 방해하지 말라."고 당부하는 것이었다.

이틀 뒤 쿠마라왕의 친서가 계현논사에게 전해졌다.

"제자(저는)는 대당국 대덕을 만나고자 합니다. 아무쪼록 논사여, 대덕을 보내어 저의 원을 풀게 해주십시오."라고 적혀 있었다.

그러나 계현논사는 사람들에게 낭패한 얼굴을 보이며 "쿠마라왕으로부터 현장에게 초청장이 왔는데 그는 계일왕에게 가서 소승들과 대론할 예정이다. 만일 쿠마라왕 편에 가게 되면 계일왕에게서 통지가 오면 곤란하다. 그렇게 되면 쿠마라왕의 청을 거절할 수밖에 없을 것 같다."며 쿠마라왕의 사신에게 "대당국 승은 지금 귀국하려 한다. 그래서 미안하지만 왕의 원에 응할 수 없다."고 거절했다.

그러나 재차 사신이 왔다.

"법사가 귀국하고자 하면 저의 나라를 지나서 가도록 하기를 원합니다. 부탁드리옵니다." 그러나 계현논사가 거듭 거절하자 쿠마라와은 화를 내며 협박의 편지를 보내왔다.

"제자(저는)는 범속한 몸으로 세속락에 빠져 불법에도 귀의하지 않았습니다. 지금 덕 높은 외국승의 소식을 듣고 심신이 즐거워 도심(道心)의 싹이 돋아나게 되었습니다. 그런데도 논사께서는 저의 두 번의 원을 거절했습니다. 대체 이것은 어찌된 일입니까? 논사는 중생을 암흑에 빠트리려는 계획입니까? 이것이 세존의 가르침을 번성하게 한 방법입니까? 저는 대당국의 승을 뵙고 난 후 틀림없이 귀국하도록 하겠습니다. 만일 저의 원을 들어주지 않는다면 저는 본성이 악인입니다. 전날 벵갈의 샤사카왕이 불법을 파괴하려고 보리수를 절단했습니다. 논사여, 부디 잘 선처해 주십시오."

논사는 현장에게 편지를 보이며 "쿠마라왕은 원래 선심이 희박한 사람이다. 그런데도 스님의 명성을 듣고 감동하여 불심에 눈 뜬 것 같아 어쩌면 스님은 국왕과 숙세의 좋은 도반이었는지도 모르겠다. 스님이 그 나라에 가서 국왕을 발심시킨다면 전국민이 다 불교도가 될 수 있을 것이다. 만일 왕명을 거절하면 불상사가 일어날 수도 있으니 스님에겐 미안한 일이나 왕의 원을 들어 주도록 하시오."

현장은 논사의 말씀을 받아들여 그동안 의탁해 있던 날란다사와 논사에게 예를 올리고 사신을 따라 나섰다. 그 나라에 도착하자 국왕은 대단히 즐거워하며 신하들을 데리고 성문 밖까지 나와 영접하고 예배를 드렸다. 그리고 법사를 왕궁으로 안내하여 매일 음악과 음식, 향과 꽃을 잇달아 올리고 재계(齋戒)를 받기를 청하는 것이었다.

그와 같은 열렬한 환영을 받고 있는 사이 1개월의 시간이 지나갔다.

그 즈음 계일왕은 고고타국을 정벌하고 돌아왔다. 국왕은 법사가 쿠마라왕에게 가 있다는 소리에 깜짝 놀라며 사신을 보냈다.

"내가 먼저 자주 청했는데도 오지 않았는데 어찌 쿠마라왕에게 가 있는가?"라며 속히 법사를 보내 주길 청했다.

그러나 쿠마라왕은 법사를 존경하여 보내고자 하지 않고 사신에게 "내 목을 내줄지언정 법사를 그곳에 보낼 수 없다."고 말했다.

사신의 보고를 들은 계일왕은 "그렇다면 그대의 원대로 그대의 목을 가지러 가겠다."며 전쟁을 준비시켰다.

쿠마라왕은 자신의 실언을 반성하고 상군(象軍) 2만 승선 3만척을 정비시켜 법사와 함께 계일왕을 찾아갔다.

계일왕은 쿠마라왕이 법사를 너무나 경애한 나머지 한 발언임을 알고 앞의 말을 제쳐두고,

"대당국 승려는 어디 있는가?"

쿠마라왕이 저의 처소에 있다고 하자 계일왕은,

"어째서 이곳에 오지 않는가?"

"덕이 높은 성자를 대할 때는 왕자도 예를 다하는 것이 인도의 옛 습관이오. 대왕은 현인을 존경하고 도(道)를 아끼는 편입니다. 어떻게 제가 법사를 이곳으로 데려와서 왕을 뵙게 할 수 있겠소?"

"잘 알겠소. 그것은 옳은 말이오. 내일 내가 스스로 영접하러 가겠으니 법사에게 그렇게 전해주시오."

쿠마라왕이 말하길 "계일왕은 내일 모시러 온다고 하지만 어쩌면 오늘 저녁에 올지도 모릅니다. 가볍게 행동하지 않도록 해 주십시오."라고 부탁하자 현장은 "왕의 생각과 같다."고 대답했다.

이윽고 밤이 되자 예상한 대로 강가에 수천의 등불을 밝히고 큰 북소리가 들렸다.

쿠마라왕이 "계일왕께서 왔다."고 알리었다.

대왕은 인도의 작법대로 법사의 발에 정례하고 꽃을 뿌리며 예배한 후,

"법사께서는 어떤 나라에서 무슨 목적으로 인도에 왔습니까?"

"대당국(중국)에서 불법을 배우기 위해 왔습니다."

"대당국이란 얼마나 먼 나라이며 어느 방향에 있습니까?"

"여기서는 동북쪽에 있으며 수만 리나 되고 인도에서는 마하지나라고 하는 나라입니다. 마하지나라고 하면 지금 인도에서 유행하고 있는 진왕파진락(秦王破陣樂)이란 무곡의 고향이라 듣고 있는데 진왕은 어떤 분이며 또 어떤 공덕이 있어서 모두에게 칭송받고 있습니까?"

"우리나라는 성현의 덕을 사모하고 민중을 위해 흉폭함을 억제하고 인민에게 모범을 보이는 사람은 누구든지 존경하고 칭찬합니다. 진왕이란 지금의 천자입니다. 또 천자가 되기 전에는 천하가 혼란해 있어서 들에는 죽은 사람이 널려있고 내는 사람의 피가 붉게 흘렀습니다. 요괴는 밤이면 날뛰고 악한 기운은 아침 이슬처럼 엉켜있는 지경이었습니다. 그런 것은 지금의 천자가 군대를 지휘하여 악당을 물리쳐 천하를 태평성대를 만들었습니다. 때문에 만백성은 모두 그 은혜를 감사하게 생각하고 이 노래를 소리 높여 부르는 것입니다."

대왕은 법사의 말을 다 듣고는 "그 사람은 하늘에서 천자로 보낸 분입니다. 참으로 복이 많은 백성들입니다."

"그런데 내가 전에 법사를 몇 번 청했지만 오지 않았는데 왜 그랬는지요?"

"나는 먼 인도까지 와서 불법을 공부하고 있는데 그때 유가사지

론을 다 듣지 못했기 때문에 대왕의 명을 따르지 못한 것입니다. 미안하게 되었습니다."

"듣기로는 법사는 파악견론(破惡見論)을 지었다고 하는데 그 책은 어디에 있습니까?"

현장은 가지고 있던 책을 왕에게 건네주자 왕은 잠시 이리저리 몇 구절을 읽고 난 뒤 대단히 기뻐하며 그곳에 모인 승려들을 향하여 "해가 뜨면 반딧불이나 등불의 밝음은 자취도 없고 천둥치면 방망이 소리나 벼룩 뛰는 소리는 들리지 않는다는 비유를 들은 적이 있다. 그대들이 지키고 있는 종문(宗門 : 종파)의 가르침은 모두 여기에 논파당하고 있다. 누가 시험 삼아 자기들의 종지를 구하고자 하는 자는 없는가?"고 외쳤다. 그러나 누구 한사람 말하는 사람이 없자 왕은 다시 "그대들의 상좌(스승)는 언제나 나의 해석은 모든 것을 뛰어 넘는다며 항상 대승을 논파해 보이겠노라며 호언장담하더니 지나(支那)의 대덕이 온다는 소식을 듣고 급히 성지순례를 간다며 도망치고 말았다. 그것만 봐도 그 스승이나 제자들의 무능함을 알겠다."고 비난하는 것이었다.

대왕의 누이동생이 총명하여 정량부에 정통했다. 왕의 뒤에 앉아 법사의 대승 종의(宗義)는 광대하고 소승교는 낮고 좁다는 설법을 듣고 대단히 기뻐하며 법사의 깊은 학덕을 찬탄하자 왕은 "법사의 설법은 진실로 뛰어나다. 나도 대중도 모두 감탄했다. 그러나 또 외국의 소승외도들은 어리석은 자가 있다. 나는 곡여성(曲女城)에서 법회를 열어 전 인도의 사문, 바라문, 외도들을 소집하겠다. 거기서 대승의 미묘함으로 법을 펼치게 하여 대승을 비방하는 마음을 끊고 법사의 높은 덕을 선양함으로 그들의 오만심을 타파시키도록

하겠다.”고 한 후 대왕은 그날로 칙령을 내려 모든 나라와 모든 논
사들은 곡여성에 참석하여 법사의 설법을 들으라고 포고하게 했다.

∞ 곡여성 대회

왕은 곡여성 대회를 위해 수만의 군중을 거느리고 갠지스강 남
쪽 기슭에 자리잡고 쿠마라왕 역시 수만의 군중을 거느리고 계일
왕과 강 중류에서 좌우로 나누어 수륙병진케했다.

2왕이 선두로 사병이 엄중하게 호위했다. 어떤 자는 코끼리에 타
고 북을 치고 나팔을 불며 현악을 울리면서 오는데 90일이 지나서
야 곡여성에 도착했다. 이때 18개국의 왕들은 계일왕의 명을 받고
각자의 나라에서 뛰어난 사문이나 바라문 관리 사병들과 대회장에
참석해 있었다.

그때 모인 대·소승의 승려 3천인 바라문과 외도 2천인 날란다
승려 천여인 병사까지 합치면 그 수를 헤아릴 수 없을 정도였다.

왕은 먼저 강 서쪽에 큰 가람을 짓고 동쪽에 백여 척의 누대를
세운 다음 큰 불상을 모셨다. 그곳에서 좀 떨어진 곳에 행궁을 지
었다. 이때는 중춘의 가절이었다. 첫날부터 사문이나 바라문들에게
진수성찬을 대접했다.

불전에는 황금 함지박 1개, 주발 7개, 황금석장 1개, 금은동 3천
매, 좋은 비단 3천령을 바쳤다. 또 법사와 다른 승려들에게도 바쳤
다. 그 뒤 현장은 단상에 올라 대승철학을 칭찬하고 파악견론을 날

란다사의 명현법사가 낭독케 했다. 그리고 현장은 "만일 이 논중에 단 한자라도 이치에 통하지 않는 것이 있거나 누구든 논파하는 사람이 있다면 내 목을 바치겠다." 그러나 누구 한사람 신청하는 사람이 없었다. 다음 날도 같은 순서로 대회가 진행됐다.

7일에는 행궁에서 갖가지 행사를 했고 왕은 행궁에서 3척 정도의 금불상 1기를 꺼내 코끼리에 태우고 멋진 장막으로 가렸다.

계일왕은 제석천의 옷을 입고 보개를 쥐고 왼쪽에 시립했으며 쿠마라왕은 범천왕의 위의를 갖추고 하얀 불자를 든 채 오른쪽에 시립했다. 각기 5백의 상군이 갑옷을 입고 불상을 호위했다. 1백의 큰 코끼리에는 악인(樂人)이 타고 풍악을 울렸다. 계일왕은 걸어가면서 진주와 갖가지 보물 금은으로 만든 모조 꽃을 사방으로 뿌려 삼보에게 공양하는 등 법회는 잘 진행됐다.

그러나 비밀리에 현장 삼장을 암살할 음모가 있다는 소문이 떠돌았다. 왕은 그런 음모를 알고 모두에게 명령했다.

"대당국 대법사는 지혜가 충만하고 학덕이 높다. 사법(邪法)을 조복 받기 위해 이 나라에 유학 왔다. 그리하여 사악한 무리들을 정법으로 인도하고자 한다. 그런데도 요망한 무리들은 부끄러움도 모르고 훌륭한 법사를 암살하려 한다. 참으로 용서할 수 없는 처사며 이 이상 나쁜 일은 없다. 법사를 해하는 자는 곧 참형을 시킬 것이며 욕하는 자는 혀를 자를 것이다. 자신이 믿는 종지를 구하고자 하는 자는 별도이다. 정정당당하게 논의하는 것이 진리에 따르는 자이다." 이 명령에 사교도들은 자취를 감추었다.

18일이 지나도 단 한 사람도 논의에 도전하는 사람이 없었다. 마지막 날에 현장법사는 다시 단상에 올라가 대승을 칭찬하며 세존의 무량공덕을 찬양하여 많은 사람들을 사도에서 정도로, 또 소승에서 대승으로 이끌었다. 계일왕은 더욱 더 존경하고 금전 1만매, 은전 3만매, 최상의 모직 의복 100벌을 보시하였고 18개국의 왕들도 각각 값진 보물들을 보시했다.

하지만 법사는 항상 사양했다. 왕은 신하를 시켜 큰 코끼리를 장식해서 법사를 태우고 논전에 승리했음을 사람들에게 알리려고 했다. 그러나 법사는 이것도 사양하자 왕은 "이것은 예부터 전해오는 법이라서 그만둘 수는 없다."며 법사의 가사를 코끼리에 대신 태워서 대중들에게 보였다.

대당국의 법사는 대승의 진리를 밝혀 그릇된 주장을 파했다.

"18일간 누구도 도전하지 못한 것을 다 알 것이다."라고 왕이 크게 외치자 대중은 기뻐하며 크게 응답하면서 향을 사르고 꽃을 뿌리며 예경하고 모두 물러났다.

∞ 계일왕의 무차대회

곡여성

법회가 끝난 다음날 법사는 날란사에서 온 승려들에게 오랫동안 보살펴 주어 고맙다는 인사를 끝내고 계일 왕에게 귀국 승낙을 받아야 했다. 그때 왕은 "내가 즉위하여 30년이나 되었습니다. 항상 복덕을 짓는 선행이 적기 때문에 재물을 보아 5년에 1번씩 전 인도에서 모인 사문·바라문 빈민 고독자에게 75일간 보시를 하는 무차대회(無遮大會)를 프라야가국에서 개최합니다. 그동안 5회하고 지금이 6회입니다. 거리가 멀지 않으니 이번에 참석해서 기뻐해주십시오." 하고 간청함으로 법사도 흔쾌히 수락했다.

법회가 계속되는 동안 18개국의 국왕이 참석했다. 이 나라는 현장법사가 인도에 들어올 때 통과한 나라이기 때문에 그 행사의 내용은 알고 있었다.

제1일은 많은 보석으로 장식한 불상은 안치하고 거기에다 최상의 진품을 가지고 와서 바친다. 제2일은 그곳에 사는 승려, 제3일은 덕 있는 승려들, 제4일은 재주 많고 학식 있는 사람이나 지식 많고 다능한 사람들, 제5일은 외도·학도·세속에서 벗어난 은자, 제6일은 고독한 사람이나 의지할 곳 없고 가난한 자나 걸식하는 자들에게 진귀한 물건을 빠짐없이 갖추고 진수성찬을 차린 다음 차례를 정하여 은혜를 베풀어 은혜가 미치지 않은 곳이 없도록 한다.

국고가 비고 장식품을 모두 나누어줘 버리고 나면 상투에 꽂고 있던 보주나 몸에 있는 갖가지 장식을 다 바쳐도 후회하는 법이 없다. 모두 베풀고 나면 "기쁘다. 내가 지닌 것은 모두 금강석같이 단단한 창고에 넣었구나." 하고 말한다. 이같이 75일간 행사를 마치고 나면 제국의 군주들이 각자 가지고 온 진귀한 의복 따위를 헌상하며 10일도 되기 전에 관청의 창고에 다시 가득 차게 된다. 이것이 계일왕의 최후의 무차대회가 되었다.

인도를 떠나면서

현장은 생각지도 않던 곡여성 대회의 화려한 법회와 최고의 예경을 받은 것에 더할 수 없는 만족감을 만끽하면서 드디어 귀국에 오르기 위해 계일왕에게 감사의 인사를 했다. 그러자 계일왕은 "제자(자신)는 법사님과 불법을 선양하고자 생각하고 있었는데 참으로 유감스럽고 섭섭합니다. 그런데 왜 이렇게 빨리 귀국하려 합니까?"라고 이런저런 이유를 붙이는 바람에 12일이 지났다.

쿠마라 왕도 "법사님이 제 나라에 머물면서 공양을 받아 주시면 100개의 정사를 지어드리겠습니다."며 같이 살기를 간청하는 것이었다.

"2 국왕의 만류는 큰 영광이지만 더 머물 형편이 되질 못합니다." 또 고창국의 국문태왕과의 약속이 생각나서 할 수 없이 자신의 흉금을 말할 수밖에 없었다.

"대당국은 이곳에서 참으로 먼 나라입니다. 불법도 늦게 들어와서 어느 정도는 이해하지만 의문 나고 모르는 점이 많습니다. 그때문에 제 신명을 돌보지 않고 이 나라에 와서 모든 것을 배우고 연구한 것입니다. 드디어 제 목표가 이루어진 것은 조국의 여러분의 갈망과 깊은 정성의 음덕입니다. 그러니 그 은덕을 어찌 저버릴 수가 있겠습니까? 그러니 조국의 많은 승려들에게 정법을 알려 그들로 하여금 정법에 따라 모든 중생을 이익케 하는 길을 막지 않았으면 다행으로 생각하겠습니다."

"아닙니다. 우리들도 법사님의 덕을 사모하고 존경하고 있습니다. 섭섭한 생각이야 한이 없으나 이제는 편히 돌아가시도록 하십시오. 그런데 어느 방향으로 가시려고 합니까? 모든 편의를 다 봐 드리도록 하겠습니다."

그리고는 여행 경비 등을 보시했다.

그러나 받지 않고 쿠마라 왕이 준 사슴가죽으로 만든 옷은 우비용으로 받아가지고 석별의 인사를 나눈 후 인도 땅을 떠나게 되었다.

때는 정관15년(641)가을이었다.

돌아오는 길은 갈 때와 달리 경전, 불상 등 가져오는 짐이 많아서 3년 반이나 걸렸다.

그러나 그것으로 끝나지 않고 국왕은 사신을 이끌고 수십 리까지 따라와서 눈물을 흘리며 애통해 했다. 현장은 금생에는 이것이 마지막 만남이라는 생각으로 애별이고(愛別離苦)와 회자정리(會者定離)의 진리는 어쩔 수 없음을 새삼 실감하게 되었다.

경전과 불상은 북인도 우데타왕의 군대에게 부탁하고 현장은 코끼리를 타고 서서히 서쪽을 향해 나갔다. 계일왕은 그 사정을 알고 우데타 왕에게 코끼리 한 마리 금전 3천매, 은전 1만매를 주고 법사의 여비를 충당케 했다.

헤어진 3일 뒤 계일왕과 쿠마라 왕, 빳다 왕은 수 100명의 기마병을 이끌고 질풍같이 달려옴으로 현장은 뜻밖의 반가움도 잠시 더 큰 아쉬운 작별을 하게 했다. 왕은 백목면에 서신을 써서 4사람의 관리를 통행시켜 통과하는 나라의 왕에게 법사의 안녕과 모든 사정을 보살펴 달라고 의뢰했다. 그로서 중국 국경에 무사히 도착하게 되었다.

현장은 프라가야 국에서 서남으로 향해 코샴 국에 도착 또 여러 나라를 거쳐 우데타 왕과 함께 서북으로 한 달간 간 후 카비라 국의 삼도보계의 성지에 예배했다. 3도 보계는 3층으로 만든 계단인데 보배는 장식으로 세웠다.

부처님이 천궁(도솔천)에 올라가 어머니를 위해 설법하시고 지상으로 내려오실 때 제석천왕이 만든 계단을 말한다. 탑의 왼쪽은 금으로, 오른쪽은 은으로 장식하고 가운데는 유리를 박았다. 부처님은 가운데 길로, 범왕은 왼쪽 길, 제석은 오른쪽 계단에서 부처님을 모시고 내려온 곳이 바로 이곳이기 때문에 탑을 세운 것이다.

또 서북 길을 돌아 우이샤국 수도에 들러 2달간 체류하면서 날란다사에서 법우였던 사자광, 사자월 등이 구사론, 섭론, 유식론 등을 강의하고 있었다. 재회의 기쁨을 돈독히 했다.

법사에게 유가사지론, 대법론 등을 부탁해서 강의해 주었다. 그 뒤 여러 나라를 거쳐 우데타국왕의 나라에서 1달간 체류한 후 상하푸라국까지 20여 일 걸려 도착했다. 법사로서는 처음 들린 곳이고 그곳에서 100여 명의 승려들을 만나 경전과 불상을 모시고 같이 동행길에 올랐다.

그곳은 산적이 많다는 소문이 있는 곳이라 법사는 먼저 한 사람을 보내어 만일 도적떼를 만나면 "우리들은 먼 대당국에서 불법을 배우기 위해서 왔는데 가진 것은 경전, 불상, 사리뿐이니 딴 마음을 내지 말고 무사히 보내 달라고 부탁하라."고 일러 보냈다.

다행히 무사하게 탁샤실라국에 도착했다. 그 후 갠지스 강을 건너게 되었는데 돌풍이 불어 배가 크게 요동치는 바람에 가지고 간 경전 일부(50권)와 꽃씨 등을 유실당해 그곳에서 50여 일을 머물면서 잃어버린 경전을 보충했다.

현장은 갈 때는 간다라 지방으로 갔으나 귀로에는 바미안을 통하지 않고 동쪽 길로 북상했다. 이 아프카니스탄을 통과하자면 4, 5천 m의 고산 준령을 넘어가야 하기 때문에 코끼리는 부적합해서 타고 갈 말 한 마리만 준비했다. 일행은 말 4두, 노새 10두, 승려 7인, 인부 20여 명으로 편성했다. 험난한 산길이라서 계절에 따라 다니지 못할 때가 있었다.

안다라국과 고시타국을 거쳐서 와르국에 이르게 된다. 동쪽으로는 우사국이 있고 동서와 남북은 각각 수천 리가 된다. 벼랑을 이루는 봉우리는 수백 겹이고 깊은 골짜기는 아슬아슬했다.

1년 내내 눈과 얼음을 이고 있고 바람이 세차다. 파를 많이 생산해서 총령(蔥嶺)이라고 하며 한편 산의 벼랑이 파랗다 해서 그 이름이 붙여졌다고도 한다. 총령은 지금의 파미르 고원에 뻗어 있는 큰 산맥으로 평균 높이는 5천m의 고지로 옛날부터 세계의 지붕으로 불리어 왔다. 또 이 총령은 달마대사가 짚신 한 짝만 둘러매고 인도로 돌아갈 때 양나라 사신 송운(宋雲)을 만난 곳이기도 하다.

현장이 이 나라에 갈 때도 들린 곳으로 고창국과는 인척관계가 있는 나라이며 먼저 들렀을 때는 왕자가 부왕을 암살하고 왕위를 찬탈하는 비극적인 사건이 있었다. 현장은 이곳에서 한 달을 머물렀는데 고창국에 도착하기 4년 전 국문태왕은 죽었다는 소식을 들었다.

원인은 터키와 손잡고 인도와 중국 간의 교역로를 장악한 것이 화근이었다. 수 세기 동안 세력을 잃었던 중국이 수(隋)를 정복하고 고조(高祖) 이연(李淵)의 둘째인 세민(世民)이 태자를 살해하고 627년에 제2대 황제로 즉위하면서 터키, 토번, 고창, 서돌궐 등을 차례로 정벌하였다.

고창국 국문태왕은 중국 군대의 갑작스런 습격에 충격을 받아 심장마비로 급사하였다고 한다.

현장은 전에 고창왕의 극진한 대접을 받고 귀국길에 3년간 머물기로 한 약속을 지키지 않아도 되게 되었지만 인간의 어리석음과 제상무상함을 절감하며 가슴이 아팠다.

∞ 황제에게 상표문을 보내다

　현장은 국문태왕의 슬픈 비보를 가슴에 안고 카규가루를 출발하여 서역남도를 통해 차쿠가국을 지나 현재의 호탄(和田)인 구사타나국에 도착했다. 법사는 구사타나 왕의 따뜻한 영접과 공양을 받았다. 그리고 중도에서 분실한 경전을 보충하기 위해 쿠차와 카슈가루에 사람을 보낸 후 태종황제에게 상표문(上表文)을 고창출신 마현지란 청년을 캐르반과 함께 장안으로 보냈다. 상표문은 다음과 같다.

　　사문 현장은 삼가 글월을 올립니다. 제가 듣기로는 후한의 마융(馬融, 76~166)이란 사람은 학자로 박학했기 때문에 정현(鄭玄)을 함양까지 가서 모시게 했습니다. 전한(前漢)의 문제(文帝)도 역시 학자로 명성 높은 복생(伏生)을 명신 조착(晁錯)을 특별히 제남까지 보내어 상서(尙書)로 맞이했습니다. 이것은 우리 중국의 유학에 관한 일입니다만 옛날 사람들은 먼 곳까지 와서 선생을 구했던 사실을 알고 있습니다.
　　그러하온데 인도에 있어서 부처님(석존)은 중생에게 많은 이익을 베푼 흔적과 가르침을 깊이 깨달은 고승들이 밝힌 바 그 신묘한 가르침을 배우고자 함에 있어서는 아무리 멀다 할지라도 어찌 찾아가지 않을 수 있으오리까? 부처님이 서역에서 태어나 성스러운 가르침을 일으켜 그 가르침이 드디어 중국에까지 전해졌습니다. 그러나 우리나라에는 빠진 경전(經典)이 많아서 그것을 보충하기 위해서 신명을 돌보지 않고 인도에 갈 것을 항상 염원하고 있었습니다. 그래서 정판(貞觀) 3년 8월에 국법을 이기고 비밀로 인도를 떠나고 말았습니다.

가는 길은 마치 깎아 세운 듯한 가파른 눈 덮인 준련을 기어서 넘고 뜨거운 열해(熱海)의 거센 파도에 떠밀리고 철문의 가파른 협곡도 간신히 통과하여 장안을 떠난 지 3년여 만에 왕사성에 당도하게 되었습니다.

그 동안 지나온 곳마다 풍속이 다르고 습관이 달라 어려움은 태산 같았습니다.

그러나 불·보살님의 가피력으로 가는 곳마다 길이 열리고 뜨거운 환영을 받았습니다. 그래서 큰 어려움 없이 목적을 달성하게 되었습니다. 그리하여 드디어 영취산을 보게 되었고 부처님이 정각을 이루신 붓다가야의 보리수 밑의 금강보좌도 참배하였습니다.

또 지금까지 한 번도 본적이 없는 부처님의 흔적과 들어본 적 없는 경전도 보고 배울 수 있었습니다.

전 세계의 자연의 경이로움도 두 눈으로 보았습니다. 가는 곳마다 황제폐하의 인품과 덕화를 들려주면서 여러 사람들에게 폐하에 대한 존경심을 갖도록 계몽도 하였습니다. 그러하길 어언 17년 날란다사를 출발하여 카피서국을 거쳐 파미르 고원을 넘고 파미르강을 건너 드디어 호탄에 돌아오게 되었습니다.

하온데 경전을 싣고 오던 코끼리가 물에 빠져 익사하는 바람에 많은 경전을 운반할 수 없게 되여 할 수 없이 이곳에 머물고 있습니다. 일각이라도 빨리 가서 폐하를 알현코자 하오나 여의치 않사와 우선 폐하에게 상표문을 올립니다.

이것이 상표문의 내용이다. 황제의 회답이 오기까지에는 최하 7, 8개월이나 기다려야 한다.

현장은 그 사이 그 곳 승려들의 간청으로 매일 밤 '유가사지론', '대법론', '구사론', '섭대승론' 등을 강의했다. 천여 명의 승려들이 운집하여 경청했다. 원래는 고창국왕에게 강의해주기로 약속했던 것이었으므로 그를 떠올렸던 것이다.

현장은 그곳에 머무르는 동안 쿠차국에서 경전이 도착하여 부족 분을 보충하게 되면 출발하고자 한 것이다.

⊗ 호탄(和田)

호탄은 예부터 백옥과 흑옥의 원산지로 유명했다. '옥은 달빛에 정화해서 만든 결정체'라 하여 옥은 하늘에서 떨어진 귀중물로 여겨 금보다 값이 비쌌다. 고대 중국에서는 황제나 왕비 귀족들의 장식용으로 쓰는 진귀품으로 여겼다. 그래서 옥에 관한 용례가 많다. 황제의 얼굴을 옥용(玉容), 황제의 말을 옥음(玉音), 순수한 마음을 옥심, 그리고 황제의 상징인 도장을 옥새라 했다.

그러나 호탄에 옥보다 유명한 것이 불교(佛敎)였다.

호탄에 불교가 들어온 해는 B.C. 76년경이다. 호탄의 옛 이름은 우전(于闐)인데 우전왕 구살탄나가 19세 때 건국, 그 때는 불멸 후 234년이 지난 때였다. 건국 후 165년 국왕 위지승이 즉위한 후 5년경 불교가 융승했다.

그러니까 B.C. 76년에 불교가 들어왔고 조위(감로 5년 : 260) 동진의 주사행(朱士行)이 우전국에서 범본 90장을 얻어 제자에게 방광반야경과 같이 낙양으로 보냈다는 기록이 있다. 또 주사행은 우전국의 소승에서 대승불교로 자리 잡게 만들었다.

291년에는 무라치 스님이 '방광반야경' 20권을 번역했고 282년에 주사행이 불여단에게 '방광경'을 낙양에 또 보냈다. 그 이후부터 호탄은 중국에 대승불교 경전을 전해주는 중요 전초기지 역할을 하게 됐다. 지법령과 법정은 동진 효무제(379~396) 때 우전에서 범본 '화엄경' 전분(앞부분)을 발견하여 중국으로 가져갔다.

이것을 토대로 불타발타라가 418년에 34품 60권을 정리한 것이 60권 '화엄경'이다. 이를 진본(晋本)이라 한다.

호탄의 실차난타는 698년 보리유지 의정과 함께 39품 '화엄경'을 번역, 이것이 80권본 화엄경이며 당본(唐本 : 신역)이라 한다. 이 역본이 2년 뒤인 700년경에 우리나라에 들어왔고 698년에 경주 황룡사 9층 목탑이 지진으로 파손됐다.

∞ 호탄의 전설

호탄은 백옥과 흑옥도 유명했지만 견직물(비단)의 주산지로도 유명해졌다.

견직물은 누에고치에서 나오는 섬유로서 얇고 섬기게 짠 무늬 없는 '깁'은 로마의 금과 교환할 정도로 아주 귀중한 비단으로 명성이 자자했다. 때문에 오아시스의 여러 나라가 견직물을 중계 무역하면 큰돈을 벌 수 있었다. 그만치 귀중한 값진 비단이기 때문에 견왕녀(絹王女)의 전설이 '서역기'에 기록이 남아 있다.

본래 호탄에는 뽕나무나 누에 종자가 없었다. 그 종자를 얻고자 호탄왕은 한 가지 꾀를 냈다.

종자가 있는 동국 군주에게 예물을 보내고 공손한 태도로 그의 마음을 산 후 왕비감을 줄 것을 간청했다. 말하자면 정략청혼이었다. 동국 군주는 먼나라까지 지배해보려는 욕심으로 청혼을 승낙했다.

정략 청혼에 성공한 호탄왕은 왕비가 될 신부에게 많은 선물을 보내면서 은밀히 부탁했다. 뽕나무와 누에 종자를 가져오도록.

동국에서 반출이 엄격히 금지하는 종자이기 때문에 신부도 궁리 끝에 시집오면서 자신이 쓰고 오는 모자 장식품 안에 몰래 숨겨 오게 되었다. 그리하여 호탄에서도 최우수 견사를 생산할 수 있게 했다.

왕비는 죽어가는 누에들을 천도하기 위해 마사승사라는 절을 지었다.

현장이 그곳을 들렸을 때는 절은 없고 몇 그루의 마른 뽕나무만 있었다. 그것이 처음 심은 뽕나무 원조라는 표시만 보았다는 기록이 있다.

∞ 황제의 답신

"듣건데 도(道 : 진리)와 불경을 구하고자 험난한 먼 나라로 떠났던 대덕이 지금 돌아온 다는 소식을 접하니 기쁘고 영광스럽도다. 속히 돌아와서 짐을 만나도록 하라. 쿠사타나국 승려 중 범어와 경전을 해석할 줄 아는 자를 대동하는 것도 대덕에게 일임하노라. 짐은 이미 우전국(于闐國)으로 칙서를 보내어 그 나라와 그 주변국에 있는 나라마다 법사에게 최고의 영접을 해서 편안하게 오도록 하라고 명하였으며, 돈황 관리에게도 명사(鳴沙)까지 안내하는 등 잘 영접하게 했다. 또 선선의 관리에게도 저말(沮沫)까지 영접케 했다.”는 칙서를 받은 현장은 우전왕에게 많은 선물을 받고 우전국을 떠나게 됐다. 이곳은 현장의 수제자며 자은(慈恩, 구기 632~682)의 출생지이다. 그리고 우전에서 장안까지는 자그마치 3천km나 되는 거리이다.

현장은 우전에서 3백여 리에 있는 히마성에 도착 그곳에서 모래와 돌무더기 길을 넘어 2백여 리 지나 니야성(泥惹城)에 당도하였다. 여기서 동쪽의 최후의 어려운 대 사막이 가로 놓여있다. 타크라마칸이란 닷기리 마칸으로 ‘닷기리’란 죽음(死), ‘마칸’은 ‘끝없이 넓다’는 뜻이라 한다.

‘서역기’에는 타크라마칸 사막을 다음같이 기록했다.

모래는 흘러내려 바람이 부는 대로 맴돌고 모이고 흩어져 사람이 지나가도 흔적조차 남지 않아 방향을 잡을 수 없다. 사방을 둘러봐도 망망할 뿐 이정표로 삼을 표적은 아무것도 없다. 사람이 왕래하자면 오직 유골이 묻힌 것을 목표삼아 갈 수 밖에 없다. 더구나 풀 한포기 없고 열풍만 기승을 떤다. 바람이 불기 시작하면 사람이나 짐승이나 모두 눈을 뜰 수 없다. 때로는 노래 소리가 들리는가 하면 흐느끼고 울부짖는 괴성을 듣다보면 어디가 어딘지 분간할 수 없게 된다. 이렇게 헷갈려 헤매다 목숨을 잃는 것은 유령들의 장난 탓이다.

이 같은 사막을 지나갔던 현장은 옥문관을 벗어나 이오(伊吾 : 하미)를 향하는 막하연적(莫賀延蹟)에서 구사일생으로 살아났던 일을 생각했을 것이다.

그러나 돌아오는 길은 많은 시자를 데리고 먹을 것도 충분하고 생명에 대한 위협의 공포는 없었다. 이 대사막을 4백여 리 지나 도가라의 옛 땅에 당도 했으나 성은 황폐하여 아무도 살지 않았다. 또 동으로 6백여 리 가면 저말(沮沫) 땅이다. 그곳에서 동북으로 천여 리 가면 누란(樓蘭)이다. 누란은 선선(鄯善) 왕국이며 이곳부터는 중국으로 연결되어 있다. 여기서 '대당서역기'는 끝난다.

앞에서 언급한 히마성의 전설이 있다. 인도 우다야 왕이 만든 높이가 사람 키만 한 백단 향목의 입불상이 있다. 부처님이 입적하신 후 공중을 날라 이곳으로 왔는데 때로는 찬란한 광명을 발하는데 영험이 뛰어나 기도하면 소원이 이뤄지고 병자가 아픈데 금박을 부치고 빌면 즉시 나았다는 것이다. 원래는 누란으로 날아갔는데 그곳 사람들이 신심이 없어 불법을 믿지 않아 재앙이 생기므로 사막에 묻었다 한다. 신심 있는 사람이 그 사실을 알고 이곳으로 모셔왔는데 불법이 쇠퇴해지면 용궁으로 들어간다고 한다. 현장은 귀국길에 이곳에 들려 그 전설을 듣고 자세히 기록해 놓았다.

80 황제의 2번째 답신과 돈황(敦煌)

현장은 누란에서 사주(沙州, 지금의 돈황)까지 무사히 도착했다. 갈 때는 이곳을 들리지 않고 비밀로 안서(安西)에서 북쪽으로 출국했었다. 돈황에 도착한 현장은 태종황제(太宗皇帝)의 편지 한통을 또 받았

다. 내용인즉 호단에서 부터 그곳까지의 운반비용은 돈황(敦煌)관리
가 지불할 것과 고구려 원정이 가까워져 장안을 떠나야 한다는 것,
만일 내가 없더라도 방현령이란 고관에게 잘 영접하도록 당부해 놓
았다는 것 등이었다. 현장은 그 편지를 보자마자 하루라도 속히 출
발하여 황제가 원정을 떠나기 전에 배알하여 경전번역에 관한 지원
을 받기 위해서 서둘러 출발했다. 장안까지는 1,650km, 말을 타고가
면 56일이나 걸리기 때문에 한가하게 쉬면서 있을 처지가 아니었다.
왜냐하면 경전을 번역하자면 귀한 많은 종이와 사람, 장소 등 막대
한 경비가 들어야 하기 때문에 나라의 원조가 없이는 657부나 되는
많은 양의 역경 작업을 할 생각은 엄두도 낼 수 없었다.

요즘에는 실크로드를 모르는 사람은 거의 없다. 이전보다 유명해
진 것은 여러 탐험대들이 돈황을 찾아와 장경동(藏經洞)에서 대량의
경전류를 가져가 세계인을 놀라게 한데서 비롯되었으며 오아시스
의 미술관이라 불릴 만한 정도의 많은 불상과 막고굴에서 회화가
무더기로 나왔기 때문이다. 만일 막고굴의 존재가 없었다면 단순한
동서교역로에 불과했을 것이라 한다.

돈황은 사막 중의 오아시스의 한 곳이며 '돈(敦)'이란 '크다·성
대하다', '황(煌)'이란 '빛나다·번영하다'는 뜻이다. 왜 이 같은 이
름이 생겼는가? 그것은 B.C. 11세기에 강융(姜戎)이라 불리는 유목
민이 살고 있었다. 서경(書經)에는 이곳을 삼위(三危)라 하고 주민을
삼묘(三苗)라 불렀다. 춘추시대는 과주(瓜州), 전국시대에서 진대(秦代)
까지는 대월씨족이 점령, 다음은 흉노가 지배하게 됐다. 돈황이란
명칭이 사서에 처음 등장한 것은 전한(前漢) 무제(武帝 : B.C. 141~87)
가 흉노정벌에 오른 위청 곽거병 이란 장군들의 활약으로 흉노를

물리치고 하서사군(河西四郡)을 설치하면서 돈황이란 이름을 붙이게
되었다. 다시 한 제국이 만리장성을 돈황까지 연장하여 흉노에 대
한 방위를 완벽하게 했다.

돈황이 이 하서회랑의 서쪽 끝에 위치했기 때문에 서역 경영의
거점이 되었고 또한 동서교역로 출입구가 되어 이름에 걸맞는 곳
이 됐다. '후한서'의 '서역전'에는 돈황에서 서쪽에 옥문(玉門) 양관
을 나서면 선선, 돈황에서 북쪽은 이오(하미)로 통한다고 했다.

A.D. 1세기경부터 원래 기마민족인 중앙아시아 상인들이 행동범
위를 넓혀 동서교역의 왕래를 시작했다. 2세기경이 되면서 불교전
래(佛敎傳來)가 본격화했다. 인도에서 경전이 서역을 지나 계속 진출
했고 승려들은 돈황에서 한어를 배워 포교하기 위해 장안까지 가
게 됐다.

돈황이란 이름이 처음으로 세상에 널리 퍼지게 된 것은 3세기에
서 4세기에 걸쳐 활약한 돈황보살로 존경받게 된 축법호(竺法護)의
공로가 크다. '고승전'에 경전을 넓은 중화에 유포한 것은 호(護)의
힘이라 했고, 그는 돈황 출신의 월씨인(月氏人)이다. 축법호는 서역
36대국을 다니며 여러 나라의 언어를 배워 어학에 정통하여 서역
(인도)에서 많은 경전을 가져와 돈황·주천·장안·낙양 등 각지에
번역·배포했다.

축법호는 구마라습 이전의 경전 번역자로는 제1인자였고, 중국
에서 불교 포교에 금자탑을 세운 크나큰 공로자인 것이다. 축법호
가 입적한 해는 진혜제 건흥 말년인 316년이니 낙준이 명사산에서
황금빛을 보고 막고굴을 열기 50년 전이다. 4세기말 5호16국 시대
가 된 후 돈황을 사주(沙州)라 부르고 수(隋 : 589)나라가 통일하기 까

지 2백년간 어지러운 왕조의 변화가 이어졌다. 그런데도 돈황은 교역의 거점도시로 여전히 번영해 나갔다. 그러면서 여러 나라 국왕들이 불교에 큰 관심을 갖게 됨에 따라 서역방면에서도 국왕의 비호아래 쿠차국에서는 불도징(佛圖澄), 도안(道安) 구마라습(鳩摩羅什)이란 번역승으로 유명한 고승이 배출되어 불교 흥융의 기초를 다지는 시대가 되었고 막고굴이 탄생하여 서서히 그 규모가 커졌다.

6세기말부터 당나라 시대까지 중국 불교문화는 전성기에 들어갔다. 방방곡곡마다 절을 짓고 불상을 조성하고 교학(教學)이 번성하면서 승려수도 증가하게 됐다. 막고굴도 그 시대 작품이 지금까지 절반 이상이 남아있다. 또 그 작품의 내용은 충실하고 원숙한 느낌을 주고 있다. 그러나 현종(712~756) 황제의 말년에는 정치에 흥미를 잃고 오직 양귀비와의 사랑에 빠져 나라가 어지러워지면서 755년의 안록산이 난을 일으켜 중앙정부의 힘이 약화된 틈을 노린 토번(티베트)족이 하서회랑의 4주를 차례로 공격 돈황도 781년에 토번정권에 속하게 됐다. 그런데 845년 당 무제(840~846)는 폐불 사건을 일으켜 중앙에 있는 사찰을 모두 파괴하였으나 돈황은 다행히도 당나라 지배하에 있지 않았기 때문에 법란(法亂)을 면할 수 있었다.

중국에서 삼무일종(三武一宗)의 법란이 있었다. 즉 북위 무제 446년, 북주 무제 574년, 당 무제 845년, 후주 세종 955년의 난을 말한다. 3무의 '무(武)'와 일종의 '종(宗)'을 말한다. 그중 가장 심했던 때가 당나라 무제(武帝)의 법난이라 한다. 851년 이후 또 호족 장의조가 토번을 몰아내고 중앙정권에 속해 있으면서 반 독립정권을 만들었다.

그러나 1036년 송나라 때 서하(西夏)의 침입으로 중앙을 떠났다.

그때 서하의 습격을 두려워한 돈황 사람들이 많은 경전을 동굴 속에 숨겨 놓은 것이다. 그 후 1905년, 즉 20세기 초에 도사(道士) 왕원록(王圓籙)에 의해 비로소 세상에 알려지게 되기까지 근 천여 년간 동굴에서 잠자고 있었다. 만일 그 당시 경전이나 불상·회화 등을 동굴 속에 숨기지 않았다면 이 '대당서역기'나 '왕오천축국전' 등 많은 불교의 유물이 오늘까지 전해지지 못했을 것으로 추측할 수 있다.

1227년 서하정권은 강력한 칭기스칸이 이끈 몽골제국에 멸망한 후 돈황은 원(元)나라의 지배하에 놓이게 되었고 이 무렵 마르코폴로가 돈황을 통과하면서 동방견문록(東方見聞錄)은 사주라는 이름으로 돈황을 소개하였다. 막고굴은 그때에 공사가 다 끝났다. 1368년 원(元)을 쫓아낸 명(明)나라는 서역경영에는 관심이 없었다. 16세기 후에는 돈황이 회교도 정권에 들어갔기 때문에 점차 불교는 쇠퇴해졌다. 돈황이 다시 회복된 것은 18세기 청(淸)나라 시대가 되면서 돈황현을 설치한 후 오늘에 이르기까지 돈황이란 이름이 정착되게 되었다.

∞ 막고굴과 명사산

막고굴(莫高窟)은 돈황에서 동남 25km지점, 명사산의 동쪽 끝 벼랑에 있다. 3위산에 대치한 대천하의 남북 1.6km에 걸쳐 6백 개에 가까운 굴 입구는 마치 동물이 사는 곳 같은 느낌이 들지만 이곳이 막고굴임을 알면 누구든지 감동하게 된다.

당대에 만든 '중수막고굴불감비'에 의하면 전진 366년 이곳을 방문한 사문낙준(沙門樂僔)스님이 석장을 집고 북쪽 산에 도착했을 때, 갑자기 찬란한 황금빛을 보았다. 잘 살펴보았더니 천불(千佛)의 모습이 은은히 보이는 것이었다. 그래서 그곳에 감실 하나를 만들게 되었다. 그러자 동방에서 온 법량(法良)선사도 옆에다 감실 하나를 만들기 시작했다. 2스님이 개창자로 되어있다. 그들은 "자신들이 불상을 만드는 것이 아니라 안에 있는 불상을 쪼아냈다."고 하였다. 분명 그 스님의 눈에는 부처님의 형상이 보였던 것 같다.

그 뒤 5호 16국·북위·서위·북주·수·당·5대·송·서하·원의 10왕조에 걸쳐 9백년간 불사가 계속됐다. 당대에 천여 개의 굴이 있었다고 하나 현재는 492개 만 남아 있다. 전체 벽화 총량은 4만 5천 평방m, 색채소상은 2천4백여 체로 세계 최대 화랑이며 불교예술의 보고인 셈이다.

우리나라 어느 화가가 말하길 여태까지 공부했던 온갖 미술사조가 한곳에 모여 있는 대 전시장이었다고 할 만큼 세계인의 이목이 집중된 곳이라 한다. 그 많은 굴 중에서 인상적인 몇 곳을 지적하면 제275굴로 북위시대 작품으로 교각 미륵보살상, 제257굴의 방주남면상층의 반가사유상, 제259굴의 동방의 모나리자상으로 불리는 미소를 머금은 여래상, 왕도사에 의해 장경류가 발견된 장경굴인 제17굴 안에는 94cm의 등신대의 결가부좌상이 있다.

제158굴 서벽의 열반상은 사라쌍수 아래에서 오른쪽 팔을 베고 두 다리를 포갠 채 제자들에게 유언을 남긴 후 열반에 든 모습을 형상화한 것이다. 막고굴에는 열반상을 모신 곳이 두 곳뿐인데 굴의 크기가 17m, 길이 7m의 장방형의 긴 굴이다. 후벽에 높이 1m 남짓한 긴 대좌위에 16m의 와상(臥像)을 봉안해 놓았다.

제45굴은 꼭 보아야할 유명한 곳이며, 한쪽이 4m 남짓한 적은 굴이지만 8각좌의 불상을 중심으로 2나한, 2보살, 2천왕 등 일곱 분의 존상은 막고굴의 성당(盛唐)양식 중에서도 최고의 예술성을 가진 대표작으로 손꼽힌다. 특히 이 보살의 은은한 미소를 머금은 표정은 보는 사람의 뇌리에 오랫동안 남을 명작이라 할 만하다 한다.

명사산은 사막 한 가운데서 갑자기 솟아오른 신기한 모래 산으로 동쪽 끝 막고굴에서 서쪽 당하(堂河)까지 동서 길이 40km 남북 폭이 20km나 되는 큰모래뿐인 산으로 해발 1.65m의 높이다. 명사산 안에 초생달 형의 월아천(月牙泉)이 있다. 월아천도 동서 224m, 남북 39m, 깊이 2~5m 정도의 얕은 샘이다.

신비한 것은 대 사막에서 모래바람이 불어오면 당장 파묻힐 것 같은데도 어떻게 오랜 세월동안 매몰되지 않고 물도 마르지 않았는가 하는 점이다. 명사산 위에서 월아천을 내려다보면 자연의 조화에 경탄을 금할 수 없을 만큼 신비의 극치를 느낀다 한다. 월아천은 마치 초생달 모양의 작은 호수로 삼면을 둘러싸고 있는 황금빛 모래산과 파란 공중에서 반짝이는 한 조각 에메랄드같이 신기해 보인다.

명사산이라 부르는 것은 바람이 강하게 불거나 아이들이 몇 명이 내려와도 산이 무너져 내리는 것 같은 모래소리가 틀림없는 천둥소리로 들린다고 한다. 일반적인 상식으로는 거센 강풍이 아닌 작은 바람도 오래불면 그 모습이 달라질 것 같은데도 언제나 그 높이에 그 모양을 유지한다는 것은 과학의 영역을 벗어난 풀 수 없는

수수께끼며 신비함 내지 불가사의 하다는 말을 하다가 아예 신산
(神山 : 신이 만든 산), 신천(神泉 : 신이 만든 샘)으로 생각한다는 것이다.

❀ 장안에 돌아와서

17년간의 긴 여행을 끝마무리 하려는 현장법사는 태종황제(太宗
皇帝)를 알현하기 위해 22마리의 말에 경전, 불상 등의 짐을 가득
싣고 발걸음을 재촉해 돈황을 출발했다. 말을 20회나 갈아타고 1일
30km를 걸을 길을 그 배인 60km씩이나 걸음을 재촉해 일정보다
일 개월이나 빠른 정관(645) 1월6일 저녁 무렵에 장안성 밖에 도착
했다. 현장이 천축을 향해 떠난 지 17년이란 세월이 지난 뒤였다.
현장이 일정보다 빨리 도착했기 때문에 마중 나오기로 한 방현령
일행이 미처 환영준비도 하기 전이었다.

현장법사는 소문을 듣고 구름같이 모여든 사람들 때문에 길이
꽉 막혀 어쩔 수 없이 운하 위에서 하룻밤을 지낼 수밖에 없었다.
다음 날 장안태수 방현령과 대장군 등 고관들의 정식 환영을 받아
도정벽으로 안내되었다. 가는 도중에도 시민들이 연도를 메울 정도
로 나와 있어 마치 개선장군의 환영 같은 영접을 받았다. 여러 사
원이나 관청에서는 꽃다발과 당번 등이 지급되어 경전과 불상을
홍복사(弘福寺)에 모시고 장식하게 했다. 시민들 역시 앞 다투어 환
영하는 행사에 참석해 성대한 잔치판을 방불케 했다.

다음 8일에는 주작문 앞에 법사가 모시고 온 경전 불상 등을 진

열하여 일반인도 볼 수 있게 공개해 놓았다. 그 내용은 다음과 같다. 부처님의 육신사리 150과를 비롯해 8체의 불상과 657부의 경론서이다. 불상과 경전이 홍복사에 이를 무렵 맑은 하늘에 오색구름이 회돌이 치며 마치 불상과 경전을 영접하듯 찬란하게 빛났으며 경상(經像)이 절로 들어가니 오색구름은 슬며시 사라지는 것이었다. 1월 24일 낙양에 도착한 후 2월 1일에야 정식으로 의란전(儀鸞殿)에서 황제를 알현하게 됐다. 황제는 현장법사를 보자 즐거운 모습으로 자리에 앉자마자 질문하기를,

"법사는 출국할 때 왜 소식을 전하지 않았는가?"

"저는 출국할 때 재삼 상표문을 올렸으나 정성이 부족한 탓인지 허락을 받지 못했습니다. 그러나 단념할 수가 없어 정법을 구하기 위해 비밀리에 출국했습니다. 허락 없이 한 행동을 깊이 사죄드리옵니다."

"아닙니다. 법사는 출가한 몸입니다. 속인과는 다릅니다. 일신을 버려 법을 구하러 간 일은 짐도 마음으로 감동했습니다. 서역은 산하가 험하고 풍속과 언어도 다른데 어떻게 하여 혼자서 갈 수 있었는지 궁금하게 생각하고 있습니다."

황제는 이미 인도에서 온 사신을 통해 법사가 인도에서의 활동 상황을 잘 알고 있었다. 황제는 인도의 계일왕과 법사와의 만남에 감동되어 법사가 인도를 출발한 직후 국교를 위해 사절을 보내고 티베트를 경유 최단거리를 통해 중국에 왔기 때문에 법사의 귀국 전에 정보를 다 알 수 있었다. 황제는 법사의 얘기를 흥미 있게 다 들었다. 기후·풍속·물산·불적(佛跡) 등을 질문했고 법사는 일일이 자세하게 대답했다.

황제는 측근인 손무기(孫無忌)에게 말하기를, "부견(符堅 : 황제)은 석도안(釋道安)을 신기(神器)로 생각, 국사(國師)로 여겨 존중 하였는데 짐(朕)은 법사의 이야기를 듣고 있으니 말이 전아하고 마음이 바르며 의지가 견고하다. 고인(故人)에게 부끄럼이 없고 그보다 훌륭한 인격자라고 생각한다."고 하자 손무기도 "모두 동감입니다. 저도 도안대사에 대한 것을 잘 압니다. 확실히 덕행이 뛰어나고 박식한 분이긴 했지만 법사와 같이 인도까지 가서 연구하고 성지순례를 하고 오지는 않았습니다."며 법사를 절찬하는 것이었다.

태종은 현장에게 "이 같은 이야기를 세상 사람들에게도 널리 알려주고 싶다. 꼭 인도의 성지와 그 외에도 여러 나라의 사정 등을 책으로 쓰는 것이 좋겠다."고 부탁하는 것이었다. 그렇게 해서 만들어진 것이 바로 대당서역기(大唐西域記) 12권이다.

현장 법사는 불교뿐만 아니라 서역과 인도의 사정을 정확하게 알고 있기 때문에 장차 세력을 확대하고 싶은 태종에게 더할 수 없이 좋은 매력적인 존재였다. 황제는 돌연 법사를 향하여 "속인이 되어 짐을 보좌해 줄 수 없는가?"고 묻는 것이었다. 갑작스러운 질문에 놀란 법사는 "소승은 어릴 때부터 불교만을 알고 살아왔습니다. 불교는 잘 알고 있지만 유학은 별로 아는 바가 없습니다. 소승에게 환속하라는 것은 흘러가는 배를 육지로 끌어 올려 쓸모없거나 썩어버리고 말게 하는 것과 같습니다. 모쪼록 평생을 불법에 바치며 살게 해 주십시오."라고 사양 하였다.

물론 과거에 구마라습이나 도안을 강제로 초청하여 이용하였고 불도징은 신통력을 가졌기 때문에 그것을 군사에 이용한 적도 있어서 유능한 승려를 얻는 것은 나라의 큰일이기도 했다. 대화는 끊임없이 이어져 창밖이 어두워 졌는데도 태종은 더 많은 이야기를 듣고 싶은 생각으로 "그러면 오늘은 어수선하여 시간이 없다. 다시 법사의 얘기를 듣고 싶으니 머지않아 동방(東方)의 여행길에 나서야 하는데 같이 가줄 수 없겠는가?"고 부탁하는 것이었다.

"소승은 이제 먼 길에서 돌아왔습니다. 몸도 지쳤을 뿐만 아니라 지병이 있어서 도리어 여행에 부담만 줄 뿐입니다."고 하자 "무슨 말씀을 하는가? 법사는 혼자 먼 곳을 걸어서 오지 않았는가. 그러나 지금은 걸을 필요가 없다. 왜 사양하는가?"고 다소 불만스런 말로 동행을 강요하는 것이었다.

그래도 현장법사는 "그러나 소승은 행군(行軍)을 도울 어떤 힘도 없어 여비만 축낼 뿐입니다. 또 계율에 군대가 전투를 하는 것도 보아서는 안 되게 되어 있습니다. 부처님의 가르침에 따르게 해 주십시오. 아무쪼록 널리 이해해 주십시오."라고 간절히 간청하였다. 그러면서 이번에는 법사 측에서 알현한 목적을 이야기하고 간청하였다.

"소승이 서역에서 가져온 범본의 경전이 6백부 이상이 있습니다. 이제부터는 그것을 번역할 생각입니다. 이곳 낙양 동남숭악의 남쪽에 소림사라는 절이 있습니다. 그곳은 인적이 드물어 조용한 곳입니다. 그 절은 후위의 효문제가 세운 절로 보리유지(菩提流支)삼장이 경전을 번역한 곳임으로 소승도 그 절에서 나라에 도움이 될 번역사업에 전념할 생각입니다. 하오니 윤허해 주시길 엎드려 원하옵니다."라고 하자 황제는 "아니, 그런 산중은 좋지 않다. 법사가 서역을 간 뒤 짐은 어머니인 목태후를 위해 장안에다 홍복사(弘福寺)를 세웠다. 그 절은 선원도 있고 아주 조용하니 그곳을 사용토록 하시오.”라고 하였다.

그래도 현장법사는 “세간 사람들은 학문에 관심이 있는 것이 아니라 보통 것과 다르다 하여 많은 사람이 몰려오므로 일에 지장이 있습니다. 그러니 그곳으로 가게 되면 경비원을 통해 사람의 출입을 막아 주십시오.”

“좋다. 법사의 원하는 바를 다 해주겠으니 법사는 속히 낙양에서 잠시 쉰 후 장안에 돌아와서 번역하는데 필요한 모든 것을 방현령에게 말하라.”고 했다.

∞ 현장 번역 시작

현장은 서둘러 돈황에서 돌아온 보람이 있다고 생각되어 크게 안도했던 것이다. 3월 1일 장안에 되돌아 온 현장은 흥복사에서 번역을 시작하기로 하고 방현령을 통해 임금에게 상주했다. 그때 이미 태종은 하북성까지 진군하고 있었으나 필요한 모든 것을 준비해 주라는 지시를 보내왔다. 번역하는데는 많은 보조자가 필요했다. 필수(筆受)·증의(証義)·자학(字學)·증범어범문(証梵語梵文)·철문(綴文) 등 5가지로 나눠 순서대로 번역해 나갔다.

‘필수’란 번역한 말과 한어(중국어)의 뜻을 확인하여 필기하는 것이다. 이 일은 첫 번째 작업으로 원어(原語)에 능통하고 불교지식이 풍부한 인물이어야 한다. 다음은 ‘증의’, 필수가 끝난 것을 다시 ‘어구(語句)’에 잘못이 없는가를 확인하는 작업으로 어학에 능통한 사람이 아니면 안 되는 중요한 역할이다. 여기에 영윤(靈潤)스님 외 12명이 선정됐다.

다음은 '자학', 고유명사 등 원어를 적당한 한자(漢字)를 찾아내 음사(音寫)할 문자를 결정하는 역이다. 여기에 1명.

다음은 '증범어범문', 이것은 번역한 문장이 원문과 일치하는가를 한 번 더 확인하고 검토하는 역이다. 여기도 1명.

마지막에 '철문', 여기는 어구와 문장의 격조를 높이는 일로 이것은 문재(文才)와 시간이 필요하기 때문에 9명이 배당됐다. 이 같은 적격자를 전국에서 모집한 현장법사는 입적하기 1개월 전까지 19년간에 걸쳐 657부 중 74부 1,335권을 번역했다. 그러니까 전체의 1부도 번역하지 못했다.

그러면 나머지 범본은 어찌 되었는가? 그에 대한 기록은 어디에도 없다. 오직 궁금할 뿐이라 하겠다.

번역장은 홍복사에서 대자은사(大慈恩寺), 또 옥화궁으로 옮겨졌다. 번역에 참가한 사람 중 알려진 사람만 54명이며 그중 승려가 44명이다. 그 외에 '대당서역기'는 현장이 메모한 것을 변기(辨機)가 편집하여 현장이 감수한 것이다. 그러니까 현장법사 이름의 저서는 '대당서역기'뿐이며 나머지는 여러 사람의 손을 거쳐 번역한 것이다. 그런데 변기는 대총지사라는 직책의 승려로 뛰어난 학문을 인정받아 '대당서역기' 외에 '유가사지론' 100권 중 51권에서 80권까지 30권을 담당한 실력자이기도 했다. 그러나 그는 후에 태종황제의 17번째 딸이며 방현령의 차남에게 시집간 고양공주와 밀통했다는 죄로 요참(腰斬)형으로 참변을 당하게 됐다.

그 이유의 진위는 알려져 있지 않았다. 그러나 이런 음모적 비극이 왜 일어났는가 하는 점은 '서역기'나 다른 기록에도 모두 빠져 있고 불교적인 것만이 기록되어 있다. 특히 군사적인 것이 빠져있다. 그러니까 그 빠진 부분을 아는 것은 '변기'뿐이다. 따라서 비밀을 지키기 위해 '변기'를 살려둘 수 없게 된 것이 아닐까? 그렇다고 현장법사까지 없앨 수도 없기 때문에 '변기'만 처형한 것으로 본다. 그 외에 대자은사삼장법사전(大慈恩寺三藏法師傳)이 오랫동안 땅속에 숨겨져 있어 세상에 나오지 않은 이유를 '변기'의 수수께기 같은 죽음과 연계시켜 추측할 수 있다는 것이다.

다시 태종은 인도에서 온 편지를 번역케 하고 647년에는 노자도덕경(道德經)을 샨스크리트어로 번역시켜 인도의 가마라국의 구마라 왕에게 보내 중국사상의 위대함을 과시하기도 했다. 당 왕조의 성(姓)은 이(李)씨이며 노자(老子)도 성은 이씨. 이름은 이(耳)와 같기 때문에 태종은 불교보다 도교를 중시한 것 같다.

그러나 태종은 다음 해인 648년에 도교경전을 모두 불태웠다. 황제는 시간 있을 때마다 법사를 불러들여 서역에 관한 정보를 듣기를 좋아했고 다시 환속하여 자신의 보좌역이 되어주기를 원하였다. 그러나 현장법사는 완강히 거절하고 반대로 '유가사지론'을 강의하여 태종을 감동시켰다. 황제는 '유가사지론' 9부를 서사시켜 상주·형주·양주 등 9주에 보내 널리 불법을 포교케 하고 현장법사를 늦게 만난 것을 매우 아쉬워하기도 했다.

법사는 태종에게 지금까지 번역해 올린 경전 5부 58권의 서문을 써줄 것을 청하여 648년에 아름다운 문체로 쓴 서문인 대당삼장성교서(大唐三藏聖教序) 781자가 현재의 대자은사 대안탑 1층 남쪽 벽에 새겨져 있다. 태종은 649년에 붕어 하였고 황태자인 고종이 즉

위하여 36세에 죽은 어머니 문덕황후를 위해 648년 건립한 것이 대자은사며 서북방에 역경원을 세울 만큼 신심이 돈독했다. 현장은 이곳에 주석하면서 매일 두 시간 정도밖에 자지 않고 번역에 전념했다. 그러니까 1,335권을 번역했는데 1년에 75권, 1개월에 6권, 5일에 1권을 번역한 셈이다.

현장이 마지막으로 착수한 것이 6백 권 대반야경이다. 극한의 추위와 싸우면서 오랫동안 여행했기 때문에 냉병(호흡기 질환)에 걸려 있었다. 발병하면 심장이 금방 멈출 것 같은 고통에 시달려야 했다. 한때는 과로와 지병으로 중태에 빠진 적도 있었다. 다행히도 고종 황제는 걱정스러워하며 궁중의와 양약을 주어 회복하긴 했으나 1년 정도 궁중에서 쉬면서 황제의 상담역을 해줘야 했다.

다음해인 657년에는 황제를 수행했을 때 낙양 근처인 진보곡의 고향을 방문해 일가친척을 찾았으나 거의 죽고 겨우 하북성에 살던 누님을 만나 부모님 무덤을 찾아가게 됐다. 무덤이 너무 황폐해져 고종의 허락을 받아 국비로 무덤을 수축했다. 현장은 낙양으로 돌아오기 전 소림사를 참배했다. 소림사는 선종의 초조 달마대사가 9년간 면벽한 곳이며, 이전에 태종에게 번역장으로 쓰고 싶다고 한 조용한 절이었다.

법사는 소림사를 참배하며 오늘까지 구법과 전도에만 전념했을 뿐 참다운 수행을 하지 못한 것을 안타까워하며 이곳에서 마지막으로 수행하면서 번역일도 하고 싶었다. 자신의 웬만한 소원은 모두 들어주기 때문에 태종 때는 거절당했으나 이번에는 허락해 주려니 하고 간청했다.

그러나 고종 역시 "법사의 심정은 잘 알지만 왜 산중이 아니라 장안에도 조용한 장소가 있고, 법사는 이미 수행이 되어 세속에 물들지 않을 사람이니 많은 사람들에게 큰 이익을 주는 것이 좋은 것 같으니 두 번 다시 그런 말씀은 말아주십시오."하며 정중히 거절하는 것은 역시 태종과 같이 법사를 옆에 두고자 했던 것이다.

단념하고 장안으로 다시 돌아온 법사는 곧 번역을 시작했는데 고종은 황태자를 위해 건립한 서명사(西明寺) 주지까지 맡게 하였다. 그러니까 대자은사 주지와 겸직하게 된 것이다.

서명사는 장안성에서 제일 아름답고 좋은 절이었다. 경내에 내가 있고 주위로는 수목으로 들러 싸여 조용했다. 덕 높은 승려로 50여 년이나 차이가 나는 나이 어린 젊은 승려와 외국유학승도 있었다. 이때가 660년(659년 설도 있다) 현장 나이 58세, 1월 1일부터 시작한 것이 대반야경(大般若經) 번역이다. 대반야경의 범본(산스크리트어)의 원전은 20만 송(頌)이나 되는 방대한 분량이기 때문에 번역원 대중들은 너무 길으니 조금 생략할 것을 건의하는 것이었다.

현장은 대중의 의견대로 대번역가인 구마라습(343~413 : 구자국왕의 생질로 7세에 출가, 여러 스승에게서 소승·대승·율장을 배웠다. 요진왕 요흥이 국빈으로 대우했다)이 번역한 대로 번잡하고 중복된 부분을 제외하기로 했다. 그런데 그날 밤 현장은 무서운 꿈을 꾸었다. 위험한 절벽을 걸어가는데 맹수가 덮치는 꿈을 꾸었는데 하도 무섭고 두려워 전율하면서 간신히 빠져 나왔는데 온 몸이 땀에 젖어 있었다. 현장은 잠에서 깨어났으나 얼마동안 정신을 차리지 못하고 허덕이다가 가까스로 정신을 차려 생각하기를 역시 원문 그대로 번역하기로 했다.

현장은 원래는 유식학을 중국인들에게 전하고자 했다. 사람이란 수명의 한도가 있기 때문에 생각다 못해 2번 다시 장안을 떠날 생각을 하지 말라는 고종에게 청하여 옥화궁에서 처음 번역한 것이 성유식론 10권이다. 성유식론은 법상종(法相宗)의 소외경전이 되었고 3천제자 중에서 법상종 종조(宗祖)는 자은대사(慈恩大師) 규기이다. 세친보살의 유식 30송의 주석서인데 이것을 천승·덕혜·법희 안혜·난타·승우·지월·화변·승자·정월 등 10대 논사가 각각 썼기 때문에 합유역(合揉譯)이라 한다. 그러나 실제로는 이중에서 호법보살의 설을 번역한 것이며 현재 전해오고 있다.

현장은 인도에서 대반야경 3질을 가져왔는데 그는 번역하면서 의문이 생길 때는 3가지 이본을 서로 비교분석하여 바른 것을 선택해서 번역하였다.

그는 번역하는 중에 항상 죽음을 염두에 두고 있었다. 그는 대중을 향하여 내 나이 65세에 반드시 이곳 가람에서 입적할 것을 예언하였다.

또한 내가 번역한 것은 참으로 많지만 항상 끝나는 것을 두려워하였다. 그대들은 정성을 다 할 것이며 심신의 괴로움을 사양하지 말라고 당부했다.

용삭3년(663) 겨울 10월 23일 드디어 번역을 끝마쳤다. 합하여 600권 대반야경이라 이름 하였다.

현장은 합장하고 기뻐하며 대중에게 고하기를, "이 경전은 중국에 인연이 있다. 먼저 장안에 있을 때는 모든 잡연에 얽매여 어쩌면 번역을 끝내지 못할 것 같았다. 그러나 지금 모든 것을 끝내게 된 것은 모든 부처님의 가피와 용수와 천친(세친) 2 보살님의 도움의 덕이다. 이 경전은 진호국가의 요전이며 인간과 천인의 큰 보물이다. 대중은 아무쪼록 일어나 기뻐해야 할 것이다.”

현장은 대반야경의 번역을 끝낸 뒤 스스로 쇄진함을 깨닫고 죽음이 눈앞에 닥침을 짐작하고 문인들에게 말했다.

“내가 옥화궁에 온 것은 반야경의 번역 때문이었다. 이제는 경전 번역도 끝났고 내 생애도 막을 내리고 있다. 만일 내가 죽거든 너희들은 경안하도록 하라. 내 유체는 가마니에 싸서 산간벽지를 골라서 안치하고 궁 안이나 절 근처에 접근시키지 말고 부정한 몸은 되도록 벽진 곳에 묻도록 하라.”

제자들은 울면서 눈물을 훔치며 말하기를 “스님의 기력은 아직 노쇠하지 않았습니다. 존안은 옛날과 다름이 없습니다. 어찌하여 갑자기 그와 같은 말씀을 하십니까?” 현장은 말하기를 “아니다. 아니다. 내 일은 내가 잘 안다. 너희들이 어찌 알 수 있겠느냐?”

664년 1월 1일 역경원의 대덕들과 스님들은 현장을 향하여 대보덕경 120권을 번역할 것을 청하였다.

현장은 대중들이 진정으로 원하는 것을 보고 우선 몇 줄을 번역하다가 산스크리트어의 원본을 접어놓고 말하기를, “이 경의 권수는 대반야경과 같다. 나는 스스로 내 기력을 가늠해보니 도저히 믿을 수 없다. 내 죽을 시기가 멀지 않다. 지금부터 난지 등의 골짜기에 가서 구지불모상(俱胝佛母像)에게 예배하고 이 세상을 하직하고자 한다.”

그리하여 현장은 문인들과 함께 예배하러 갔다. 예배하고 절로 돌아와 수행에만 전념하고 번역의 붓을 끊었다.

8일이 되던 날 고창출신 제자인 현각(賢覺)의 꿈에 미려하고 웅대한 불탑이 갑자기 무너져 내리는 것을 보았다. 깜짝 놀라 스님에게 고하니 "그것은 네 신상문제가 아니다. 내가 죽을 증좌이다."

현장은 가상법사에게 명하여 그동안 번역한 경전을 기록하게 했다. 그것을 합해보니 74부 1,335권이나 됐다. 또 구지불모 화상(탱화)과 미륵상을 1천정, 소상을 10구지, 능단금강경·약사유리광여래본원경·육문다라니경을 초사하길 각10부, 비전 경전을 공양하길 각 만여 인, 백 천등을 살려 속죄하기를 수만인 이를 기록하기를 끝내고 가상에게 읽도록 하고 합장하고 기뻐하였다. 그리고 문인들에게 말하기를, "내가 죽을 때가 임박했다. 나는 마음으로 세상을 하직하고자 하니 인연 있는 사람은 모이게 하라." 더욱 더 임종이 가까워지자 현장은 다음과 같이 말하였다.

"현장의 이 추한 몸은 깊이 싫어한다. 할 일은 다 했다. 이제 이 세상에 머물 것이 없다. 원하는 것은 내가 수행한 복혜(복과 지혜)를 세상 사람들에게 회향하여 모든 중생들과 같이 도리천(도솔천)의 미륵보살 권속으로 태어나 미륵보살에게 봉사하게 되고 미륵보살이 부처가 되어 이 세상에 하생할 때에 원컨대 미륵 부처님을 따라 이 세상에 하생하여 널리 큰 불사를 하여 무상보리(깨달음)를 이루기를 원할 뿐이다."

말을 마치고 침묵하였다.

그날 주지 혜덕은 꿈에 천체의 금빛 나는 상이 동방에서 춤추며 내려와 역경원으로 들어간 후 향화가 공중에 가득한 것을 보았다.

불가사의한 일은 또 일어났다. 2월 4일 야밤에 간병하던 명세선사는 길이 한 장여나 되는 흰 연꽃을 든 2사람을 보았다. 그 꽃은 적은 수레바퀴같이 3중이며 잎은 1척 여 빛이 아름답게 빛났다.

2사람은 그 꽃을 들고 현장에게 가서 "스님이 시작 없는 예부터 가지고 있는 번뇌와 유정의 모든 악업은 지금의 병에 의해 모두 사라졌습니다. 아무쪼록 기뻐해 주십시오.”라고 하였다.

현장은 뒤돌아보며 잠깐 합장하고 있다가 드디어 오른손으로 자기 머리를 바치고 왼손과 왼다리는 위로 발을 뻗어 포개고 오른쪽 갈빗대를 엎드렸다. 그것은 석가모니 부처님의 열반과 같은 자세로 숨을 거둘 때까지 그 자세 그대로였다.

5일 야반에 제자들이 “스님 반드시 미륵보살의 내원궁에 태어나시겠습니까?” 하고 물으니 현장은 반드시 태어난다고 대답하고 호흡이 희미해지면서 숨을 거두었다.

숨이 끊어진 것을 옆 사람들이 눈치 채지 못할 정도로 조용히 숨을 거두었다. 현장의 몸은 발에서부터 위로 올라가며 차례로 차졌고 머리 위 백회는 최후까지 따뜻했다. 유체는 77일이 되어도 조금도 변하지도 악취도 풍기지 않았다. 4월 14일 장례가 시작되자 백만여 인파가 모여들었다.

15일 아침 묘를 쓰고 묘소에서 재를 올리고 해산했다. 그때에 천지의 색깔이 변하고 새와 짐승들이 슬피 울었다고 한다.

대반야경을 입적 직전에 번역을 끝내고 반야심경을 끊임없이 독송하고 도솔천에 태어나기를 원한 대번역승 불세출의 대여행가는 그렇게 살다가 그렇게 죽었다. 그 당시까지, 아니 그 이후에도 어느 누구도 그와 같은 길고 긴 장정 이 세상에서 가장 험악하고 극난한 어려운 죽음의 여행길에 오른 사람은 현장 말고는 없었다.

고종황제는 법사의 입적소식을 듣고 통곡하면서 “짐은 국보를 잃었도다. 마치 대해에서 배가 침몰하고 밝은 방에 촛불이 꺼진 것과 같도다. 민중들도 법사를 잃은 심정은 나와 같을 것이다.”라고 하며 장례비용 모두를 지급하도록 명령을 내렸다.

현장 입적 5년 후(669) 고종의 칙령으로 장안 남방 50리 변천 북원으로 이장하여 탑을 세웠다. 현재는 흥교사(興敎寺)와 5층탑이 세워져 있다. 그 후 중종은 현장에게 대변각(大遍覺)이란 시호를 내렸다.

또 현종황제의 아들 숙종은 이 절을 흥교(興敎)라는 탑액(塔額)을 내렸다. 그래서 흥교사라는 절 이름이 붙여지게 됐다.

모든 현대 첨단 장비를 갖춘 사람도 엄두내기조차 힘든 길을 오직 구법 일념으로 초지를 관철한 것은 그의 강인한 의지도 의지지만 관음보살의 가피력과 반야심경을 독송한 공덕이 아니었다면 어찌 그 큰 뜻을 성취할 수 있었겠는가?

현장은 오직 반야심경을 번역한 것만 아니라 항상 반야심경과 함께 했다. 말하자면 반야심경은 현장의 정신이며 혈육이며 그 모든 것이었다고 하리만큼 밀접한 관계였다. 그러므로 반야심경은 문자상으로 해석하고 이해하는 것보다 심독·체독하여야 한다.

현장의 삶의 지주가 되었던 심경, 그리고 우리들이 살아가는데 삶의 지주가 되어 줄 심경으로 파악하지 않고 오로지 의례적인 독송용으로 치부한다면 반야심경을 억만 번 독송한다고 해도 별무소득임을 명심해야 할 것을 간절히 바란다.

80 신라 원측 법사

역경에 직접 참가하지는 않았으나 당시 널리 알려진 신라의 원측스님이 있다.

원측(圓測, 613~696)의 이름은 문아(文雅), 호는 서명(西明), 신라왕족 출신으로 3세의 어린 나이로 출가했다. 어려서부터 매우 총명하여 수만 언이라도 한 번 들으면 잊지 않을 만큼 영리해서 많은 귀여움을 받았다.

원측은 15세의 나이로 당나라로 유학하여 처음 장안에 있는 원법사라는 유명한 사찰에서 여장을 풀었다.

당시 불교계의 대학자인 법상화상(法尚和尚, 567~645) 밑에서 아비담, 성실론, 구사론, 대비바사론 등 소승불교를 공부한 후 십지경론, 섭대승론 등의 대승불교를 공부했다.

십지경론은 인도의 보리유지가 중국에 와서 범어인 원전을 번역한 것으로 제8아뢰야식을 청정식이라 하는 등 유식사상이 포함되어 있다. 원측은 이 유식사상을 깊이 연구하여 학문의 기초를 다졌다.

원측은 6개 국어에 능했다고 기록되어 있다. 그뿐 아니라 학문과 수행이 뛰어나 당태종(626~649)은 도첩(度牒)을 주고 보배처럼 아꼈고 측천무후(685~688)도 부처님과 같이 존경했다는 기록이 있다.

원측은 현장과 중국 불교의 지도자로서 학문을 교류하게 된다. 현장이 인도에서 새로 가지고 와서 번역한 성유식론과 유가사지론 등을 입수한 후 제일 먼저 연구하여 주석서를 냈다. 그러나 새로운 유식학을 연구하여 저서를 발표하는 데는 경쟁자가 되었던 현장의 제자인 규기(632~682)보다 우수했다고 한다.

그 증거로서 유식소를 지어 규기의 '유식술기'를 반박했고 676년에 인도승인 지바하라가 가져온 밀엄경 등 18부 34권을 번역할 때는 5인 중 수석으로 참여했다.

대승현식경을 번역할 때는 증의 책임자가 되었다.

695년에는 화엄경을 번역하기도 하였다.

현장과의 관계는 흔히 원측을 현장의 수제자라고 말하는 경우도 있으나 원측은 현장에게서 직접 배웠다는 기록은 어디에도 없다.

하나의 예를 들면 현장이 반야심경을 번역했을 때 원측이 현장의 오역(잘못)을 지적했다는 것만 보아도 2분의 관계를 짐작할 수 있다고 하겠다. 다만 학문적인 대선배이기 때문에 현장에게 대당삼장(大唐三藏)이라는 존칭으로 대접했다.

여기서 현장, 원측, 규가의 생존 연대를 비교해 보면 원측이 현장보다 19년, 규기보다 13년을 더 장수한 탓으로 학문 활동을 많이 했고 그 문하에는 제자도 많고 저술도 많이 남기게 되었다.

또한 원측은 학문뿐만 아니라 수행을 잘 했기 때문에 서명사(西明寺)에 오래도록 후학 지도에 성의를 다했다. 서명사는 중국황실에서 지은 사찰로 실력이 뛰어난 고승이 아니고서는 거주할 수 없는 사찰이었다.

원측은 중국에서 유식학의 대가임을 자타가 인정할 만큼 신구 유식학을 연구하여 독특한 유식관을 갖고 있었기 때문에 제자들이 많이 모였고 학자들은 원측의 유식학을 신라의 유식종이라고까지 불렀다.

최치원의 법장화장전에서 원측법사를 해동의 법장(海東 : 法藏)이라 했고 중국에서 석학의 지위에서 활동을 하고 있다는 소식을 접한 신문왕(神文王, 685년경)은 당시의 실권자인 측천무후에게 귀국하게 해 줄 것을 요청한바 무후는 자신이 잘 모시겠다는 뜻으로 신문왕의 요청을 정중히 거절함으로 법사는 결국 고국으로 돌아오지 못했다.

그렇지만 성유식론소와 해심밀경소 등 타의 추종을 불허할 만큼 훌륭한 저술활동을 했다. 그의 저술은 23부 108권이나 현재 남아 있는 것은 해심밀경소(10권), 반야바라밀다심경찬(1권), 인왕경소(6권) 등 3가지뿐이다.

하지만 그 내용을 보면 많은 서적과 자료를 인용하여 아주 정확한 논리를 전개해 놓았기 때문에 현장 문하에서 수학했던 학승들도 법사의 지도를 받은 사람이 많다.

그 외 중국의 석학이나 일본의 학자들까지 법사의 저서를 인용한 예가 많은 것은 법사의 학문이 심오하고 뛰어남을 증명함이라 하겠다.

법사는 한때 종남산 운제사에서 수행하였다. 그러나 사대는 무상한 것, 생사의 진리에 순응하여 결국 만세통천 원년(696) 7월 22일 불수기사에서 84세를 일기로 열반하셨다.

유해는 3일 후인 7월 25일에 용문산 향산사의 북쪽 골짜기에서 다비식을 치렀다. 다비식장에는 구름떼같이 많은 제자와 조문객이 몰려왔고 다비 후 많은 사리를 수습하여 백탑을 세웠다.

몇 년 후 홍교사(興教寺)에 탑을 세우고 법사의 사리를 모셨다. 홍교사는 중국 불교에 새로운 유식학뿐만 아니라 인도에서 가지고 온 범본을 역경한 승려로 중국에서 가장 존경받는 현장법사 탑이 있는 사찰이다 .

현장탑 좌측에 원측탑이, 우측에는 규기탑이 세워져 있다. 이 2탑은 규모가 같고 금륜과 보탁 등 장엄도 층층마다 똑같이 갖추어져 있다는 것을 볼 때, 자존심 높은 중국인들이지만 법사의 높은 도력과 학덕을 얼마나 높이 평가하고 존경했는가를 능히 짐작할 수 있을 것 같다.

원측탑을 흥교사로 이전한 것은 송정화 5년(1115년) 4월 8일이며 현재 많은 참배객이 이어지고 있다.

법사에게서 신라인의 참모습을 보는 듯하여 감회가 무량할 뿐이다.

그 외 유식사상 등 많은 것이 있으나 사족이 될까봐 생략하기로 한다.

한해가 지나면 망구(望九)의 나이다 보니 붓을 들었으나 마치 거북이걸음처럼 느리고 문재(文才)도 없을 뿐만 아니라 박학다식 하지도 못하여 추고(推稿)에 추고를 거듭하다보니 상재(上梓)하기 까지는 어언 1년이 지나고 말았다. 마치 시인이 시집 한권 내는 것은 집 한 채 짓는 것에 비유한다지만 내게는 9층탑 하나 세우는 것 이상으로 인고(忍苦) 그 자체라 하리만큼 벅찬 일이었다.

그런데 왜 하필 반야심경과 대당서역기(大唐西域記) 집필을 고집했을까 하는 점이다.

'대당서역기'의 저자 현장법사(玄奘法師)가 27~43세까지 무려 17년간의 젊음을 오로지 불법을 위해 세운 3가지 목적을 달성한 구법정신(求法精神)에 매료된 탓이 아닌가 한다.

더구나 단 1번의 생명을 건 모험도 어려운데 무려 5번씩이나 절명의 위기를 극복하고 목적을 달성한 법사의 굳은 의지와 부귀영화가 보장 된 태종황제의 환속(還俗)의 유혹을 두 번이나 단호히 거절하고 오직 불법에만 헌신한 불굴의 정신, 또 구법의 어려운 일정에도 110국을 직접 돌아보고 28국은 풍문을 통해 국토·인종·종교·풍습·문물·산업 생활 상태와 각종 정보를 하나하나 메모 하여 남긴 것은 당시로서는 외국에 관한 실정을 알기 어려웠기 때문에 자신이 직접 보고 느낀 것을 여러 사람에게 알려주고자 함이었을 것이다. 더구나 희귀한 불상과 사리 방대한 양의 경전 등을 수집해 온 것은 인도 불교에 뒤진 중국불교의 위상을 향상시키고 새로운 불교사상과 문화의 향상을 도모하고자 했음일 것이다. 그같은 점을 감안할 때 불교사상 유례없는 위대한 업적을 남긴 스님의 독보적인 숭고한 그 정신을 우리가 본받고 배워 실천한다면 여러 면으로 이바지할 바가 클 것이라는 필자 나름의 생각이 이 책이 세상의 빛을 보게 된 하나의 동기가 되었다. 아울러 반야심경의 경우 격외격(格外格)인 형식을 시도한 점은 불교를 올바르게 배우고 알고자하는 분들의 충족 욕구의 갈증을 다소나마 해소시켜 주고자한 의도였다고 할 수 있다.

그간 여러모로 도움과 격려해 주신 여러 도우(道友)님들과 어려운 출판을 맡아준 역락 이대현 사장님, 그리고 편집에 애쓴 분들에게 자비의 불은(佛恩)의 영광이 빛나길 비는 마음으로 이만 각필하는 바이다.

불기 2550년 4월 초파일
여여산인 류정훈 계수 합장

1. 대보살장경　　　20권
2. 현양성교론송　　　1권
3. 6문다라니경　　　1권
4. 불지경　　　1권
5. 현양성교론　　　20권
6. 대승아비달마잡집론　　　16권
7. 유가사지론　　　100권
8. 대승5온론　　　1권
9. 무성조섭대승론서　　　10권
10. 해심밀경　　　5권
11. 인명입정리론　　　1권
12. 천청문경　　　1권
13. 승종십구의경　　　1권
14. 유식 30송　　　1권
15. 능단금강반야바라밀경　　　1권
16. 대승백법명문론　　　1권
17. 세친조섭대승론서　　　10권
18. 섭대승론석　　　3권
19. 연기성도경　　　1권
20. 아비달마식신족론　　　16권
21. 여래시교승군왕경　　　1권

22. 심희유경		1권
23. 반야바라밀다심경		1권
24. 보살계갈마문		1권
25. 왕법정리론		1권
26. 최무비경		1권
27. 보살계본		1권
28. 대승장진론		2권
29. 불지경론		7권
30. 인명정리문론본		1권
31. 칭찬정토불섭수경		1권
32. 유가사지론석		1권
33. 분별연기초승법문경		2권
34. 설무구칭경		6권
35. 약사유리광여래본원공덕경		1권
36. 광백론본		1권
37. 대승광백론석론		10권
38. 본사경		7권
39. 제불심다라니경		1권
40. 대승대집지장십륜경		10권
41. 수지7불명호소생공덕경		1권
42. 아비달마(장)현종론		40권
43. 아비달마구사론본송		1권
44. 아비달마구사론		30권
45. 대승성업론		1권

46. 대승아비달마집론   7권
47. 불임열반기법주경   1권
48. 아비달마순정리론   80권
49. 대아라한난제밀다라소설법주기   1권
50. 칭찬대승공덕경   1권
51. 발제고난다라니경   1권
52. 8명보밀다라니경   1권
53. 현무변불토공덕경   1권
54. 승당비인다라니경   1권
55. 지세다라니경   1권
56. 십일면신주심경   1권
57. 아비달마대비바사론   200권
58. 아비달마발지론   20권
59. 관소연경   1권
60. 불공견색신주심경   1권
61. 입아비달마론   2권
62. 아비달마법온족론   12권
63. 성유석론   10권
64. 대반야바라밀다경   600권
65. 아비달마품류족론   18권
66. 아비달마집이문족론   20권
67. 변중변론송   1권
68. 변중변론   3권
69. 유식이십론   1권

70. 연기경　　　　　　　　　　　1권

71. 이부종륜론　　　　　　　　　1권

72. 아비달마계신족론　　　　　3권

73. 5사비바사론　　　　　　　　2권

74. 적조신변삼마지경　　　　　1권

75. 주5수(경)　　　　　　　　　1권

76. 대당서역기　　　　　　　　12권

계 1,335권

| 저 | 자 | 소 | 개 |

류 정 훈

1927년 충남 서천 출생
충남 공주 능인 고등공민학교 설립
경기도 남한산 망월사 고문·법사
강원도 설악산 신흥사 불교대학 전 강사
충주 중앙 경찰학교 전경실 법사

역서 및 저서
『업』(희곡), 『석존의 호흡법』, 『원각경보안보살장』, 『목련경』, 『부모은중경』,
『삼세인과 응보』, 『알기 쉽게 풀어쓴 불교입문』, 『현미경에 비친 인체의 신비』,
『붓다의 호흡법』(증보판)

천하제일의 경전 반야심경과
축소편역 대당서역기

인　쇄　2006년 9월 22일
발　행　2006년 9월 30일
지은이　류정훈
펴낸이　이대현
편　집　박소정·이소희·조윤실
펴낸곳　도서출판 **역락**
　　　　서울 성동구 성수2가 3동 301-80
　　　　(주)지시코 별관 3층
　　　　전화 3409-2058, 3409-2060
　　　　FAX 3409-2059
　　　　홈페이지 http://www.youkrack.com
　　　　이메일 youkrack@hanmail.net
　　　　등록 1999년 4월 19일 제303-2002-000014호

ISBN　89-5556-495-3-03320
정　가　16,000원

* 잘못된 책은 교환해 드립니다.